Peter Strasser
Unschuld

Peter Strasser

Unschuld

Das verfolgte Ideal

Wilhelm Fink

Umschlagabbildung:
Philipp Otto Runge: Der große Morgen,
1809/1810, Öl auf Leinwand, Hamburger Kunsthalle.
© ullstein bild – AISA

Bibliografische Information der Deutschen Nationalbibliothek

Die Deutsche Nationalbibliothek verzeichnet diese Publikation in der Deutschen Nationalbibliografie; detaillierte bibliografische Daten sind im Internet über http://dnb.d-nb.de abrufbar.

Alle Rechte, auch die des auszugsweisen Nachdrucks, der fotomechanischen Wiedergabe und der Übersetzung, vorbehalten. Dies betrifft auch die Vervielfältigung und Übertragung einzelner Textabschnitte, Zeichnungen oder Bilder durch alle Verfahren wie Speicherung und Übertragung auf Papier, Transparente, Filme, Bänder, Platten und andere Medien, soweit es nicht §§ 53 und 54 UrhG ausdrücklich gestatten.

© 2012 Wilhelm Fink Verlag, München
(Wilhelm Fink GmbH & Co. Verlags-KG, Jühenplatz 1, D-33098 Paderborn)

Internet: www.fink.de

Einbandgestaltung: Evelyn Ziegler, München
Printed in Germany
Herstellung: Ferdinand Schöningh GmbH & Co. KG, Paderborn

ISBN 978-3-7705-5297-9

Inhalt

An den geneigten Leser 7

Teil I: Die Schuld, die das Leben ist

1. *Das Ideal der Unschuld* 13
2. *Die Menschwerdung* 23
3. *Ohne Urschrift – die sekundäre Welt* 37
4. *Das Mal der gefallenen Unschuld* 53
5. *Die falsche Unschuld des Neomythos* 71
6. *Der Baum des Lebens* 79

Teil II: Erlösung des Übels von sich selbst

7. *Die größte Einsamkeit* 103
8. *Das Leben einbläuen* 117
9. *Das unschuldig Böse* 127
10. *Wie Sonnenstrahlen durch ein Glas* 143
11. *Und sie erkannten einander* 155
12. *Die Sehnsucht nach der Urschrift* 171

Anmerkungen 179

An den geneigten Leser

Die Vertreibung aus dem Paradies ist in ihrem Hauptteil ewig: Es ist also zwar die Vertreibung aus dem Paradies endgültig, das Leben in der Welt unausweichlich, die Ewigkeit des Vorganges aber (oder zeitlich ausgedrückt: die ewige Wiederholung des Vorgangs) macht es trotzdem möglich, dass wir nicht nur dauernd im Paradiese bleiben könnten, sondern tatsächlich dort dauernd sind, gleichgültig ob wir es hier wissen oder nicht.

Franz Kafka[1]

***

Unschuld als Rechtsfigur, als ethische Größe: Ihrer wollen und können wir nicht entbehren. Wir streben sie an, beschützen sie, aber es wäre falsch zu sagen, dass wir uns nach ihr sehnen.

Ferner die Unschuld des Kindes: Sie ist uns einerseits Entzücken, andererseits etwas, von dem wir wissen, dass es ins Zwielicht des Erwachsenseins treten und schließlich korrumpiert werden wird. Zugleich ist sie eine Quelle, aus der wir schöpfen, wenn wir nach der Unschuld im Ursprungssinne fragen, jener Unschuld, auf die sich die Sehnsucht in uns allen richtet – unsere Paradieses-Sehnsucht.

Gerade deshalb reizt uns die Unschuld auch, sie zu verfolgen und zu beschädigen. Denn wir wittern in ihr eine Reinheit, die über das Hygienische und Konventionelle prinzipiell hinausreicht. Wir spüren in der Unschuld die Hintergrundstrahlung einer Unversehrtheit, die wir kaum ertragen, sobald wir an uns selbst herunterblicken. Wir sind unrein, beschmutzt, böse. Und doch – oder ebendarum – verzehren wir uns danach, in den Stand jener kindlichen Unschuld zurückversetzt zu werden, die wir als den Zustand unseres unbeschädigten Wesens, unserer Natur „vor dem Sündenfall", phantasieren.

Wir aber leben danach. Die Vertreibung aus dem Paradies ist endgültig. Eine tiefliegende Überzeugung unserer Kultur, die von ihren inspirierten Geistern, von Paulus und Augustinus, von Schopenhauer, Kierkegaard und Kafka bis hin zu Wittgenstein, immer wieder variiert wird, lautet: Mögen wir auch persönlich keine Schuld auf uns geladen haben – ja, mögen wir im alltagsethischen Sinne unschuldig sein –, so sind wir doch in einem existenziellen, den Grund unseres Daseins anrührenden Sinne „schuldig".

Und nun, dagegengestellt, Kafkas rätselhaft scharfsichtige Worte: Da die Vertreibung aus dem Paradies ihrem Wesen nach zeitlos, also „ewig" ist, haben wir es im Grunde nie verlassen, gleichgültig, ob wir das wissen oder nicht. Die Vertreibung aus dem Paradies findet jederzeit und daher eigentlich niemals statt. Deshalb hat der Sündenfall auch keinen *bestimmten* Anlass. Was könnte denn dieser Anlass sein, wenn nicht das *Leben an sich*?

***

Die Überlegungen, welche dem hoffentlich geneigten Leser auf den folgenden Seiten zugemutet werden, sind von einer „Logik" beherrscht. Ich wüsste es nicht besser auszudrücken als dadurch, dass ich sage, sie gehorchten der Logik des Archetypischen. Lautet nicht eine immer wiederkehrende, obstinate und dabei paradoxe Gewissheit, unser Leben sei ein Traum?

Das Paradoxe der Gewissheit besteht darin, dass sie, indem sie sich ihrer selbst zu vergewissern sucht, sich dadurch selbst aufzuheben scheint. Denn, so lautet das Argument, wenn das ganze Leben ein Traum wäre, dann bliebe uns nichts weiter übrig, als innerhalb unseres allumfassenden Lebenstraumes zwischen Wachen und Träumen – Träumen und Wachen im gewöhnlichen Sinne – zu unterscheiden. Wer also behauptet, sein ganzes Leben sei ein Traum, der bringe damit entweder gar nichts Sinnvolles zum Ausdruck – oder aber etwas Erzmetaphysisches.

Erzmetaphysisch ist die Behauptung, es gebe ein *höheres Leben*, ein Wachsein, zu dem wir erst begnadet werden müssten; jetzt hingegen seien wir in einem Schlaf befangen, aus dem mittels eigener Kraft, durch selbstgesetzte Tugendanstrengung, kein Erwachen möglich sei. Demnach wäre alle Ordnung, Harmonie und Schönheit nur der Vorschein dessen, was uns zu realpräsenter, zeitloser Gegenwart erst werden könnte, sobald wir befähigt würden, bei offenen Augen – wie sonst ließe sich's sagen? – die Augen aufzuschlagen ...

Um der Unschuld, nach der wir uns sehnen, teilhaftig zu werden, reicht es nicht, einfach nichts zu tun, was uns ethisch anzulasten wäre. Denn die moralische Aktion ist ebenso unabdingbar, wie sie sekundär ist. Es reichte nicht einmal, dass wir – traditionell gesprochen – vom Übel erlöst würden. Nein, *vielmehr müsste das Übel selbst erlöst werden*, so, wie der Träumer aus dem Traum, der sein Leben ist, herausgehoben werden müsste, um zum Licht des wahren Lebens zu gelangen.

Mute ich dem geneigten Leser zu viel zu, wenn ich ihn einlade, diesen Gedanken, der das Ideal der verfolgten Unschuld umkreist, es vertieft und aus begriffsloser Tiefe zu heben sucht, auf den folgenden Seiten – mit mir zusammen – bei sich zu erwägen?

(Graz, im Juli 2011)

Teil I

DIE SCHULD, DIE DAS LEBEN IST

1. Das Ideal der Unschuld

In dem schönen Land, in dem ich lebe, ist das Wort „Unschuldsvermutung" dem allgemeinen Gelächter preisgegeben worden. Jedes Mal, wenn die Medien von einem der noch nicht rechtskräftig verurteilten politischen Gauner berichten, die hierzulande einen prächtigen Nährboden gefunden haben – einerseits, bei überbordender krimineller Energie, wegen des Niedergangs der öffentlichen Moral, andererseits wegen einer sich schneckenartig durch die Aktenberge der Verkommenheit hindurcharbeitenden Justiz –, muss hinter alle Anschuldigungen stereotyp die Formel gesetzt werden: *Es gilt die Unschuldsvermutung.*

Doch das Setzen der Formel ist mittlerweile gleichbedeutend mit ihrer Verhöhnung. Wo immer die Unschuldsvermutung zu gelten hat, obwohl doch niemand an die vermutete Unschuld des Beschuldigten zu glauben geneigt ist, dort geht es nicht mehr bloß darum, dass einer juristischen Formalität Genüge getan wird, andernfalls mit einer Klage zu rechnen wäre. Es geht, physiognomisch gesprochen, vielmehr um eine Grimasse: Man grinst gleichsam in sich hinein, während man die Worte aufs Papier setzt oder in den Äther spricht – „Es gilt die Unschuldsvermutung" – und dabei die Publikation der Anschuldigung, die man zugleich als unbewiesen auszugeben hat, für vollkommen überflüssig hält. *Denn schuldig sind sie alle!*

Das ist es, was in den grinsenden Mienen derer geschrieben steht, die das Gesetz zwingt, die Unschuldsvermutungs-Formel gebetsmühlenartig zu wiederholen: „Denn schuldig sind sie alle. Auf die eine oder andere Weise. Mehr oder weniger." Was sich in dem schönen Land, in dem ich lebe, schon vor langem auszubreiten begann, ist der Verdacht, dass alle, die in den Rängen der Macht an irgendeiner Position platziert sind (vielleicht mit Ausnahme einiger, die, aufgrund Herkunft oder Persönlichkeitslage, noch die Restbestände eines ansonsten zugrundegegangenen Anstands mit sich führen), nichts, aber auch gar nichts dabei finden, der herrschenden Unmoral Tribut zu zollen.

Hat man nicht jedermann beigebracht, dass einem in der neoliberalen Welt die eigenen gescheffelten Millionen näher zu sein haben als das millionenfache Wohl derer, die man repräsentiert – weil nämlich nur die Scheffler und Raffer, wie korrupt auch immer, durch ihre ungebremste Gier den Markt *beleben* (und damit, indirekt, sogar dem Gemeinwohl dienen!) –: dass also der schamlose Egoist nicht nur dumm wäre, keiner zu sein, sondern darüber hinaus durch „gutmenschliche" Zurückhaltung und überkandidelte Rechtsgesinnung vorsätzlich gegen die Regeln des freien Spiels der Kräfte verstieße?

Das alles geht über die einfache Frage, ob einer im rechtlichen Sinne unschuldig sei, weit hinaus.

Gewiss, an der Oberfläche, die für alle demokratischen Gemeinschaften substanziell ist, geht es darum, sich den Regeln entsprechend zu verhalten, die vom Gesetzgeber festgeschrieben wurden, und die darüber hinaus anerkannten Prinzipien zu respektieren. So will es der Souverän, der auch unter postdemokratischen Vorzeichen – was immer dies für Zeichen sein mögen – das Volk und nur das Volk ist. Und so einfach scheint es: Rechtskonformes Handeln, falls zurechenbar, begründet Unschuld, rechtswidriges Handeln Schuld.

Im rechtstechnischen Sinne unschuldig zu sein, ist *eine* Sache; eine andere indessen resultiert aus der Überlegung, ob sich an der institutionell greifbaren Oberfläche nicht eine Schicht des ethischen Lebens Ausdruck verschaffe, ohne welche auf Dauer die demokratische Substanz – und damit das demokratische Leben selbst – formalistisch veröden müsste. Denn unschuldig zu sein ist kein spezifisch rechtlicher Sachverhalt oder Normkonformitäts-Zustand. Im Ursprung bezieht die Unschuldsvermutung das Maß ihrer Plausibilität denn auch aus bestimmten Annahmen über die Natur des Menschen und wie „natürlich" es sei, dem menschlichen Wesen – und damit dem Einzelnen, der dieses Wesen verkörpert – eine gleichsam *primäre Unschuld* zu attestieren.

Der Unschuldsvermutung des Rechts liegt der Gedanke zugrunde, dass niemandem eine Schuld vorgeworfen werden dürfe, sofern ein rechtskräftiger Beweis ausstehe. Aber eben diese „Vermutung", deren technischer Sinn in der Gewährleistung von Rechtssicherheit gründet und deren moralischer Zweck dem Schutz der Personen-Ehre gilt (niemand darf grundlos einer das Ansehen der Person schädigenden Unrechtshandlung bezichtigt werden) – diese Vermutung nährt sich aus einer Quelle unseres Zusammenlebens, die, ob zu einem Gesetz auskristallisiert oder nicht, dennoch unser ethisches Grundverhältnis zueinander definiert: *Es handelt sich um die Unschuld als Ideal.*

***

Schon immer gab es zwei Ansichten über die Natur des Menschen und dementsprechend zwei Parteien, die Humanophilen und die Humanophoben. Letztere sind davon überzeugt, dass alles, was ein realistischer Blick auf den Menschen zeigt, dies bestätige: Der Mensch müsse sich vor seinesgleichen in Acht nehmen! Denn dessen Natur, obwohl eine bedingt soziale, sei doch dem Raubtierhaften verpflichtet. *Homo homini lupus.*

Bei Plautus, dem lateinischen Komödiendichter, begründet ein Herr seinem Sklaven gegenüber, warum er ihm kein Geld borge, mit den Worten: *Lupus est homo homini, non homo, quom qualis sit non novit.*[2] Demnach sei nur derjenige ein Mensch, der wisse, von welcher Art der Mensch sei, nämlich so geartet wie ein Wolf gegenüber dem Wolf. Diesen Gedanken wird später, Mitte des 17. Jahrhunderts, Thomas Hobbes zu seiner großen pessimistischen Staatstheorie des *Leviathan* ausbauen. In ihr wird drastisch postuliert, dass die angeborenen Untugenden des Menschen – von der Habsucht bis zur Eitelkeit – ein Gemeinwohl im großsozialen Verband nur zuließen unter der Voraussetzung absoluter Herrschaft. Diese, in Gestalt eines omnipotenten Zentralfürsten, müsse zunächst alle Rechte auf sich vereinigen, um sie dann, nach Maßgabe politischer Rationalität, an die Untertanen zu verteilen. Andernfalls bliebe das Leben des Menschen im Naturzustand für alle Zeit einsam, elend und kurz.

Es wäre nicht akkurat richtig zu sagen, dass die humanophobe Reaktion mit einschlösse, der Mensch sei seiner Natur nach „schuldig". Derlei wird der christlichen Erbsündenlehre vorbehalten bleiben. Aber dass das Böse untilgbar im Menschen stecke, als tief verwurzeltes Gattungserbe, sodass es auszurotten bedeuten würde, den Homo Sapiens als solchen auszurotten (was er vielleicht, kraft seiner Schläue und Zerstörungsmacht, eines Tages selber erledigen wird) – daran lässt der menschheitspessimistische Ansatz nicht nur keinen Zweifel, es ist vielmehr sein zentrales Dogma.

Und nun darf aber eines nicht übersehen werden: Wenn die menschliche Natur böse ist, dann ist sie *unschuldig böse*. Das ist ein eigentümlicher Widerspruch, gleichsam ein anthropologisches Paradox. Man könnte argumentieren, es sei zugleich mehr und weniger als dies: ein hässlicher Unsinn, der dem aufgeklärten Standpunkt widerspreche, wonach das rein Naturhafte des Menschen so ist, wie es ist, ohne eine Wertung einzuschließen. Aber irgendetwas an diesem Argument will uns, die wir davon betroffen sind, nicht recht einleuchten. Und ich denke, der entscheidende Punkt ließe sich folgendermaßen ausdrücken: Auch wenn es im Grunde keinen rechten Sinn ergibt, davon zu reden, dass die menschliche Natur „unschuldig böse" sei, so liegt doch die eigentliche Bedeutung des Unsinns hier darin, dass er die Quelle zu benennen versucht, aus der Gut und Böse hervorgehen, noch bevor sie in die Sphäre des Moralischen (und damit des ethischen Diskurses im Sinne der Aufklärung) eingetreten sind.

Man könnte sagen, dass in der Begrifflichkeit des unschuldig Bösen ein mythischer Rest überdauert – aber das würde die Sache zu rasch als irrational und daher „überholt" erscheinen lassen. Noch im letzten Drittel des 19. Jahrhunderts wird Cesare Lombroso, der Begründer der modernen Kriminologie, die Figur des *Böskranken* in Gestalt seines „Uomo delinquente", des geborenen Verbrechers, auf vielen Hunderten von Seiten abhandeln. Was Lombroso und seine „positive Schule" anstreben, ist zwar eine kompromisslose *Naturalisierung der bösen Natur*. Im Namen der Wissenschaft huldigt man dem Determinismus der Psyche, man leugnet den freien Willen. Man erklärt, die asoziale, antisoziale Persönlichkeit sei ein pathologisches Produkt ihrer defekten Biologie. Doch die physiognomischen Details, die dabei ausgebreitet werden, und das Vokabular, mit dem der geborene Verbrecher etikettiert wird, zeigen uns eine abscheuliche, monströse Gestalt. Sie zeigen uns nicht, wie zu erwarten, in wertfreier Terminologie und mit dem Gestus strenger Sachlichkeit einen seelisch Defekten, der, wenn möglich, zu heilen oder aufgrund seiner Gefährlichkeit wegzuschließen wäre, freilich dann ohne Schuldvorwurf und strafende Reaktion.[3]

Die moderne Kriminologie mag sich dem Publikum gegenüber strikt objektiv präsentieren. Am Ort der bösen Natur des Menschen fühlen wir uns auch heute – wie schon seinerzeit – gedrängt, eine Art Zwittergestalt am Leben zu erhalten: den sogenannten Psychopathen.

Einerseits soll es sich dabei, nach vorherrschender Lehre, um einen Persönlichkeitstyp handeln, dessen Anpassungsunfähigkeit an das rechtschaffene Leben, das „man" zu leben hat, auf einer angeborenen Störung des Seelenlebens beruht. Der typische Psychopath ist demnach unfähig zur Ausbildung eines Gewissens, das stark genug wäre, um die asozialen Affekte, die jeder Mensch in sich trägt, hinreichend zu unterdrücken. Obwohl nun aber ein solcher Defekt der bestmögliche Grund sein müsste, um gegen die Attacken des Gewissenlosen unsererseits keine revanchistischen Gefühle zu mobilisieren, würden wir die Pflicht zu moralischer Neutralität dennoch als Zumutung, weil als regelrecht unnatürlich empfinden.

Und das führt andererseits dazu, dass wir psychopathisch motivierte Taten, die uns erschrecken und empören, nach wie vor mit dem Vokabular des Abscheus belegen: Derlei Taten sind hinterhältig, heimtückisch, skrupellos, bestialisch … Ja, mehr noch, wir fordern für derlei

Taten Sanktionen, die deutlich genug Züge einer schweren Bestrafung zeigen, also eines Typs von Gegenschlägen, die nur im Falle von Handlungen angemessen scheinen, für die der Handelnde auch wirklich selbst verantwortlich ist. Das schließt ein moralisches Urteil, „böse", ebenso ein wie die – zumindest abgestufte – Feststellung „schuldig", durch die sich eine Kriminalstrafe legitimiert.[4]

Es wäre zu einfach, hier vom Überdauern mythischer Reaktionsmuster zu sprechen, die derart hartnäckig seien, dass sie sogar um den Preis einer kognitiven Dissonanz – „unschuldig böse, schuldig aus Determination" – in Kauf genommen würden. Obwohl wir, vom Standpunkt der Aufklärung aus, gegen unsere archaische Neigung ankämpfen und die hinter ihr stehende Affektlage am Ausagieren hindern sollten, erhalten wir hier, am irritierenden Ort der Dissonanz, doch einen lehrreichen Fingerzeig:

Was wir in strikt aufgeklärter Sichtweise als Schuld oder Unschuld bezeichnen, hat ein Fundament im Humanum, worunter weniger die biologische Konstitution des Homo Sapiens zu verstehen ist, *sondern das Natürliche am Menschen, verstanden als Wertnatur.* Was immer das Wertfreiheitsdenken der Naturwissenschaft lehren mag, unsere spezifische Erfahrung des Menschlichen am Menschen – wie übrigens, in bestimmten Zusammenhängen, auch des „Normgestaltigen" an anderen Lebewesen, sogar an unbelebten Dingen – kennt unverrückbar den Unterschied zwischen dem Natürlichen und dem Unnatürlichen.

Das Natürliche ist gut, das Unnatürliche schlecht.[5] Diese grundlegende Differenz, ontologisch und axiologisch zugleich (aber nicht moralisch im gewöhnlichen Sinne), liegt unseren alltäglichen Zuschreibungen von Schuld und Unschuld zugrunde. Deshalb lässt sie das Ideal der Unschuld, von dem wir uns schon immer mehr oder weniger entfernt haben, keineswegs unberührt.

Das unschuldig Böse ist nicht unschuldig derart, dass jener, der „bloß" unschuldig böse ist, ebendeshalb dem Ideal der Unschuld genügen könnte.

Die Schwierigkeit, das angezeigte Phänomen durch eine glatte, runde Begrifflichkeit ohne Widerhaken abzudecken, liegt, so ist zu erkennen, in der hier unvermeidbaren Überlagerung des Ethischen mit dem Metaphysischen. Im formalisierten Gebrauch der Unschuld, wie er sich im entwickelten Recht findet, künden von der metaphysischen Quelle des Ideals nur noch die naturrechtlichen Nachklänge, die einer „Wesensnatur" des Menschen geschuldet sind – zum Beispiel seiner „unantastbaren Würde" – und gegen die das Gesetz nicht verstoßen darf.

Spiegelbildlich dazu die humanophile Tradition: In ihr gilt als unumstößlich, dass der Mensch seiner Natur nach gut und daher „unschuldig" sei. Der Name Jean-Jacques Rousseaus (1712–1778) hat in diesem Zusammenhang verpflichtenden Charakter. Denn die europäische Humanophilie ist im Wesentlichen Rousseauismus. Darin mag man zu Recht eine säkularisierte Variante des Paradieses-Mythos erblicken. Denn auch die ersten Menschen, Adam und Eva, waren unschuldig, bis zur Katastrophe des Sündenfalls. Sie waren anfänglich gut, doch gut nicht im moralischen Verständnis. Vor dem Sündenfall wussten sie zwar, dass sie nicht vom Baum der Erkenntnis essen durften (es gab den Befehl und der Befehl galt absolut), aber sie wussten vom Verbot, ohne dass sie ein Wissen um Gut und Böse besessen hätten.

Irreführend wäre eine zu starke Bezugnahme auf das biblische Paradies jedoch insofern, als Rousseau, der Aufklärer und geistige Wegbereiter der Französischen Revolution, die gute menschliche Natur an keine ausdrücklich religiöse Schöpfungsepisode bindet. Stattdessen wird dem Gedanken Raum gegeben, der menschlichen Natur eigneten im Naturzustand, also vor dem Eintritt in das soziale Leben, einige grundlegende Werteigenschaften, die summa summarum ein liebenswürdiges Geschöpf ergäben. Die *amour de soi*, „Selbstliebe", lässt das Individuum nach Glück streben, ohne deswegen gegen die Regel zu verstoßen, dass den anderen Wesen so wenig Leid wie möglich zugefügt werden dürfe, weil auch sie ein natürliches Recht darauf hätten, glücklich zu sein.

Zwar hat der Mensch im Naturzustand, Rousseaus vielzitierter, vielgeschmähter „edler Wilder", keine Theorie des Naturrechts – dazu fehlt ihm die nötige analytische Vernunft, übrigens nicht zu seinem Schaden –, doch er besitzt Einfühlungsvermögen und Mitleid. Das alles sind „Tugenden", die einer unverdorbenen, reinen, unschuldigen Wesensart entstammen, mit welcher der ursprüngliche Mensch – wie die Tiere auch – durch „Mutter Natur" ausgestattet wurde. Es handelt sich dabei aber noch nicht um moralische Qualitäten in dem Sinne, dass sie das Ergebnis einer Ethik wären, das heißt, der Anwendung allgemeiner Prinzipien, seien es solche, die ohne Rücksicht auf ihre Konsequenzen zu gelten hätten, oder solche, die langfristig auf die bestmöglichen Folgen abzielen.

Für Rousseau verliert der Mensch, der von Natur aus „gut" ist, seine Unschuld, indem er, unter dem Druck einer feindlichen Umwelt, sich zu dem bequemen muss, was man später den „Prozess der Zivilisation" nennt. Nun wird aus der wohltuenden *amour de soi* die schädliche *amour propre*. Es kommt zur Herrschaft des Egoisten, der im Mitmenschen einzig ein Mittel zum Zweck der jeweils eigenen selbstsüchtigen Ziele erblickt. Untugenden, die laut Rousseau erst der Zivilisation entspringen, stellen sich massenhaft ein: Neid, Machtstreben, Raffgier; die

Bereitschaft, um Land und Güter gewaltsame Auseinandersetzungen zu führen; die Lust am Krieg an sich. Das einmal gestörte Verhältnis zur eigenen Natur artet in ein krebsartiges Wuchern der Affekte aus, die sich ihrerseits nur durch Kalkül und Zwang notdürftig zügeln lassen. Insofern sind für Rousseau auch Vernunft und Moral ein integraler Bestandteil des Übels, zu dessen Mäßigung sie beitragen sollen. Denn letzten Endes helfen sie, das zivilisatorisch Böse zu stabilisieren.

***

Im Schematismus der humanophoben Erzählung bietet allein die Zivilisation – samt den sie charakterisierenden Zwängen – einen notdürftigen Schutz vor dem unschuldig Bösen der menschlichen Natur. Demgegenüber gilt es der humanophilen Denktradition als ausgemacht, dass der Wurm des Bösen, der die Natur der menschlichen Unschuld vergiftet (und damit die menschliche Natur pervertiert), gerade im zivilisatorischen Prozess steckt. Welche Seite hat recht?

Vermutlich beide, und vermutlich keine von beiden. Denn es ist wahr, dass das entwicklungsgeschichtliche Erbe den Menschen mit einer Reihe von Überlebenseigenschaften ausstattet, die zwar der Verbreitung seiner Gene, nicht jedoch seiner Tugend dienen, falls diese ethisch aufgefasst wird. Es ist aber zugleich ebenso wahr, dass eine Reihe von Naturanlagen des Menschen, welche die Basis seines ethischen Empfindens bilden, ob Einfühlungsvermögen, Mitleidensfähigkeit, Kooperations- und sogar Opferbereitschaft, durch das Erstarken des rationalen Kalküls im Fortschritt der Zivilisation fragmentiert, geschwächt und im Extrem blockiert werden. Das alles, diese sogenannte „Dialektik der Aufklärung", ist schon oft und zur Genüge ausgebreitet worden.

Weniger tritt dabei an die Oberfläche, dass sowohl die pessimistische als auch die optimistische Sicht der menschlichen Kondition innerlich auf einen Horizont bezogen bleiben: den Horizont des guten Lebens. Es ist dieser Horizont, so ließe sich argumentieren, dem das Ideal der Unschuld zugehört. Die Idee des guten Lebens repräsentiert eine Utopie, und zwar keine reale, sondern einen idealen Fluchtpunkt, auf den hin unsere ethisch grundierten Hoffnungen konvergieren. Es handelt sich um den Punkt der *zwanglosen Zusammenstimmung* der Bedürfnisse und Interessen, der Affekte und Aversionen.

Niemand weiß im realen Leben, welches nach Theodor W. Adorno bekanntlich immer das falsche ist, wie eine solche Zusammenstimmung möglich wäre. Und doch ist gerade sie es, die unsere grundethischen Bemühungen fundiert. Während wir, die vernunftbegabten, autonomen Subjekte, uns der Pflicht unterwerfen, die uns auferlegt ist, weil und sofern wir sie uns selbst auferlegt haben, steckt ebendarin doch diese eine Vision: *Das Pflichtgemäße müsste, wenn wir uns bloß in der rechten Einstellung befänden – in jener nämlich, die dem guten Leben gemäß wäre –, aus Neigung getan werden können.*

Kant dekretierte, dass wir moralisch erst handeln, wenn wir auch dann unserer Pflicht nachkommen, falls schon keine Neigung mehr vorhanden ist. Denn aus bloßer Neigung das Gute zu tun, sei noch nicht das, was wir unter moralischem Handeln verstünden. Dieses müsse auch gegen unsere Neigung, unsere flüchtigen Interessen und wechselnden Vorlieben, recht behalten. Und zweifellos traf Kant, wie so oft in seinen ethischen Härten, den empfindlichsten Nerv aller Menschenfreunde. Denn er sprach von der Warte des anthropologischen Realisten aus, der sich über die menschliche Natur, ob durch Sünde verdorben oder nicht, keinerlei Illusionen hingibt.

Und doch war Kant der Autor des Kategorischen Imperativs, wonach wir die jeweils persönliche Leitlinie unseres Handelns, „Maxime" genannt, nur dann als ethisch betrachten dürfen, wenn wir sie zugleich als moralisches Gesetz „wollen können". *Wollen können?* Dabei handelt es sich, entgegen dem, was Kant uns weismachen möchte, nicht um eine Frage der Vernunft allein. Es handelt sich beispielsweise nicht bloß darum, ob meine Maxime: „Ich will das von mir gegebene Versprechen brechen", als allgemeine Regel – „Niemand braucht ein einmal gegebenes Versprechen zu halten" – ohne Widerspruch überhaupt denkbar wäre.

Nein, jenes „Wollen-Können" deutet über das rein logisch Rationale hinaus. Es deutet auf den Horizont des guten Lebens hin, den der Philosoph selbst als regulative Idee gelten ließ. Im guten Leben – und dies dreht nun aber Kants Definition der moralischen Substanz des Handelns um – würden Pflicht und Neigung *zusammenfallen*. Die Regel: „Jeder darf sein Versprechen brechen, wann es ihm beliebt", würde nicht nur das Geben eines Versprechens zur wirkungslosen Farce degradieren; eine solche Regel des puren Eigennutzes ließe sich vor allem nicht in den idealen Rahmen einer zwanglosen Zusammenstimmung der Bedürfnisse und Interessen aller Einzelnen einpassen.

Kurz, als moralische Subjekte können wir nur das *wirklich* wollen – und damit ernsthaft als unsere Pflicht anerkennen –, von dem wir glauben, es *sollte* zugleich ein Teil unserer Neigungen sein. Wir wissen jedoch, dass unsere Gene, unsere Erziehung, unsere Weltanschauung und unsere Persönlichkeit uns im realen Leben dauerhaft davon abhalten, Pflicht und Neigung in Übereinstimmung zu bringen. Es gibt hier eine Kluft und sie ist unüberwindbar, solange wir, traditionell gesprochen, nicht vom Übel (vom Übel unserer Natur; vom Übel, das wir *sind*) erlöst werden. Deshalb fühlen wir uns oft auch dann noch „schuldig" – oder sollte es besser heißen: „befleckt"? –, wenn wir uns formalethisch gar nichts zuschulden kommen ließen. Denn wir bleiben auf das gute Leben bezogen, in dem wir wahrhaft unschuldig zu sein vermöchten, weil wir von Natur aus zur Unschuld begabt wären. Das würde jedoch, wie wir jetzt sehen, voraussetzen, dass unsere Neigungen schon ihrem Wesen nach moralisch sind.

Kein Zweifel, wir empfinden nicht nur manche unserer Handlungen, sondern – in den hellsichtigeren, metaphysischen Momenten – unser ganzes Leben als eine Art von Schuld ...

2. Die Menschwerdung

Wie könnte man über die Unschuld sprechen, ohne jenes Schöpfungsberichts zu gedenken, in dem vom Paradies die Rede ist?

Nachdem, wie es in der biblischen Genesis heißt, Gott den ersten Menschen aus Staub gebildet und ihn dadurch belebt hat, dass er ihm den göttlichen Lebenshauch einblies, setzt er sein Geschöpf in den Garten Eden, damit es ihn „bewache und bebaue". Mitten im Garten stehen zwei Bäume: der Baum des Lebens und der Baum der Erkenntnis von Gut und Böse. Und so empfängt der erste Mensch das erste göttliche Gebot: „Von allen Bäumen des Gartens darfst du essen, doch vom Baum der Erkenntnis von Gut und Böse darfst du nicht essen; denn sobald du davon isst, wirst du sterben." (Gen 2,16 f)

Man kennt die Geschichte. Der erste Mensch, Adam, der Mann (hebräisch *'isch*), ist zunächst nur von den Tieren umgeben, die Gott aus dem Erdboden formte. Denn Gott befand, es sei nicht gut, dass der Mensch allein bleibe. Die Tiere indes haben ursprünglich keine Namen. Gott will, dass der Mensch jedes Tier selbst benenne. Und so, wie er es nennt, soll es heißen. Adam benennt alles Vieh, alle Vögel des Himmels und alle Tiere des Feldes. Doch trotz der Gesellschaft der Tiere, die sich zutraulich mit Namen nennen lassen, bleibt der erste Mensch einsam. Also bildet Gott aus Adams Rippe eine Männin (*'ischscha*), die Frau namens Eva.

Diese ist es dann, die durch die Schlange verführt wird. Eva kostet von der Frucht des verbotenen Baumes. Zuvor stellt die Schlange Gott als Lügner dar. Sie sagt, nein, nein, wenn ihr beide, Männin und Mann, vom Baume der Erkenntnis esst, werdet ihr nicht sterben. Vielmehr werden euch die Augen aufgehen und ihr werdet künftig sein „wie Götter, die Gutes und Böses erkennen" (Vulgata: *et eritis sicut dii scientes bonum et malum*).[6]

Und was passiert? Nachdem Eva von der Schlange und Adam von Eva überredet worden war, vom Baum der Erkenntnis des Guten und Bösen zu essen, gingen den beiden die Augen auf und sie erkannten, „dass sie nackt waren". Also flochten sie sich Schurze aus Feigenblättern, um ihre Nacktheit zu bedecken. Seltsam, oder?

Die Strafe für die Übertretung des göttlichen Gebots folgt auf dem Fuß. Adam und Eva müssen das Paradies verlassen, und keiner ihrer

Nachkommen, kein Mensch wird es jemals wieder betreten dürfen. Gottes Zorn ist groß. Östlich vom Garten Eden werden hochrangige Engel postiert, die Kerubim, mit flammenden Schwertern, um den Weg zum Baum des Lebens zu bewachen und abzuriegeln. Der Tod ist definitiv.

Künftig fristet der Mensch, ob als Ackerbauer oder Hirte, ob als Liebender oder Gebärender, ein Leben der Mühsal auf einer Erde, deren Boden von Gott verflucht wird: „Dornen und Disteln soll er dir wachsen lassen." Die schlimmste aller Folgen der Erkenntnis von Gut und Böse aber besteht darin, dass fortan alle Menschen ausnahmslos sterblich sind.

***

Diese Geschichte, die zum innersten Menschheitserbe gehört, ist in ihrer Logik und Unlogik, in ihrer unaufschließbaren Rätselhaftigkeit und Archetypik durch Jahrtausende hindurch immer wieder und wieder liturgisch repetiert und kommentierend erzählt worden – und diese Geschichte hat, so scheint mir jedenfalls, nichts von ihrer Dringlichkeit verloren.

Es ist eine unzeitgemäße Dringlichkeit, um die es hier geht. Denn wie wäre es unserer Zeit möglich, verständig auf die Frage zu reagieren, was es heißt, dass den ersten beiden Menschen die Augen aufgingen in dem Moment, da sie den Unterschied zwischen Gut und Böse erkannten? Und dass eben darin, in solch offenkundig heilsamer Erkenntnis, die Ursünde des ganzen Geschlechts liegen sollte, die sich dann, als Erbsünde, gleich einer Blutseuche fort- und forterbt?

Nicht der moralische Blick an sich kann doch die Sünde sein! Die Sünde, als Akt, als Zustand, kann doch erst Wirklichkeit werden, *nachdem* eine Erkenntnis dessen, was gut und böse ist, überhaupt möglich wurde. Wer zu moralischem Erkennen und Fühlen noch gar nicht fähig ist – so, wie Adam und Eva dazu unfähig waren, bevor ihnen die Augen aufgingen –, der kann auch nicht sündigen. Das sagt uns unser Verstand. Und das mythotrope Herz, unser aller paradoxes Traumherz freilich sagt: Ach, wie schwach, wie lichtlos ist unser Verstand!

Immerhin, jenseits und über alles rätselhafte Ahnen hinweg, enthält die Geschichte der Paradieses-Austreibung ein Verbot. Adam wurde verboten, von den Früchten des Baumes der Erkenntnis zu essen. Wie also hätte Adam nicht wissen sollen, dass es *böse* war, von diesen Früchten zu essen? Der Herr des Gartens selbst, die höchste denkbare Autorität, hatte es befohlen: An die Früchte des Baumes sollst du nicht rühren! Und Adam *verstand* das Verbot, sonst hätte es nicht des Versprechens der Schlange und Evas Ermunterung bedurft.

Aber was war es eigentlich, das Adam verstanden hatte – und Eva, verständig aus Adams Rippe –, nachdem das Verbot aufgerichtet worden war, bedingungslos, einem Pfahl gleich, der ins Fleisch getrieben wird? Du sollst nicht! Widrigenfalls du, Mann, der Sterblichkeit überantwortet wirst, und du, Männin, auch! Hier knäuelt es sich. Konnte der Mensch, bevor ihm die Augen geöffnet worden waren, überhaupt wissen, was das bedeutet: Sterblichkeit? Allzu leicht ist man geneigt, dagegen zu fragen: Warum nicht? Doch bedenken wir: Sterblich zu sein bedeutet, eine Strafe für eine böse Tat – die Urtat des menschlich Bösen – zu erleiden. Und konzentrieren wir uns auf das Verbot: Du sollst nicht vom Baum der Erkenntnis essen! Der Mensch hört das Verbot, aber da ihm der Sinn für Gut und Böse fehlt, kann er, *trotz* des Verbots, nichts *Böses* darin sehen, vom Baum der Erkenntnis zu essen. Das ist eigenartig. Denn es ist, als ob der Herr des Gartens bloß gesagt hätte: Tritt nicht auf diese Stelle, hier lauert ein Skorpion, der dich stechen wird! Doch so hat er weder gesagt, noch hat er, was er gesagt hat, so gemeint.

Hätte der Herr so gesprochen und wäre das Gesprochene so gemeint gewesen, dann hätte Adam vielleicht bei sich gedacht: Na schön, an dieser Stelle ist der Garten Eden ein wenig missglückt, kein Paradieses-Garten, also mache ich lieber ein Bogen um diese böse Stelle. Doch mit „böse" hätte der erste Mensch, dem die Augen noch nicht aufgegangen waren, unter keinen Umständen *moralisch böse* meinen können. Weder hätte ihm der Gedanke kommen können, dass die Stelle moralisch verwerflich sei, noch der andere Gedanke, wonach er selbst, Adam, etwas moralisch Tadelnswertes tun würde, falls er auf die böse Stelle träte. Adams Handeln wäre also, der inneren Logik des adamitischen Wesens vor dem Sündenfall entsprechend, bloß eine Frage der Vorsicht und Umsicht geblieben, so lange, bis der Herr des Gartens dem Skorpion seinen giftigen Stachel weggenommen hätte – weiß der Teufel, wie er überhaupt zu einem gekommen war ...

***

Wir wissen, es war nicht der Skorpion, es war die Schlange. Doch ob Skorpion oder Schlange, die Situation bleibt, ethisch betrachtet, dieselbe. Gottes Befehl hatte für Adam und Eva kein moralisches Gewicht. Und die Drohung der Sterblichkeit? Lassen wir zunächst beiseite, was diese Drohung, soweit es das pure Faktum des Todes betrifft, für die ersten Menschen hätte *bedeuten* können. Dann fragt sich immer noch, ob sie überhaupt befähigt gewesen wären, die Drohung *als* Drohung zu verstehen.

Aber wie hätten sie denn – so ist man geneigt zu argumentieren – die Drohung als Drohung verstehen können, wenn beide, als Kinder des paradiesischen Gartens, doch zunächst gar keinen Begriff von Leid, Schmerz oder Unglück hatten und daher auch keine Idee davon, was es heißen könnte, dass ihnen vom Herrn des Gartens *absichtlich* Leid, Schmerz oder Unglück zugefügt wird? Vielleicht ist es nicht unsinnig, davon zu sprechen, Adam und Eva hätten ein äußerliches Verständnis der „verbotenen Frucht" gehabt: Wenn sie vom Baum der Erkenntnis (was immer das sein mochte) eine Frucht pflückten und verspeisten, dann würde *unweigerlich* etwas passieren, was ihre rundum angenehme, ihre selige Lage ein für alle Mal zunichtemacht. Gottes Verbot hätte ihnen, so betrachtet, vorkommen müssen, als ob es sich um die *Voraussage eines Mechanismus* handelte – nicht vergleichbar einem Rechtsgesetz, das die Fähigkeit einschließt, gut und böse zu erkennen, sondern eher einem Gesetz der Natur: Das eben war die Natur des Gartens, so und nicht anders funktionierte er.

Wenn man die Geschichte auf diese Weise erzählt, dann beginnt sie, fremd und abweisend zu wirken, auch irgendwie banal, kaum der Rede wert. Intuitiv dachten wir uns – und davon lebt das Drama, nur deshalb fesselt es –, dass Adam und Eva zwar anfänglich wie unschuldige Kinder waren, *denen aber der Same der Sünde bereits eingepflanzt war*, und zwar als die Möglichkeit, sich unfolgsam gegenüber den Anordnungen ihres Vaters zu verhalten. Was uns dennoch stutzen lässt, ist die Unverhältnismäßigkeit der Strafe. Es sei denn, die Strafe wäre notwendig gewesen als die Folge davon, dass die Gotteskinder plötzlich Anteil hatten am „Blick Gottes". Indem ihnen die Augen aufgingen, ging ihnen ja auf, was das ist – das Gute im Gegensatz zum Bösen. Damit, so bedeutet uns der Mythos, war das Paradies verloren, *notwendig* verloren. Aber warum?

Von diesem Drama und seiner Notwendigkeit kann Eva indes nichts wissen in jenem katastrophischen Moment, da sie Adam, auf die Einflüsterung der Schlange hin, die Frucht vom verbotenen Baum anbietet. Was sie wissen *kann* und tatsächlich *weiß*, ist eben etwas ganz und gar Äußerliches. Gott hat ihnen das Gesetz bekanntgemacht, das sie, die naiven Geschöpfe ohne Wissen um Gut und Böse, als eine Art Naturgesetz des Gartens auffassen mussten.

Der Mensch, so bedeutet uns der Mythos, kann nicht beides zugleich haben. Er kann nicht wissen, was das Gute und Böse ist, und dabei im Paradies leben bleiben. Dies einmal zugestanden, stellt sich dann aber die noch weitergehende Frage: Was war grundsätzlich falsch an der Neugier, deren Konsequenz darin bestand, das Paradies zu opfern und dafür jedoch zu wissen, was gut und böse ist?

Gewiss, die selige Lage der ersten Menschen (worin immer diese Lage bestehen mochte, um sie rechtens „selig" nennen zu dürfen) würde dann ein Ende haben. Aber hätten die Menschen dafür nicht viel gewonnen: Wären sie dem mächtigen Herrn des Gartens nicht ähnlich geworden? Also bitte, warum es nicht wenigstens versuchen? Wer wagt, gewinnt. Ist es nicht so, als ob man den Hebel einer Maschine umlegen würde, die, einmal in Gang gesetzt, jene, die sie in Gang gesetzt haben, ein für alle Mal in eine andere Welt versetzen wird?

So gesehen bietet das Paradies weniger ein Bild der Geborgenheit. Es ähnelt weniger einer Schöpfung, für die zu gelten hätte: *Es ist, wie es ist, und es ist gut,* und stärker einer magischen Maschine, einem mechanischen Mythos, in dem zwar lebende Wesen, Pflanzen, Tiere und Menschen ohne Gewalt und Leiden koexistieren, doch auch ohne Güte und Autorität – ohne die gütige Autorität, die wir vom Herrn des Gartens, dem uns liebenden Schöpfer, erwarten. Gottes Autorität müsste groß genug sein, um den Mechanismus des Sterblichwerdens, der durch den Genuss der verbotenen Frucht in Gang gesetzt wird, aufzuhalten. Und Gottes Güte müsste ausreichen, um von der Vertreibung aus dem Paradies – mit all ihren sinistren Folgen nicht nur für die ersten Menschen, sondern auch alle künftigen Generationen – Abstand zu nehmen.

Warum geschieht, was geschieht, trotzdem? Welche Magie ist hier im Spiel? Es scheint, als ob der Herr des Gartens über diese Magie keine Macht hätte; ja, als ob sie durch ihn hindurchginge.

***

Im Kommentar der *Jerusalemer Bibel* zu Genesis 2,17 liest man:

„Die Erkenntnis von Gut und Böse ist ein Vorrecht, das Gott sich vorbehält und das der Mensch durch die Sünde an sich reißen wird [...]. Sie ist also weder Allwissenheit, die der gefallene Mensch nicht besitzt, noch sittliches Unterscheidungsvermögen, das bereits der schuldlose Mensch hatte und das Gott seinem vernunftbegabten Geschöpf nicht verweigern kann. Sondern die Fähigkeit, selbst zu entscheiden, was gut und was böse ist, und entsprechend zu handeln, also eine Beanspruchung sittlicher Autonomie, durch die der Mensch seine Geschöpflichkeit ablehnt."

Hier wird das sittliche Unterscheidungsvermögen hervorgehoben, das bereits dem vernunftbegabten, schuldlosen Geschöpf, also dem Menschen vor dem Sündenfall, geeignet habe. Aber worin hätte dieses sittliche Vermögen ohne die Fähigkeit zur autonomen Entscheidung über Gut und Böse eigentlich bestehen können?

Es legt sich der Gedanke an eine „eingeborene Intuition" nahe. Doch dagegen spricht, dass Adam erst ausdrücklich untersagt werden muss, von den Früchten des Baumes der Erkenntnis zu essen. Es ist doch so, dass der Schachzug der Schlange nur gelingt, weil Adam und Eva die *Äußerlichkeit des göttlichen Gebots* fühlen, ohne dass ihr Gefühl durch ein genuin sittliches Unterscheidungsvermögen bestärkt würde. Das Gebot ist ihnen oktroyiert, statt intuitiv einleuchtend, wie es im Falle einer Pflicht zu erwarten wäre, die aus der geschöpflichen Natur des Menschen als etwas ihr Immanentes hervorginge.

Deshalb reduziert sich das „sittliche Unterscheidungsvermögen", das vom Kommentar der *Jerusalemer Bibel* beschworen wird, letzten Endes auf die kindliche „Einsicht", dass Gott der *Vater* ist, das heißt, jene absolute Autorität, der ihre Geschöpfe fraglos zu gehorchen haben. Damit ist hier aber gerade keine Sittlichkeit im Spiel, sondern blanker Gehorsam. Dieser stützt sich noch gar nicht auf die Möglichkeit, Gottes Autorität als eine *sittliche* zu begreifen.

Die sittlich gedachte Autorität erwächst aus der Zuversicht, dass alle Machtausübung der Autorität gegenüber jenen, die ihr anvertraut sind, unter dem leitenden Grundsatz erfolgt, stets nur das moralisch Richtige zu wollen und zu tun. Die Erkenntnis der Autorität schließt, im Gegensatz zur Erkenntnis der blanken Macht, einen Begriff davon ein, was es bedeutet, einen guten oder bösen Willen zu haben, gute oder böse Taten zu setzen.

Die Frage ist nun, ob ein derartiges Vermögen, zwischen Gut und Böse zu unterscheiden, überhaupt denkbar sei ohne die Möglichkeit einer *Erkenntnis* des Guten und Bösen, wie sie einzig der Baum mit der verbotenen Frucht Adam und Eva gewähren könnte. Der Kommentar der *Jerusalemer Bibel* bejaht diese Frage. Doch darin liegt ein Stück Dogmatik verborgen. Ihr zufolge kommt das Versprechen der Schlange, wonach dem Menschen die Augen aufgehen werden, dessen Vermessenheitsneigung entgegen, von sich aus – autonom – das Gute und Böse bestimmen zu wollen. Dabei wird die Beanspruchung der Autonomie mit einer Ablehnung der Geschöpflichkeit gleichgesetzt, also, genau genommen, mit der Zurückweisung der Autorität Gottes.

Ist das, was wir heute, unserer Selbstachtung folgend, für unverzichtbar halten, nämlich das Streben nach autonomer moralischer Einsicht, etwa eine unverzeihliche Anmaßung, im Innersten frevelhaft – eine Gotteslästerung? Seltsame Frage. Denn es handelt sich um eine echte Form der Erkenntnis. Wäre dem nicht so, wie hätte im Text der geoffenbarten Schrift jemals davon die Rede sein können, dass Adam und Eva nach dem Genuss der verbotenen Frucht die Augen *aufgehen* würden? Nehmen wir den Text der Genesis beim Wort, dann liegt eine Transformation ursprünglicher Kindlichkeit in ein Stadium des erwachsenen Wissens vor, des aufgeklärten Wissenwollens und Wissenkönnens, wovon freilich gesagt wird, es sei den Göttern vorbehalten.

Wie aber wäre unter der Bedingung eines derartigen Vorbehalts ein *sittliches* Unterscheidungsvermögen möglich? Die Antwort lautet: gar nicht. Denn das Unterscheidungsvermögen als sittliches ist eine Folge davon, dass man hinsichtlich dessen, was gut und böse ist, zu einem wohlbegründeten Urteil zu gelangen vermag. Das schließt nicht aus, dass uns, den vernunftbegabten Wesen, gewisse Intuitionen über Gut und Böse „eingeboren" sind. Das *lumen naturale*, die natürliche Vernunft, mag einen Nährboden haben: das übernatürliche Licht (*lumen supranaturale*). Religiös gesprochen sind unsere ethischen Basisintuitionen ein Erbe unserer Geschöpflichkeit.

Doch wenn die Geschöpflichkeit des Menschen Vernunft und Freiheit des Urteilens mit umfasst (wie sonst wäre ein Irrtum überhaupt möglich?), dann unterliegt unser intuitives Wissen um Gut und Böse stets auch dem Maßstab, der durch Vernunft und Freiheit des Urteilens gesetzt wird. Erst dadurch wird aus einer eingeborenen Intuition unter Umständen eine *sittliche* Norm, die nicht bloß bindet wie irgendein x-beliebiges psychologisches Gesetz, eine genetische Prädisposition oder eine metaphysische Schranke, deren Rechtsgrund opak bleibt. *Bevor es überhaupt ein sittliches Unterscheidungsvermögen geben kann, müssen uns, in biblischer Ausdrucksweise, bereits die Augen aufgegangen sein.*

Erst wenn uns die Augen aufgegangen sind, können wir unseren Schöpfer nicht bloß als Autorität im Sinne eines Befehlsmächtigen, sondern vielmehr als sittlich legitime Autorität verehren. Erst dann wird aus einer Unterordnung, die uns aufgezwungen wurde (wie uns auch die Gesetze der Natur aufgezwungen werden), eine *ethische Gefolgsamkeit*. Sie erwächst aus der uns zwar eingeborenen, unserer geschöpflichen oder „naturrechtlichen" Intuition, die aber das Sittliche zugleich und wesentlich als dasjenige entschlüsselt, was sich unserer Vernunft nahelegt, vor ihrem Richtstuhl bewährt und *daher* unserer autonomen Anerkennung würdig ist.

***

So gelesen, nämlich jenseits ihrer dogmatischen Verengung, die zu einem falschen, einem unmöglichen Verständnis von Sittlichkeit führt, hat aber die Erzählung vom Sündenfall ganz und gar keine einfache Moral mehr. Sie wird stattdessen rätselhaft, paradox und tief.

Die einfache Moral lautet: „Du sollst dem Vater gehorchen! Andernfalls musst du mit dem Zorn des Vaters und seiner Wegweisung – weg aus deiner ursprünglichen Heimat, dem Garten Eden – rechnen." Wie wir bemerkten, ist die einfache Moral der Geschichte zu einfach. Denn wenn es sich bei der Übertretung des Verbots und der daraus erwachsenden Katastrophe des Heimatverlusts um sittliche Vorgänge handeln soll, dann dürfen Adam und Eva nicht unschuldig derart sein, dass sie gar keine Erkenntnis von Gut und Böse haben. Sind sie derart unschuldig, dann ist die Vertreibung aus dem Paradies entweder ein eherner Mechanismus, gegen den selbst Gott nichts auszurichten vermag (so eben ist die Natur des Paradieses); oder aber die Vertreibung bildet einen Akt grausamer Barbarei, welcher das angebliche Wohlwollen des Schöpfers Lügen straft.

Nein, hier herrscht Unordnung, moralisch und gedanklich. Diese Unordnung hat am Anfang, als die Geschichte erzählt und wiedererzählt wurde, noch nicht bestanden, zumindest war sie nicht offen erkennbar. Denn der Gott der Genesis – wie der Gott des Alten Testaments überhaupt – trägt erst den *Keim* jenes gütigen Gottes in sich, der seinen Geschöpfen prinzipiell nicht übel will. JHWH, Jahwe, Jehova, der „Ich bin der Seiende" (ἐγώ εἰμι ὁ ὤν) des brennenden Dornbuschs (Septuaginta, Exodus 3,14): Das ist ein archaischer, ein urmythischer Gott, der nicht nur zum Eifer neigt, was die Loyalität seiner Geschöpfe betrifft. Es gibt ja rundum andere Götter, die beanspruchen, höher zu stehen, mächtiger zu sein.

In Jahwes Wesen fließt die Glut des regionalen Vulkangottes aus dunkler Vorzeit. Zu Größe und Macht über „sein" Volk aufgestiegen, über alle Stämme aus jüdischer Blutlinie, zeigt er Züge schonungsloser Vergeltungslust und Brutalität. Das beginnt im Garten Eden, steigert sich zum Crescendo der Sintflut, artet immer wieder in Verdammungsdrohungen, Vernichtungsschwüre und tatsächliche Pogrome aus. Immer wieder bedarf es der Beschwichtigungen und Ermahnungen menschlicher Autoritäten, ob des Stammvaters Noah oder Moses, des mächtigen Mannes vom Berge Sinai, um Gott milde zu stimmen. Es gilt, IHN wenigstens vom Schlimmsten, der Ausrottung des jungen, widerspenstigen Menschengeschlechts, abzubringen.

Nicht umsonst hielten die christlichen Gnostiker der ersten Jahrhunderte den Weltschöpfer der Genesis, den „Demiurgen" (von griechisch δημιουργός, *dēmiurgós* „Handwerker"), für eine niederrangige Gottheit, wenn nicht gar für den Teufel. Der elende Zustand der Welt schien ihnen Beweis genug dafür, dass man nur eines wollen könne – weg von hier! Keine Familie, keine Fortpflanzung, stattdessen Askese und Hoffnung auf ein baldiges Ende des Jammertals!

Ohne die Spekulationen der Gnostiker näher zu beleuchten – wie kommt das ganze Weltdrama in Gang, in das sich der oberste Gott, zu dem allein sich unsere Seele emporsehnt, gar nicht einmischt? – und ohne das damit einhergehende Wirrwarr an Göttergenealogien und Seelenabstiegsszenarien in Betracht zu ziehen: Festzuhalten bleibt, dass man den Schöpfergott der Genesis nicht umstandslos wird „gut" nennen dürfen, und zwar schon deshalb nicht, weil seine Handlungen keineswegs durchgehend sittlich sind.

Aber aus diesem durchwegs nicht sittlichen Gott wird, gleich einer aristotelischen Normgestalt, der eine und einzige Gott und, später noch, der Gott aller Menschen hervorgehen. Von ihm wird es – laut der berühmten Formulierung des Anselm von Canterbury (gestorben 1109) – unumkehrbar heißen, er müsse notwendig als das Wesen gedacht werden, über das hinaus sich nichts Vollkommeneres denken lasse. Die Idee des vollkommenen Gottes, zumal des Gottes der Liebe und Barmherzigkeit, macht es dann aber unmöglich, die Vertreibung aus dem Paradies nach dem simplen Muster der infantilsten Moral zu begreifen: „Du sollst deinem Vater gehorchen!"

Was also ist geschehen im Garten Eden? Sagen wir so: Die Vertreibung aus dem Paradies war der notwendig letzte Akt in der Menschwerdung des Menschen. Ja, Mann und Männin waren unschuldig, bevor sie von der Frucht des verbotenen Baumes gekostet hatten. *Aber diese Unschuld war defekt,* sollte wahr sein, dass der Mensch das Wesen sei, von dem geschrieben stand, Gott habe es nach seinem Bilde geformt.

Die ursprüngliche Unschuld ist die des Tieres, dessen Natur keine sittliche ist. Als jedoch Gott die Menschen nach seinem Bild formte, senkte er in sie den Samen der Erkenntnis von Gut und Böse ein. Freilich, in diesem Moment – diesem mythischen Moment, der sich philosophisch der Zeit entzieht – formte er nicht das Bild selbst, so, wie es schließlich beschaffen sein würde. Er formte die Menschen zunächst wie lebendige Püppchen, deren Wesen noch nicht seine endgültige, erwachsene Form angenommen hat – eine Form, die Adam und Eva schließlich, nach einer Zeit der inneren Reifung, als die Kinder ihres Schöpfers ausweisen wird.

Damit sie dem Bild Gottes ähneln konnten, musste es dazu kommen, dass sie durch ihre Natur, ihre Menschennatur, aus der Natürlichkeit des Gartens exiliert wurden. Sie mussten sich, denen doch alle

Tiere traulich zugetan waren, über das Tierische erheben. Sie mussten erst aufhören zu sein wie die Kinder. Ja, sie mussten, der Normgestalt ihres Wesens gehorchend, werden „wie die Götter", denn von Gott, dem Einen, stammten sie ab. Und dazu bedurften sie der Schlange.

Der Überlieferung zufolge soll die Schlange der Teufel gewesen sein. Gewiss, die Schlange war die Verführerin. Aber als Verführerin war sie zugleich Wegweiserin. Es war ihre Aufgabe, die Paradieses-Püppchen in jene Welt hinein zu verführen, welche dem Menschen, Abbild Gottes *in nuce*, einzig gemäß war: hinein und hinauf zur sittlichen Welt. Was die Schlange vollbrachte, zu vollbringen hatte, war eine Art Hebammendienst. Die Schlange brachte Adam und Eva endgültig zur Welt, machte aus ihnen erst Mann und Männin, die ihrer Blöße bewusst wurden, um sie *verhüllen* zu können.

***

Bedenkt man, von da her gesehen, die Verfluchung der Schlange durch Gott, so fällt die Drastik ins Auge. Es ist, als ob der absolute Herr des Gartens einer ernst zu nehmenden *Gegenspielerin* zeigen wollte, dass er tatsächlich ist, was er ist: absolut, unantastbar. Die Drastik der Verfluchung soll klarmachen, dass nichts und niemand Gottes Befehl widerstehen dürfe. Und dabei wird übertönt, dass der Widerstand bereits erfolgreich war; und dass er alles für immer veränderte. Es lässt sich nicht leugnen: Die Schlange hat das Paradies „verdorben".

Da sprach Gott, der Herr, zur Schlange:
Weil du das getan hast, bist du verflucht / unter allem Vieh und allen Tieren des Feldes. / Auf dem Bauch sollst du kriechen / und Staub fressen alle Tage deines Lebens.

Feindschaft setze ich zwischen dich und die Frau, / zwischen deinen Nachwuchs und ihren Nachwuchs. / Er trifft dich am Kopf, / und du triffst ihn an der Ferse. (Gen 3,14 f)

Das alles ergibt einen Sinn nur, wenn man es entweder ganz kindlich nimmt (es kommt in erster Linie auf das Drama an, die Wucht, nicht auf die Logik) oder ganz und gar philosophisch. Soll man allen Ernstes unterstellen, der Mythos wolle bekunden, Gott habe im Garten Eden, seiner ureigensten paradiesischen Schöpfung, die Dinge nicht wenigstens so weit im Griff, dass er der Schlange hätte Einhalt gebieten können? Oder Eva daran hindern mögen, der Verführung durch die Schlange zu erliegen?

Gewiss, es wurde im Laufe der Zeiten tausendmal wiederholt: Gott habe die Menschen von Anfang mit der Freiheit des Willens begnadet, sei also, in Konsequenz seines eigenen Gnadenentschlusses, niemals autorisiert gewesen, der schiefen Bahn der Verführung ein Ende zu bereiten. Doch dass es schon tausendmal wiederholt wurde, macht das Argument nicht besser: Auf jeder kulturellen Entwicklungsstufe, jedem Niveau der Rationalisierung des Mythos hätte es den Zuhörern eingeleuchtet, wäre Gott, angesichts der Schwäche Evas, vor folgender Erklärung nicht zurückgeschreckt:

„Meine liebe Tochter, ich habe dir zwar den freien Willen in die Seele gepflanzt, sehe jedoch ein, dass die Einflüsterung der Schlange deinen Widerstand an seine Grenze bringt: Die sirenenhafte Verlockung ist womöglich zu reizvoll, um ihr widerstehen zu können. Entschuldige bitte, aber da ich nicht möchte, dass mein Garten durch eine schlimme Tat des Ungehorsams aus seinem zauberischen Frieden erwacht und dann du, meine liebe Tochter, die Konsequenzen zu tragen hättest – und nicht nur du, sondern auch dein lieber Mann und alle nachfolgenden Geschlechter –, zertrete ich jetzt der Schlange selbst das Haupt, auf dass dein freier Wille, liebe Tochter, niemals mehr in eine unbeherrschbare Notlage gerate ..."

Die Erwiderung auf diese Eventualität, die, zumindest dem ersten Augenschein nach, plausibel klingt, lautet üblicherweise: Ja, aber Gott wollte gerade den Gehorsam seiner Geschöpfe auf die Probe stellen (so, wie er später Hiobs Gottestreue durch Satan wird testen lassen). Diese Erwiderung übersieht – oder ignoriert – gleich mehrere Fragwürdigkeiten.

Warum funktioniert das Paradies nur, solange es durch einen singulären Akt des Gehorsams, noch dazu bei Wesen, die über keine Erkenntnis von Gut und Böse verfügen, stabilisiert wird? Schon hier stimmt die Unverständlichkeit des Ganzen ärgerlich, entschlüsselt man die Geschichte nicht entlang der „zauberischen Logik" des Mythos: Es ist, wie es ist (keine weiteren Fragen). Nein, für das Paradies hätte zu gelten: *Es ist, wie es ist, und es ist gut.* Keine feuerspeienden Drachen, keine bösen Halbgötter, keine kinderverschlingenden Hexen! Und die Schlange?

Das paradiesische *Es ist gut* markiert, zugleich kindlich *und* ethisch, die entscheidende Differenz zum Mythenzauber: Es ist, wie es ist (keine weiteren Fragen). Doch jenes Grundmerkmal des Paradieses – „... und es ist gut" – bleibt in seiner ganzen ethischen Dimension verkapselt, eingeschlossen in den Früchten des verbotenen Baumes. Deshalb mutet die Berufung auf den freien Willen von vornherein verdächtig an. Frei ist der Wille, wenn das Subjekt, das über ihn verfügt, in der Lage ist, nach Maßgabe der Gründe, die es hat, das Richtige oder Falsche, Gute oder Böse zu *erkennen*, um zu wissen, was es tun *sollte*. Doch Adam und Eva haben keine solchen Gründe, vielmehr wollen sie durch den Genuss der verbotenen Frucht *in den Besitz solcher Gründe gelangen.* Das eben ist ihr Wesen. Darin gründet ihre Gottesebenbildlichkeit. Sie wollen herausfinden, warum das, was ist, gut ist. Erst dann nämlich hätten sie eine Erkenntnis darüber, warum sie im Paradies leben und nicht – sagen wir – an einem Ort der fraglos angenehmen Verbannung. Erst dann würden ihnen die Augen dafür aufgehen, was es bedeutet, im Paradies zu leben, also in einer Schöpfung, in der man, um erlöst zu sein, nicht erst vom Übel, das darin besteht, dass alles so ist, wie es ist, erlöst werden müsste.

Es gibt zwei Auffassungen, von denen die eine besagt: Gott will das Gute, weil es gut ist. Und es gibt Philosophen, darunter Wittgenstein, die diese Auffassung für weniger tief halten; denn für tiefer gilt ihnen jene Auffassung, welche besagt, dass das Gute gut ist, weil Gott es will. Eine dritte Auffassung könnte allerdings lauten, dass die beiden Auffassungen einzig zusammen das ganze Bild ergeben, nämlich die unendliche Schleife des Ethischen: *Gott will das Gute, weil es gut ist, und das Gute ist gut, weil Gott es will.* Aber um das zu verstehen, mussten Adam und Eva erst vom Baum der Erkenntnis essen. Sie mussten erst des Paradieses verlustig gehen, um zu verstehen, was es mit Gut und Böse auf sich hat. Darin liegt die tiefe Ironie des Ethischen.

Wäre Gott hingegen das Gute und nichts weiter – wäre Gott gleichsam eine Erfindung Platons, also nicht mehr und nicht weniger als die platonische Idee des Guten selbst –, dann hätten wir gar nicht angefangen zu existieren. Die Idee des Guten hat ihre Realität nur in sich selbst. Was wir Menschen hingegen als das realisierbar Gute kennen, ist davon ein trüber Abklatsch im Reich des Sinnlichen, dem der Mythos zugehört. Platonisch gedacht wäre es also eine Existenzbedingung des Paradieses, jenes mythischen Ortes par excellence, reine, unbefleckte Idee geblieben zu sein, das heißt aber: Das Paradies wäre niemals Wirklichkeit geworden – so wenig wirklich wie der vollkommene Kreis, der nur so lange zu existieren vermag, als sich niemand daran macht, ihn zu realisieren, ob mit körniger Kreide auf einer buckligen Schiefertafel oder mit dem allerfeinsten Laserstrahl.

***

Ist Gott der Schöpfer, dann muss das Gute Teil seiner Schöpfung sein; wenn das Gute aber gut ist, weil Gott es will, dann will er es als Schöpfer doch deshalb, weil es gut ist.

Dieser Punkt bleibt unaufhellbar. Das treibt uns an. Wir reden auf ihn zu, um ihn herum, und haben dabei das Gefühl, gegen eine

Wand gepresst, die gar nicht da ist, sinnlose Worte vor uns hinzumurmeln.

Ja, der unaufhellbare Punkt ist eine Wand, unsere Seite der Wand, und diese Wand hat nur eine Seite, nämlich unsere. Dahinter breitet sich die Ewigkeit: zeitloser, begriffsloser Ort unserer immerwährenden Sehnsucht.

Ja, hier geht es um die Sehnsucht in uns allen: um den Horizont unseres willenlosen Wünschens, die *Unschuld*, von der wir ahnen, dass wir sie verlieren mussten, um dieser einen Gewissheit teilhaftig zu werden: Da ist gar keine Wand (denn zu jeder Wand gehört nicht bloß die uns zugewandte Seite).

Es ist also, mit Kafka gesprochen, *zwar die Vertreibung aus dem Paradies endgültig, das Leben in der Welt unausweichlich, die Ewigkeit des Vorganges aber macht es trotzdem möglich, dass wir dauernd im Paradiese sind, gleichgültig, ob wir es hier wissen oder nicht.*

3. Ohne Urschrift – die sekundäre Welt

„*Du nimmst die Sünde des Buches auf dich.*"
Reb Levi⁷

„Philosophy goes public." So hatte der Veranstalter selbst, das *Department of Philosophy*, also – in innerinstitutionell kaum noch gepflogener Ausdrucksweise – das Philosophische Institut der Universität, sein Plagiatskolloquium zum Thema „Abschrift und Umschrift" außenwirksamkeitsstrebig untertitelt. Da saß man nun im übergroßen Hörsaal. Ein Bildungssender hatte ein Mikrofon installiert. Die Zeitungen waren schütter vertreten, was bedeutete, sie zeigten ein überdurchschnittlich lebhaftes Interesse an dem Thema, welches heute verhandelt werden sollte: Man hoffte, einen einstigen Abgänger ebendieses sich an die Außenwelt wendenden Instituts, einen Dr. phil., der seit Jahren erfolgreich im öffentlichen Leben agierte (und dabei aber bloß von regionaler Bedeutung war), endlich des akademischen Plagiats überführen zu können: „Wie war das gleich mit Ihrer Dissertation, Herr Doktor?"

Es war jener Fall, der, nach einer auf Drängen des Senats scharf formulierten Anfrage des Rektors an den Dekan der Fakultät, den Leiter des *Department of Philosophy* mobilisiert hatte, Flagge zu zeigen, so oder so. Entweder hopp oder tropp. Entweder der Doktortitel war ergaunert oder nicht. Das sollte ohne Ansehen der Person hier und jetzt festgestellt werden. Ein Spezialist für Plagiatsfragen war bereits vor Monaten beauftragt worden, das „Material" zu prüfen. Dafür wurde, man soll ja in solchen Imageangelegenheiten mit womöglich rechtlichem Beigeschmack nicht kleckern, ein Team für dies und das – Erkennungssoftwareentwicklung, Metanetworking und andere, regelrecht exotisch anmutende Fahndungsmethoden, zum Beispiel Tiefengoogeling – zu einer schlagkräftigen AAF-Truppe zusammengestellt: *Academic Antifraud*.

Und was kam bei der Sache heraus? Schwer zu sagen. Einerseits ja, andererseits nein. Das Problem waren die Überarbeitungen, so erklärte es der Plagiatsspezialist den reichlich begriffsstutzigen Vertretern der Öffentlichkeit, welche immer nur zu fordern schienen: „Deine Rede sei ja-ja, nein-nein!", während die AAF-Leute die Projektionswände rundum bespielten:

„Stellen Sie sich vor, Sie plagiieren ein Bild, sagen wir, die *Annunciazione* des Leonardo da Vinci, sodass nun auf Ihrer eigenen Leinwand, die Ihre eigene Unterschrift tragen wird, dieses Bild zu sehen ist: Maria hinter dem typisch unförmigen Tisch, der vermutlich einem Sarkophag nachgebildet worden war, zurückweichend, mit ihrem überlangen rechten Arm, der, anatomisch nicht korrekt zur Bibel hin ausgestreckt, eine bestimmte Stelle im heiligen Buch anzuzeigen scheint. Ich brauche Ihnen das ja wohl nicht weiter auszuführen, der wuchtige Frontausschnitt eines Hauses, vor dem die Jungfrau sitzt, die Türe mit dem Durchblick auf ein sehr, sehr hohes Ruhelager, die schüttere, dunkle Linie der Bäume im Mittelgrund, holzschnittartig fast, und dann die hochstilisierte, gebirgige Landschaft dahinter, mit Bergen wie aus dem Fantasyreich …"

„… schön, bis hierher haben wir es mit einem reinen Plagiat zu tun, lupenrein sozusagen. Aber nun beginnen Sie – denken Sie sich in einen Plagiator hinein, der hat auch seinen Ehrgeiz, nicht wahr? –, da und dort etwas zu verändern, da einen Umriss, dort einen Farbton, ein Eingriff zieht den nächsten nach sich, etc. pp., und dann, aus Gründen der ästhetischen Geschlossenheit, nehmen Sie einige Veränderungen vor, die auf *das Ganze* zielen, so lange, bis Sie das Gefühl haben: Nun passt alles wieder! Und wie sieht das Ganze, das Plagiat des Ganzen Nr. 1 als Ganzes Nr. 2, jetzt aus?"

Auf einer der Projektionswände erschien, unter dem teils heiteren, teils ärgerlichen Gelächter der Anwesenden, das Endprodukt des Plagiators. Das Ganze Nr. 2: Aus dem Engel ist ein Frosch geworden, der zum Sprung ansetzt, und aus Maria eine Prinzessin, die sich an ihrem Strickzeug (oder was das ist), festzuhalten versucht, während sie sich vor dem leibhaftig gewordenen *Mysterium tremendum et fascinans*, sichtlich erschrocken und dabei fasziniert, nach hinten biegt. „Und Sie? Sind Sie nun zufrieden mit Ihrem Plagiat?", fragte der AAF-Präsentator des Ganzen Nr. 2 launig in das Publikum hinein, dem er spielerisch Rolle eines Plagiators zuwies: „Ihr Plagiat zeigt keine Brüche, es zeigt stattdessen Ihre Handschrift! Ist Ihr sogenanntes Plagiat nun *tatsächlich* eines oder ein von denen, die Ihnen übel wollen, bloß *so genanntes*?"

Welche Folgerungen habe man aus dieser, zugegeben ein wenig forcierten, Überlegung prinzipiell zu ziehen? Bedenken wir – so gab der Leiter des AAF-Teams zu bedenken –, dass Leonardo da Vincis *Annunciazione*, die heute in den Uffizien als Original zu bewundern sei, aus Schichten von Übermalungen mehrerer Bilder bestehe, die alle nicht vom Meister selber stammten. Wem also ein Werk als Urheber rechtmäßig zuzurechnen sei, das hänge – so argumentierten gleich mehrere AAF-Leute aus verschiedenen Blickwinkeln, technisch, ästhetisch, linguistisch, ethisch – davon ab, in welchem Verhältnis der Überarbeitung Schrift und Abschrift stünden, wobei man sagen müsse, dass jede Schrift, genau genommen, immer auch eine Abschrift sei. Es käme bloß darauf an, wie genau man es eben nehme, nicht wahr? Die *Urschrift* – das sei, mit Verlaub, auch und gerade in der Wissenschaft ein Mythos, den nicht zuletzt die Wissenschaft, namentlich die dekonstruktivistische, als solchen endgültig dekonstruiert habe.

Einige Zuhörer, besonders die Medienleute, schien das alles überhaupt nicht zu interessieren. Sie wollten eine klare Antwort auf eine, wie sie sagten, klare Frage: War die inkriminierte Dissertation mit dem Titel *Postneoliberale Tendenzen in der Gerechtigkeitstheorie* ein Plagiat, ja oder nein? Darauf versuchte der Linguist des AAF-Teams, assistiert vom Ethiker, mit großer Geduld zu antworten, indem er ausführte, dass eine genaue Überprüfung der vorliegenden Arbeit ergeben habe, dass es sich – wörtlich – „um eine lagenweise Serie von Umschriften einer erheblichen Menge von Abschriften handelt, was im Ergebnis zu einer Neuschrift von hoher innerer Kohärenz führte". Also doch ein Plagiat? Nein, es handle sich viel eher um eine „authentische Abschreibungsumschrift".

Ich befand mich, als Beobachter in inoffizieller Funktion, unter den Zuhörern; ich stellte keine Frage. Es wurde hin und her debattiert. Eine unter den Journalisten anwesende Edelfeder titulierte die AAF-Leute höhnisch als „Abschreibungsumschriftler", deren wesentlichstes Verdienst darin bestehe, eine unerträglich verharmlosende Umschreibung dafür zu geben, dass es sich bei den *Postneoliberalen Tendenzen in der Gerechtigkeitstheorie* um die gestückelte, durch einen Haufen an Füllwörtern aufgedunsene Abschrift anderer Schriften zu den postneoliberalen Tendenzen in der Gerechtigkeitstheorie handelte. Also um ein Plagiat! Also war er schuldig, der Dr. phil., der sich einer sympathisierenden Öffentlichkeit mitleidheischend als Unschuldslamm vorführe, was ihm vorzüglich gelingen werde, solange man seitens der Universität nicht bereit sei, Klartext zu reden.

Ich stellte keine Frage. Ich fand die Inszenierung widerlich. Aber nicht deshalb, weil ich ihrer Logik, mochte sie auch bizarr ausgedrückt worden sein – das kommt davon, wenn es heißt: „Philosophy goes public" –, ganz und gar nicht hätte folgen mögen. Nein, es war die Inszenierung des wahren Kerns eines peinlichen Vorfalls, den ich widerlich fand. Peinlich war es, ein geschickt getarntes Plagiat nicht *schlicht und einfach* als „Plagiat" zu benennen, gerade weil es sich, dank seiner Tarnung, *nicht* schlicht und einfach um ein solches handelte. Mir schien nämlich, das machte die Schuld des Autors keineswegs geringer, im Gegenteil. Besagter Dr. phil. war ein Abschreiber, der es schlau verstand, seine Abschreiberei durch allerlei Umschreibe-Kunststücke derart perfekt zu tarnen, dass am Schluss gleichsam etwas Authentisches herauskam: Durch den ganzen Text hindurch war seine „Handschrift" zu bemerken, was am Schluss sogar eine originelle These ergab. Diese bestand darin, aus der Überschreibung aller abgeschriebenen Thesen eine Folgerung zu ziehen, die – wie der Plagiator auftrumpfend im *Summary* geschrieben hatte – „quer" zu den bisherigen Erkenntnissen stand.

Ich stellte aber deshalb keine Frage, durch die ich mich immerhin nicht zum bloß stummen Zuhörer gemacht hätte (*qui tacet consentire videtur*), weil in mir eine Bangigkeit rumorte. Mir kam vor – und dabei fühlte ich das Unangebrachte, ja angesichts der prosaischen Problemstellung (Plagiat, ja oder nein?) Abwegige meiner Empfindung –, ich sei soeben Zeuge einer grotesken Gleichnishaftigkeit. Stand diese Inszenierung denn nicht für eine den Grund unserer Existenz anrührende Sache, die sich in ihrer Substanz dem verurteilungslüsternen Publikum gänzlich entzog und höchstens, in bis zur Unkenntlichkeit karikierter Form, durch die Pirouetten der scheinheiligen Plagiatsjäger umkreist wurde, ohne sie recht beim Namen zu nennen? Wurde denn hier nicht über das Leben an sich verhandelt?

Angesichts des pragmatisch verengten Zwecks – sollte dem gefinkelten, durchtriebenen Plagiator („es gilt die Unschuldsvermutung") der Doktortitel aberkannt werden? – musste ich mir eingestehen, dass meinem Zögern etwas von jener Feigheit anhaftete, die ansonsten gerne damit gerechtfertigt wird, man solle als Mensch von einiger Loyalität und hoffentlich einigem Charakter nicht lauthals einen Kollegen öffentlich anschütten und dabei das eigene Nest beschmutzen. Doch handelte es sich bloß um Feigheit? Ohne mich herausreden zu wollen: Das Verhalten der Medienöffentlichkeit war von der Art der Hyänen, die das Aas wittern, das sie beharrlich umkreisen, ohne vorerst zuzuschnappen. Es galt die Unschuldsvermutung: Das Zuschnappen kann warten, es kommt früh genug und alle werden satt werden ... Diese Vorstellung erfüllte mich mit Widerwillen und Scham. Wie leicht es doch ist, gedeckt durch die Sache der Gerechtigkeit, in diesen hyänenhaften Kreis hineingezogen zu werden und, ab einem bestimmten Moment der Erregung im Saubermännerrudel, ebenfalls hyänenhafte Lust zu empfinden. Nein, dann noch lieber festhalten an einer zweideutigen Tugend: Umdrehen und weggehen! Aber wohin?

Am Anfang war das Wort. Die Urschrift. So sagt es der große Mythos. Mag sein, dass ich das bramarbasierende Opfer, der philosophierende Harlekin einer überdauernden Illusion bin. Mag sein. Mir kommt aber vor, dass das, worum es beim Schreiben geht, sofern es lebendig ist – und dann eigentlich das Leben *ist* –, diese eine Beziehung sein muss: die Neigung hin zur Urschrift, zum Grund aller Zeichen und Worte. Ich denke mir (und ich denke nicht, dass ich mir etwas zusammendenke) diese Beziehung als Schöpfungsbeziehung, was einschließt, dass ich mich des Mythos nicht erwehren kann, ja, nicht erwehren will. Ist es zu hoch gegriffen, wenn ich sage, ich kann und will mich des Mythos nicht erwehren, weil und solange ich *lebe*?

Ich kann und will mich des Gedankens nicht erwehren, dass die Welt, als Primärort unseres Seins und Daseins, eine Schöpfung ist. Und dass wir, die zeichenfürchtigen Wesen, denen aus allen wahrhaft erlebten und daher als lebendig erfahrenen Dingen eine rätselhafte Bedeutung entgegenströmt, zugleich eine grundgeschöpfliche Aufgabe haben: der Urschrift nachzuspüren und ihrer Botschaft, wie rätselhaft auch immer, in unseren Werken gerecht zu werden.

Was hatte das hier, am Ort des Geredes (*philosophy goes public*), der Plagiate und Hyänen verloren? Das hätte ich als einer, dem das Wort erteilt worden war, nicht klar auszudrücken vermocht. Und wenn es mir doch gelungen wäre – wie hätte es in den Ohren jener, die da in den Bänken herumsaßen und einen Schuldigen beim Namen genannt hören wollten, geklungen? Vermutlich wie das Gerede eines Irrenhäuslers. Und doch, und doch: Die Kultur des geistigen Eigentums, als welche sich unsere definiert, kommt mir, der ich heute zu den sogenannten Geistesarbeitern zähle – kann man sich ein scheußlicheres Wort für eine an sich edle Sache denken? –, von Grund auf verdorben vor. Das geistige Eigentum ist Resultat einer Verdorbenheit, einer Verderbnis, mag es, vom Standpunkt des „Eigentümers" aus, auch redlich erworben sein. Im Geistigen kann es einen Ursprung, aber kein Eigentum geben, woraus folgt, dass das Geistige, das sich rechtsförmig als Eigentum fassen lässt, der Abhub einer Geistigkeit ist, dessen Aura es nutzt, um sich selbst als „Erkenntnis", mehr noch: als „Wahrheit", herauszuputzen.

Primärkulturen waren für mich – und sind für mich – Abschreibkulturen, Kulturen der Abschrift. Der Abschrift wovon? Des Heiligen, der Urschrift, des Logos, λόγος. Tausende, zehntausende Jahre Abschrift mit dem unbeugsamen Willen, der Urschrift immer ähnlicher und ähnlicher zu werden: Daraus entstand Geistigkeit. Der Geistesarbeiter hingegen ist eine proletarisierte Gestalt des Geistigen, und sein Produkt umso sekundärer, je autonomer es sich aufspreizt: Pirouetten eines Subjekts über dem Grundlosen, Drehungen im Hamsterrad des „Ich bin ich".

Der wahre Künstler benützt seine Tusche als geweihtes Gerät im immerwährenden Dienst der höchsten Sache. Sein Leben lang malt er denselben Berg, immer denselben. Er strebt nach höchster Präzision. Er malt, nein, er schreibt den Berg ab. Er sucht mit Pinsel und Tusche nach der Wahrheit des Berges. Er sucht in der Anschauung des Berges nach der Quelle ihrer beider Sein – nach der Urschrift. Was ist das einzig richtige Symbol des Berges? Es kann, in tausenderlei Darstellungsform, nur eines geben: das Eine. Deshalb „abstrahiert" der wahre Künstler. Mag sein, die Schöpfungsfülle des Berges wird ihm am Ende einzig darstellbar als ein Fast-Nichts, als welches ihm nun seine lebenslange Anschauung des Objekts gegenwärtig ist.

Oder die zeitlose Welt der Kopisten: Eine Offenbarung war geschehen, sie war, Wort für Wort, festgehalten worden. Und nun galt es, davon nichts zu verlieren. Allein in der präzisen Wiederholung des immer Selben lag der Segen, die Rettung, nur so konnte der Bestand des Ganzen gewährleistet werden. Das einzig Wichtige war, durch die Abschrift den wie immer auch an den Horizont gerückten Kontakt zur Quelle aller Wörter und Worte, zum Urwort, aufrechtzuerhalten. Ja, mehr noch: Jede Abschrift brachte nicht bloß eine Wiederholung; sie brachte zugleich eine Bestätigung und Bestärkung des Bandes, in dem sich das Leben als Bedeutung und die Bedeutung als Leben erschloss. Sie erschlossen sich dem menschlichen Geist, der in *Hoher Kopistengeistigkeit* verharrte. Der Kopist sank, mit seinen Augen und Händen meditierend, durch die Worte und Wörter, die er penibel, unter Absehung aller geistreichen Zutat, kopierte, dem Sein entgegen, während sich dieses seinem ahnenden Geist entgegenhob.

Unausdenkbar heute, welches Wagnis darin lag, das von der Urschrift auf uns Gekommene, den fernen Nachhall der ewigwährenden Schöpfung, zu kommentieren. Die Kunst des Kommentars war ursprünglich ein liturgischer Akt. Er war der Schwäche des menschlichen Geistes geschuldet, nicht seiner Stärke. In jedem Kommentar lag Schuld; und in jedem glühte zugleich diese eine Hoffnung: einen Abglanz der Reinheit des Urworts zu erhaschen.

Der Kommentar, obwohl seinerseits kommentierbar, erforderte die Autorität des Meisters, der sein Leben dem Ziel geweiht hatte, im Abglanz des Urwortes, in den heiligen Vorhöfen zu leben, dem Gott zu dienen, dessen Stimme sich in den Katarakten seiner abgründigen Botschaften verbarg, die über den Lauschenden, unverständlich und doch unendlich lockend, hinwegstürzten: *Abyssus abyssum invocat*. Nicht jeder dahergelaufene Skribent durfte einen Kommentar abgeben, das wäre lästerlich gewesen. Nur die makellosen Kenner der Schrift glaubten sich berechtigt – und dann aber berufen –, einen Kommentar zu dem für immer Festgeschriebenen, „dessen Worte du nicht verstehst", in die gelehrte Unterredung und, selten genug, nach Exerzitien der Reinigung, auch zu Papier zu bringen.

Immer ging es um Dunkelheiten, scheinbare Widersprüche, tatsächliche Widersprüche, verlorengegangene historische Bezüge, über die Kette der Kopisten im Zeitlauf hinweg verrottetes Material, dessen ewig ganzer Sinn wieder der Ahnung vermittelt werden musste. Die Schuld indessen lag immer beim Menschen, seiner begrenzten Fähigkeit und Einsicht, die ein Verstehen der Primärbedeutung blockierten. Die Schuld lag niemals bei der Primärbedeutung und ihrem Zeugnis auf dem Papier, der kopierten Urschrift selbst, die als solche, als Original, schon lange – wann? schon vor Beginn der Zeit des ersten Kopisten? – verlorengegangen war.

***

In Kulturen, die seit jeher an der Urschrift orientiert sind, hat der Vorwurf des Plagiats keinen guten Sinn. Der Mensch lebt mit dem Wort, durch das Wort. Was die Rabbiner im Werk des Edmond Jabès, dieses größten aller Nachdichter der verlorenen Primärkultur, uns zu sagen haben, sind Worte und Sätze, Sätze und Worte, die sich nicht plagiieren lassen. Denn es fehlt ihnen allen *die Anmaßung des autonomen Subjekts*, das Copyright. Sie alle sind Gottes Dichter und sie alle sprechen aus dem Buch Gottes heraus, als welches die Schöpfung einzig ansprechbar, einzig aussprechbar ist.

Ach, wie mich die Sätze des Dichters ergreifen, während mir vor den Grimassen der Scheingerechtigkeit in diesem Exzellenzhörsaal der Eitelkeiten und Demütigungsgelüste graut. Mit welcher Inbrunst hier über die Frage einer unwürdigen Abschreiberei von Texten verhandelt wird, welche nichts weiter sind als das bedeutungslose Gescharre akademischer Wichtigtuer, die sich etwas auf ihre papiergewordenen Nichtigkeiten zugutehalten.

Umdrehen und weggehen! Ich gehe weg, nach den Sätzen des Dichters verlangend, den Trostsätzen, um mich in ihnen zu verkriechen, Trost zu suchen im Trost des Buches, des *Buches der Fragen* des tröstlich-untröstlichen Edmond Jabès:

Behaupten können: „Ich bin im Buch. Das Buch ist mein Universum, mein Land, mein Dach und mein Rätsel. Das Buch ist meine Atmung und mein Ausruhen."

Ich erhebe mich mit der Seite, die umgeblättert wird, und gehe mit der Seite zu Bett, die man glattstreicht. Antworten können: „Ich bin von der Rasse der Wörter, mit denen man einen Aufenthalt baut", dabei stets wissend, dass diese Antwort immer noch eine Frage, dass jener Aufenthalt unablässig bedroht ist.
Ich werde das Buch anrufen und Fragen hervorrufen.
Wenn GOTT ist, so nur, weil ER im Buch ist; wenn die Weisen, die Propheten und die Heiligen existieren, wenn die Gelehrten und die Dichter, wenn der Mensch und das Insekt existieren, so nur, weil sich ihre Namen im Buch finden. Die Welt existiert, weil das Buch existiert; denn existieren bedeutet, mit dem Namen zu wachsen.[8]

Wen's angeht (mich), der höre: Aus diesen Worten spricht etwas sehr Fremdes, Weitabgelegenes und mir dabei unendlich Nahes, es spricht meine Wüste Gobi, es sprechen die Katarakte in mir – es spricht so, wie sich manchmal der Wind anfühlt, der von weither, aus den Bergen, in die Stadt einweht. Diese Worte, diese Sätze, sie ergeben vor der Betriebsamkeit unserer Kultur, unserer Geschäfte, unserer „Wahrheiten" keinen Sinn mehr, und sie locken doch mit einer Sehnsucht, die aller Wahrheit erst ihren Sinn gibt. Denn hier ist von der Welt als Schöpfung die Rede, von der Schöpfung als Urschrift, deren Teil ich bin und die ich aber nur verstehe, insofern ich in ihr wachse.

Wenn dein Name nur einen Buchstaben hat, stehst du an der Schwelle deines Namens. / Wenn dein Name zwei Buchstaben hat, öffnen zwei Türen deinen Namen. / Wenn dein Name drei Buchstaben hat, tragen drei Masten deinen Namen davon ...[9] Das ist es, was ich möchte. Ich möchte, dass mein Name sieben Buchstaben hat, denn es heißt: *Wenn dein Name sieben Buchstaben hat, verbrennen sieben Zweige deinen Namen.*[10] Ich möchte im Buch sein, ein siebenbuchstabiger Name, der von sieben Zweigen verbrannt wird. Ich möchte, dass das Buch mein Land, mein Dach und mein Rätsel ist: Land, Dach und Rätsel der sieben brennenden Zweige. Ich möchte, dass das Buch mein Atem ist und mein Ausruhen – mein einverständiges Nichtverstehen, meine Geborgenheit im Schlechten, das heißt, im Abgrund der Schuld, die das *Leben* ist.

Aber was ich möchte, spielt keine Rolle (in Japan ist gerade, nach dem Jahrtausendbeben vom 11. Februar 2011, die Reaktorhülle eines Atomkraftwerkes explodiert, eine zweite wird folgen, eine dritte vielleicht, und die laufenden Ereignisse werden tausende Menschen töten, Hunderttausende obdachlos machen und Millionen in den Strahlkreis freiwerdender Radioaktivität ziehen). Und doch, und doch: Nach dem Verlassen des widerlichen Schauspiels namens *philosophy goes public* fühlte ich in mir eine Schuld, an der ich keinen Anteil habe, und doch einen Anteil habe, weil alles, was ich bin, mein intimstes Sein, mit ihr kontaminiert ist. Und einen Augenblick lang, als ich mich umdrehte und wegging, kam mir vor, ich hörte die Klage des armen Reb Levi, der die Sünde des Buches auf sich nehmen wollte:

Da war, mir gleichsam aus den Augenwinkeln heraus bemerkbar, der Schatten des Buches, dem ich, umhüllt von den sieben brennenden Zweigen, bei zwei offenen Türen eingeborgen schien. Mir schien, ich sei begnadet dazu, durch die nach beiden Seiten hin offenen Türen des Buches zu gehen – offen hin zu dem einen ewigen Wort und offen hin zum Ganzen (und beides ein und dasselbe). Mir schien, ich sei begnadet, um im Glanz Seiner *Schöpfung zu verweilen, Buchstabe um Buchstabe. Stattdessen wurde ich, ein in die Welt Hineingepresster, aus dem Buch geschleudert. Der Kokon aus den zarten Fäden, Glanz und Sinn, zerriss,* Sein *Name wurde unleserlich. Aus den Zeichen wurden tote Buchstaben, die über mich hinwegwehten wie heiße Asche, mir den Atem nahmen, mich zu ersticken drohten, Katarakte einer Schöpfung, die, wie mir jetzt schien, sich erst vor dem Hintergrund der Schuld, die das Leben ist, zu entrollen begann – als ob sich für das Geschöpf eines zum andern fügen müsste, zu* Seiner *großen Erzählung. Was für eine Anmaßung! Ich musste sie erst stammeln lernen, diese Sünde des Buches, das wir, Urschriftsehnsüchtige, uns eitel zurechtphantasiert hatten.*

Ich wurde mit einer dunklen, begriffslosen Sehnsucht hineingeboren in die Welt des Sekundären. Die sekundäre Welt: So nannten, wie ich später entdeckte, die Postmodernisten, Abtrünnige der Sehnsucht, jene Welt, in der zu leben uns aufgetragen war. Sekundär zu sein hieß ihnen, eine abgeleitete Existenz zu führen, eine Existenz als Zitat, unter Anführungszeichen. Die Dinge nannten sie nicht „Dinge", das klang in ihren Ohren nach zu viel Echtheit, zu viel Wesen; nein, sie nannten die Dinge „Simulakren".

Aber sie irrten. Wir leben in der sekundären Welt, seitdem sich uns die Urschrift verschleierte. Und wann hätte sie sich uns je unverstellt offenbart? Schon immer lebten wir in der sekundären Welt, hier die Welt der opaken Fakten, da das innere, sich selbst fremde Leben des Subjekts. Alles, was geschah, spielte zwischen diesen beiden Polen. Indem wir uns der Opakheit entwanden, des Mythos und der unbegriffenen Faktizität des Faktischen, wurden wir autonom. Wir dachten, wir kämen, Schritt für Schritt, zu uns selbst, und lebten doch fort und fort jenseits der Urschrift, die allein uns zu uns selbst hätte bringen können – indem sie uns von unserer Autonomie, die nichts weiter war und ist als ein Symptom unserer sekundären Existenz, zur wahren Freiheit des Seins im Buch der Schöpfung befreit hätte.

In der sekundären Welt sind die Abschreiber und Kopisten mindergeachtet, um nicht zu sagen: missachtet. Denn alle Werke und Texte, die diesen Namen verdienen, sind – so das Dogma – Ausdruck menschlicher Spontaneität. Und hinter jedem spontanen Akt steht ein Individuum, dessen Name den Text autorisiert.

In der sekundären Welt sind wir keine Simulakren; wir sind im Gegenteil die Autoren unserer Werke. Unsere Werke sind Ausdruck unserer Autonomie. Simulakren hingegen sind Nachahmungen, Zitierungen der als Schein entlarvten Autonomie, ironisierende Tertiärformationen, die den Glauben an das Authentische, an die Autokratie des Subjekts ersetzt haben. *Dieu se retire*, „Gott zieht sich zurück", hieß es bei Léon Bloy (1846–1917) noch mit erzkatholisch-apokalyptischem Ernst; daraus wird in der Tertiärformation der Simulakren das unernste Lob der Vielgötterei.

Wir sind die angemaßten Götter unserer nichtswürdigen Bücher, die schon vergessen worden sind, bevor die digitale Datei, das Computerfile, sich übers geduldige Papier verbreiten konnte.

***

Ich will also sagen, dass unser größter Stolz, der Grund unserer makellosen Selbstachtung, der – um Kant zu bemühen – Ausgang des Menschen aus der selbstverschuldeten Unmündigkeit, zugleich der nie versiegende Quell einer Schuld ist, für die mir kein anderer Name einfällt als jener „der Schuld, die das Leben ist": Leben ist keimende Autonomie, ist das Wissenwollen um Gut und Böse, ist das Streben weg aus der paradiesischen Plazenta, hin zur Erkenntnis, dass die wahren Paradiese immer nur die verlorenen sind.

Und so lebt unsereiner: umhüllt von den Illusionen der sekundären Welt. Diese sind gerade nicht die Kopie, das Simulakrum, das Selbst als Abklatsch. Es ist gerade nicht das Leben aus zweiter Hand, das Zitatenleben, das sich aufführt, als sei es das Original. Ja, es ist wahr: Wir sind in die Welt hineingeboren, und das heißt, wir sind auf unsere Autonomie ebenso festgelegt wie auf unsere Vernunft. Beide zusammen erst sichern unser Leben und Überleben. Und aus beiden heraus erwächst unsere unüberwindliche, unhintergehbare *Form der Individualität*.

Für diese jedoch ist die Welt kein Buch. Als Zeichen werden ihr die Dinge nur bemerkbar, sofern sie im Rahmen der Naturordnung, die kein Buch ist – das Buch der Natur, ach, diese romantische Lesart des Unleserlichen –, auf andere Dinge verweisen, und zwar nach Gesetzmäßigkeiten, die nichts bedeuten: *Was ist, das ist*. Wir, die Individuen,

sind es, die, vernünftig und autonom, Zeichen setzen, Zeichenreihen formieren. Wir sind die Autoren unserer Bücher.
Und dabei beschleicht uns, sobald wir innehalten und lauschen (auf was? auf wen?), immerfort das aschige Gefühl, dass alle unsere Zeichen, alle unsere Bücher fabriziert und daher wertlos sind. Asche. Sie sind wertlos, weil wir sie erzeugen.

Wir sind unfähig, eine Bedeutung zu erschaffen. Denn die Existenz der Bedeutung bedarf eines Akts der Schöpfung, kraft dessen Welt und Wert, Sinn und Existenz eins wären. Das ist der tiefere Grund, warum es in der *Dialektik der Aufklärung* heißt, dass letzten Endes, nach dem Sturz aller Mythen, akkurat dann, wenn das Licht der Aufklärung am hellsten strahlt, in alles einstrahlt, um auch die letzten Schatten einer dumpfen Ahnung zu zerstreuen – dass dann noch der Mensch vorm Menschen zum Anthropomorphismus wird.

So haben es, mit der ganzen Pathetik jener, die der Metaphysik im Augenblick ihres Sturzes beistehen wollten, Max Horkheimer und Theodor W. Adorno formuliert.[11] Aber das, was hier stürzte, konnte durch philosophischen Beistand weder gerettet werden, noch wurde ihm eigentlich Gerechtigkeit zuteil durch eine Art von negativer Solidarität, die sich darauf eingeschworen hatte, dass nur die Kritik des Mythos und aller Wesensintuition wahr sein konnte. Alle negative Dialektik endet beim *Ground Zero* dessen, was einst bedeutsam gewesen sein mochte: die Welt, das Leben, die eigene Existenz.

Dass noch der Mensch vorm Menschen zum Anthropomorphismus werde, mag zunächst Teil einer Rhetorik des Verlusts gewesen sein: Schaut her, was wir aus uns gemacht haben – ein Stück bedeutungsloser Natur, zusammengefügt aus einer Summe naturgesetzesartig verzahnter und aufeinander bezogener Fakten biologischer, chemischer und, gründlicher noch, physikalischer Natur! Wir haben gelernt, uns selbst zu betrachten wie jedes andere x-beliebige Faktum, nur dass unsere feineren Gewebe und Säfte, unsere Neuronennetzwerke und Hormone etwas Erstaunliches, ja gänzlich Unerwartetes erzeugt haben: ein Wesen, das die Illusion einer bunten Welt „da draußen" zunächst für bare Münze nimmt, um am Schluss, indem es seine abstraktesten Begriffe auf sich selbst anwendet, die Illusion *als* Illusion zu durchschauen. Am Schluss schaffen wir nicht nur die Welt ab, wir schaffen uns selbst ab, wir, die Scheinautonomen, die aus sich selbst heraus zu handeln vermeinten und egomanisch dachten, sie hätten ein Ich.

Am Schluss aller Aufklärung steht die Selbstaufklärung; und das, was sie uns bringt, ist nicht der Ausgang aus irgendeiner selbstverschuldeten Unmündigkeit, sondern die zuerst irritierte, dann regelrecht euphorische Einwilligung in unsere neue Erkenntnislage: Das, was uns einst als der Mensch vorschwebte, Homo Sapiens, dieses phantastische Wesen zwischen Naturverfallenheit und Himmelssehnsucht, dieses neumythische Wesen des Humanismus, ist, wie alles andere Leben, in Wahrheit bloß eine Variation aus toter Energie und totem Stoff, aus riesigen, sich reduplizierenden Molekülen.

So steht endlich der Mensch vorm Menschen als sein eigener abgetaner Mythos: „Das warst du, dieser Illusionist deiner selbst, eine Täuschung deines eigenen Gehirns im Dienste des Überlebens, ein Popanz des freien Willens mit einem Popanz-Ich, eingebettet in eine scheinbedeutsame Welt, die du dir selbst vorgaukeltest!" Nun aber wissen wir, was wir sind – und wissen es doch weniger als je zuvor. Wir haben nämlich den Kontakt zu uns verloren. Was wir sehen, wenn wir uns mit unseren neuen und neuesten Erkenntnisaugen, die tatsächlich rundum geschlossene Begriffssonden sind, sorgsam betrachten, sind uns erschreckend fremde Biomechanismen, Aliens, in denen ein Bewusstsein flackert und rattert und netzwerkt, welches uns nur immer fugenloser in das Fremde, das wir uns selbst gegenüber sind, einschließt.

Das ist eine Schuld – „Schuld" –, die schwerer wiegt als alles, was wir uns moralisch vorzuwerfen haben. Sie wiegt schwerer, weil sie über das Moralische hinausgeht. Wir leben im Zustand einer *metaphysischen Schuld*, die daher rührt, dass, indem wir uns in eine Natur fügten, die aus bedeutungslosen Fakten besteht, wir zwar ein obstinates Gefühl dafür behalten haben, dass wir dies alles im Grunde nicht verstehen. Das Wort „Wunder" liegt uns noch immer auf der Zunge und lockt uns. Doch zugleich haben wir den Kontakt zur Welt als Schöpfung verloren. Die Rabbiner des Edmond Jabès, die Liebesklage von Yukel und Sarah – sie alle mögen uns sehnsüchtig stimmen. Aber was ist das für eine Sehnsucht, diese unnennbare „Sehnsucht nach dem Buch", aus dem wir gemäß den Worten des Dichters herstammen und in dem wir uns, Zeichen für Zeichen, Glied für Glied, Gedanke für Gedanke, jetzt und für immer – ja, jetzt gerade – befinden?

Das alles ist doch reine Poesie! Wir verstehen ihren Klang, ihre mythische Herkunft, ohne dass es sich für uns um eine ernsthafte Alternative, unser Leben zu ordnen und zu verstehen, handeln könnte. Ein Spiel der Muse vor einem großen, einst mit Haut und Haaren, mit allen Fasern unserer zerfransten Seele empfangenen Hintergrund, dem Offenbarungshintergrund, gewiss, doch eben nicht mehr: Unsere Wahrheit ist eine ganz andere.

Und doch, und doch: Wir spüren die Trostlosigkeit dieser unserer Wahrheit, die uns als radikal Entfremdete vor uns selbst hinführt. Wir spüren die Schuld unseres Lebens, obwohl wir doch nichts weiter wollten, als aus unserer Verfallenheit an die unbegriffene Natur und den rohen Mythos heraus und ans Licht der Erkenntnis zu treten, um, endlich, mit offenen Augen die Augen aufzuschlagen: um die Dinge zu sehen, wie sie wirklich und wahrhaftig sind; sie zu schauen, anzuschauen, zu begreifen als lebendige Teile der lebendigen Schöpfung ...

***

Nun aber sind wir sehend erblindet und dabei in Gefahr, einer falschen Unschuld nachzujagen. Wir sind dabei, im Geiste zu verwildern – und im Herzen auch –, sobald wir, unserem verdrängten Drang nach der Urschrift erliegend, uns dem *Neomythos* anheimgeben.

Schon vor langer Zeit hatte es begonnen, bereits das Ende des vorvergangenen Jahrhunderts ist durchsetzt mit verwilderten Neuanfängen und Revivals: Christliches, Heidnisches, Fernöstliches, Esoterisches, Spiritistisches wirbeln durcheinander. Alle Formen des parapsychologischen, kosmoenergetischen, astrologischen, erdvitalistischen, ökosophischen und ganzheitlichen Irrationalismus verbinden und verknoten sich zu buntscheckigen Offenbarungen. Es gibt neue Propheten und neue Religionsgründer, nicht wenige von ihnen segeln unter dem Vorzeichen einer Neuen Wissenschaft. So erhält der kulturell kaum noch geformte Jenseits- und Wunderhunger einen Schein von Strenge und Systematik und, natürlich, den Anschein einer höheren Vernunft, die das Gehäuse der modernen Immanenz, der entzauberten Innerweltlichkeit wegschmilzt, so, wie die Strahlen der Morgensonne die zähen Schatten der Nacht zerstreuen.

Das Auftauchen der Anthroposophie zwischen den beiden Weltkriegen, einer Abspaltung und Überbietung der Theosophie, markiert einen Höhepunkt des religiösen Synkretismus in Gestalt einer begrifflich dicht organisierten Weisheitslehre. Keine aufs Ganze gehende, mit allen möglichen Mystizismen jonglierende, alle möglichen lebenspraktischen Felder besetzende Form des Irrationalismus – vom Tanz über die Medizin bis zur Bildung und Landwirtschaft – war auch nur annähernd so erfolgreich wie das anthroposophische Lehrgebäude des Rudolf Steiner.

Mir selbst war die anthroposophische Sicht der Dinge nie recht geheuer. Von vornherein stieß mich die Steiner'sche Kombination aus Traditionsmischmasch, Originalitätssucht und Ordnungsfetischismus ab. Und sie stößt mich umso mehr ab, je größeren Wert Steiners Anhänger darauf legen, von ihrer Umwelt als zwanglos – „sanft" – wahrgenommen zu werden. Für mich handelt es sich (mag sein, ich erliege einem rationalistischen Vorurteil und meinem ästhetischen Hochmut) um sanfte Fanatiker, leise dozierende Wundersüchtige, jedenfalls unbelehrbar Abergläubische im Schafspelz.

Einmal besuchte ich, ermuntert durch Freunde, eine Versammlung der örtlichen Anthroposophen, gestaltet für die „interessierte Öffentlichkeit". Es wurde, wenn auch nicht ausdrücklich, für den Besuch der Waldorfschulen geworben. Bereits der Raum, in dem die Zusammenkunft zelebriert wurde, hatte, was die Innenausstattung betraf, einen unangenehm zwanghaften Charakter, der freilich den Eindruck umschließender Wärme, ja Geborgenheit erwecken wollte. Es roch durch und durch „biologisch", nach frischem Holz. Besonders auffällig war die Gestaltung der Lampenschirme und anderer Accessoires, die offenbar alles sein durften, nur nicht einfach quadratisch, kubisch oder schlichtweg kugelig.

An den Wänden hingen Bilder, die, wie mir später bewusst wurde, die abgebildeten Dinge ausnahmslos darzustellen beabsichtigten, wie sie sich dem „geistigen Auge" – falls ein solches Auge zur Stelle war – offenbarten: umhüllt von einer Aura. Das ergab in der Darstellung den eigentümlichen Effekt, dass auf den Aquarellen die Farben ineinander rannen, während bei den grafischen Kompositionen scharfe Konturen peinlich vermieden wurden. Die Zeichnungen wirkten, als ob die Umrisse der Gegenstände verwischt worden wären – und waren sie es denn nicht? Alles war hier prinzipiell sanft, und ebendiese *Unbedingtheit des Sanften* wirkte nicht nur totalitär, sondern auch manipulativ: Keiner durfte merken, dass er in ein geschlossenes Weltbild hineinmanövriert werden sollte.

Dazu kam der Eindruck einer profunden Kulturlosigkeit durch angemaßte Ambition. Man kennt diesen Effekt aus der Selbstdarstellung vieler Sekten, in deren Zentrum ein selbsternannter Guru steht, dessen persönliche „Vision" beansprucht, alles bisher Dagewesene gleichermaßen zu synthetisieren wie zu transzendieren. Selbstverständlich soll die visionäre Schau im Alltag der Anhänger möglichst exakt umgesetzt werden, und zwar derart, dass alle den Eindruck haben, sich bloß selbst zu finden. Dabei wirken die Artefakte, Räume und Performances, die aus Versatzstücken unserer und anderer Traditionen zusammengebastelt sind, für das geübte Auge peinsam inkohärent. Es entsteht ein Stil durch Stillosigkeit, „stilistisch" durchsetzt mit den immer wiederkehrenden Tics des Visionärs. Diese Anmaßung wird dann, von den Anhängern wieder und wieder reproduziert, als eine authentische Form der Welterfassung und Weltzuwendung erfahren.

Als besonders stillos blieb mir die Mixtur aus religiöser Zeremonie und diskursivem Gestus in Erinnerung. Wir wurden am Anfang und Ende der Veranstaltung gebeten, uns zu erheben und eine Art „Gebet" zu sprechen, wohl, um uns auf eine Tonlage, eine Gefühligkeit einzustimmen. Anschließend wurden wir mit einer Girlande aus Meditationen und Belehrungen konfrontiert, wodurch man uns in die Vorhöfe der anthroposophischen Universallehre einzuführen gedachte. Eine teils weihevolle, teils argumentative Schnupperstunde in Weltweisheit. Ich hätte mich weniger beklommen gefühlt, hätte es – wenn schon, denn schon – eine robuste Liturgie samt Predigt gegeben. Doch der Zweck der Inszenierung war es, den Anwesenden zu signalisieren, dass man sich über die traditionelle Form des Religiösen hinaus- und in lebendigere Sphären der Spiritualität hineinbewegt habe.

Es kam mir vor, als wollte man uns weismachen, wir könnten die angehäuften Schulden unserer alten Kultur hinter uns lassen und unsere – wie es das christliche Abendland gesehen hatte – Erbschuld abstreifen, ohne dafür bezahlen zu müssen; ja, als sei eine neue Unschuld möglich, unter Umgehung jener Ur-Schuld, als welche uns das Leben, fern der Urschrift, selbst zum Problem geworden war. Mit anderen Worten: Wir lauschten dem *falschen Unschuldsversprechen* des Neomythos.

4. Das Mal der gefallenen Unschuld

Und die Schlange? Ist sie der Teufel? Sagen wir besser: Sie ist die böse Mitspielerin. Dabei liegt die Betonung auf „Mitspielerin". Die Schlange spielt böse mit, aber eben, indem sie mitspielt. Und wäre es nicht überhaupt besser, die Schlange als „Spielmacherin" zu bezeichnen: als *Antreiberin Gottes*?

Es ist die Schlange, die Gott, den unbewegten Beweger – als Herr des Gartens wandelt er jenseits der Zeit –, dazu bewegt, seine Schöpfung nicht erkenntnislos in sich ruhen zu lassen. Die Schlange treibt an. Sie treibt das Paradies an, sich in die Zeit hinein zu öffnen und damit zu *transformieren*: Aus dem Garten Eden, welcher der Zeit zauberisch enthoben ist, wird das Drama der Heilsgeschichte.

Denken wir daran, dass im biblischen Erzählkranz der Satan als einer unter den mächtigen „Söhnen Gottes" auftaucht, ein hoher Engel, Mitglied der himmlischen Ratsversammlung. Ihm fällt schließlich die Aufgabe zu, die Glaubensfestigkeit und Gottestreue der Menschen zu prüfen, wobei der spektakulärste Fall durch den treuen Gefolgsmann Hiob verkörpert und sprichwörtlich wird.

Satan gibt sich vor Gott als Realist: „Glaub nur ja nicht, dass dieser von dir so stolz als dein Getreuer benannte Mensch dich um deiner selbst willen verehrt. Er verehrt dich um der Wohltaten willen, die du ihm erweist. Nimm dem Menschen doch, worauf er stolz ist, sein Hab und Gut, sein Vieh, seine Gesundheit, seine Familie, und er wird vor dir schreiend davonrennen, Hilfe erflehend bei anderen Göttern ..." Lächerlich zu meinen, der Teufel sei es, der hier Gott versuche, wie er einst als Schlange Eva versucht haben soll. Oder vielleicht doch nicht ganz so lächerlich. Denn Gott lebt zeitlos eingehüllt in seine Erhabenheit, der Teufel hingegen kennt die Menschen, ihre Leiden, ihren Egoismus, ihren Stolz und ihren Wankelmut. Satan ist Realist: Sogar Gott höchstpersönlich darf seinen Geschöpfen nicht alles zumuten, will er von ihnen als oberste Autorität anerkannt werden.

Nachdem Gott und Satan eine Wette darüber abgeschlossen haben, ob Hiob glaubensfest bleiben wird, auch wenn der Preis dafür ist, im Elend zu verkommen, geht der mächtige Engel ans Werk. Er bereitet die Bühne der Schmerzen und des Niedergangs für Hiob. Diesen lässt er vor seinen Freunden als Idioten dastehen, der gegen jede Vernunft auf seiner Rechtgläubigkeit, ja seiner Liebe zu dem einen einzigen Gott beharrt. Schließlich kehrt Satan in den himmlischen Rat zurück und erstattet Bericht. Nachdem die erste Runde an Gott gegangen ist, wird eine zweite Runde ausgehandelt. Noch mehr Elend für Hiob, lautet die Devise. Und wieder macht sich der mächtige Engel auf den Weg …

Satan ist ursprünglich böse nicht deshalb, weil seinem Wesen ein Hang, das Böse zu tun, innewohnt. Er ist kein Psychopath, keiner, der das Böse um seiner selbst willen tun wollte, gleich dem Sadisten, der sich am Leiden seiner Opfer wollüstig labt. Nein, man hört sogar, Satan sei ursprünglich gut gewesen. Auch hat man schon gehört – wenn auch nicht im biblischen Kontext –, er sei Gott ebenbürtig. Könnte das damit zu tun haben, dass er die andere Seite Gottes ist?

Der gute Mitspieler, die böse Mitspielerin: Gab es im Anfang des Anfangs ein göttlich opakes Zwitterwesen, das, solange es sich nicht in sich selbst entzweit – und damit von sich selbst entfremdet – hatte, weder gut noch böse war, nur unschuldige Seinsmacht und als solche jenseits von Gut und Böse?

Und das Zwitterhafte in der göttlichen Opakheit dieses Wesens, wie wäre dieses Rätselhafte zu begreifen? Gar nicht. Da muss ein unbegreiflicher Riss gewesen sein, ein unbegreiflich zarter Bruch, eine *Minimalasymmetrie*, die durch das vollendet runde Sein ging, ein schwereloses, schattenloses *Ich bin, der Ich nicht bin* (und dabei unbegreiflich scharf, wie die Klinge eines Ewigkeitsschwerts).

Dieser Bruch, dieser Riss, diese Minimalasymmetrie des in sich ruhenden Seins, das aus der Zeitlosigkeit kippt und sich zur Schöpfung entäußert: dieser sich zur Wachheit erlösende traumlose Traum des wohlgerundeten Seins (*eukyklou sphairês enalinkion onkô*) – wie sollten wir das Unbegreifliche nennen, wenn nicht Bewusstsein *in nuce*, Keimlingsbewusstsein, das auf- und aufgeht, zeit-, raum- und weltschaffend durch eine unendliche Fülle lebendiger Entzweiungen?

Und da, an einem Punkt, wird aus der reinen unschuldigen Fülle, die lebt, ein Urteil, einen Kette von Urteilen; auf einmal wird geurteilt. Die Schöpfung, die aus der Fülle der Unschuld hervorgeht, beginnt, sich zu reflektieren. Aber worin denn, wenn nicht in sich selbst? Unerschöpfliches Thema aller Idealismen: der Narzissmus der Schöpfung. Indem sie ihre eigene Makellosigkeit erkennen will, beginnt sie sich im Spiegel ihrer selbst, ihres eigenen anschauenden und urteilenden Bewusstseins, zu betrachten. Sie muss ihrer selbst bewusst werden, um wirklich vollkommen sein zu können. Und dabei geht sie aber ihrer Unschuld verloren. Sie wird sich selbst zum Richter, hält Urteil über sich selbst: *Tat twam asi*, das bist du!

Und aus welchem Munde wird das Urteil kommen? Es ist die Schlange, die aus dem Munde des lebendigen Gottes züngelt, gleich dem Schwert, das nach dem visionären Zeugnis des Johannes am Ende aller Tage aus dem Munde des wiedergekehrten Messias ragen wird, um Gut und Böse für immer zu scheiden: „Aus seinem Munde kam ein scharfes Schwert ..." (Offb 27,15) Und was wäre dieses Schwert, wenn nicht das urteilende Wort, das endgültig in das Fleisch der Schöpfung eindringt, um der letzten Wandlung aller Dinge willen?

Die Schlange ist die böse Mitspielerin der Schöpfung. Aber böse nur insofern, als sie im Mythos *das Bild der Schöpfung verkörpert, die über sich selbst Gericht zu halten begonnen hat.* Die Schlange verkörpert die zu sich selbst herangereifte Schöpfung. Ihre Protagonisten: Adam und Eva, die auf ihre eigene Unschuld erschrocken als auf etwas Abgetanes zurückblicken. Und ist sie nicht abgetan, sobald den ersten Menschen bei offen Augen die Augen aufgegangen sind? Ja, es gibt das Gute und das Böse, und da es aber vorher nicht gewesen zu sein schien – und war es denn? –, scheint es nun nirgendwo anders als in dem *urteilenden Blick* begründet, der Mann und Männin nach dem Genuss der verbotenen Frucht zugewachsen ist: Nun endlich sehen sie, dass sie nackt sind.

***

Warum also die Verfluchung der Schlange? Ist nicht gerade sie, gedacht als das Schwert, das ewigkeitsscharf aus dem Munde Gottes ragt, die Stimme der Ethik schlechthin?

Weil du das getan hast, bist du verflucht unter allem Vieh und allen Tieren des Feldes. Auf dem Bauch sollst du kriechen und Staub fressen alle Tage deines Lebens. Feindschaft setze ich zwischen dich und die Frau, zwischen deinen Nachwuchs und ihren Nachwuchs. Er trifft dich am Kopf, und du triffst ihn an der Ferse.

Der Fluch gilt der Vernichtung der Unschuld durch das urteilende Bewusstsein.

Das Schwert des Königs der Könige, das in der Johannesapokalypse wieder seinen wortmächtigen Platz eingenommen haben wird: Es liegt nun, nach der Verfluchung der Schlange, bis zum Ende aller Jammertage im Staub. Das Schwert ist das Schwert der Makellosigkeit.

Aber alles musste geschehen, wie es geschah; es ging nicht anders. Um die Makellosigkeit der Unschuld zu retten, musste sie in den Schmutz des Gerichts über Gut und Böse gezogen werden. Moral musste sein, damit am Ende die Unschuld wird wahrhaft triumphieren können – als die Unschuld, die um ihre Unschuld weiß.

Die Welt musste moralisch werden. Das Handeln musste moralisch werden, entweder gut oder böse. *Alle Ethik ist das Mal der gefallenen Unschuld.* Die ihrer selbst bewusst gewordene Schöpfung ist die moralisch urteilende, die sich selbst beurteilende und verurteilende Schöpfung. Alles Moralische windet sich im Staub. Es windet sich und frisst Staub, um die Unschuld zu retten: um sie nicht im Schlamm einer Schöpfung verrotten zu lassen, die bloß ein ihrer selbst unbewusster Traum, ein opaker Albtraum ohne Sinn für Gut und Böse hätte bleiben müssen. Schlamm oder Staub.

Gottes Fluch, der die Schlange trifft, trifft die ihrer selbst bewusst gewordene Schöpfung. Diesen Fluch spricht Gott über sein eigenes Schöpfungswerk. Gott verflucht sich selbst, er ist es, dessen Kopf vom Menschen immer wieder zertreten wird, und er ist es auch, der die Ferse des Menschen aus – wie es gedankenlos heißt – bedingungsloser Liebe attackiert: die Achillesferse des fortan sterblichen Menschen, der fortmöchte aus der Arena des Guten und Bösen. (Zu übermächtig muss ja dem Menschen das Böse erscheinen, auch zu verlockend, dort fließen Milch und Honig, dort gedeiht das beste Rinderfett des Abel, das dieser seinem selbstgefälligen Gott selbstgerecht zum Opfer darbietet, während Kains, des Ackerbauern bescheidene Ährengabe der göttlichen Huld schnöde entgleitet.)

Wenn Gott überhaupt ist, dann ist er alles. Wie anders sollten wir, die wir längst zu Bewusstsein und Sprache erwacht sind, Gott denken können? Er ist Wächter und Treiber, er ist alle Wächter und alle Treiber zugleich. Er ist der stumme Wächter des Gartens und er ist die beredte Schlange, die Adam und Eva aus der Unschuld ihres Schweigens vertreibt.

In seinen *Fragmenten der Undeutlichkeit* hat Botho Strauß die Grundsituation markiert: „Die Worte sind die Treiber, Quelle von ταραχή tarachē, Verwirrung und Ortlosigkeit. / Σιγή Sigé ist das Schweigen der Ideen. Die Stätte. Der Schweigende. Der Wächter. / Kein härterer Wechsel, kein tieferer Gegensatz als der zwischen Treiber und Wächter. Taraché oder Sigé. / Die Treiber jagen uns in den leeren Umlauf, Verwandlung von diesem in jenes, die nichts mehr zum Ziel hat, weder das Silber noch den Stein der Weisen. / Die Wächter aber strecken ihre Arme aus und weisen über das Rund hinaus: Dort ist etwas anderes! Dort herrscht der Unterbrecher! / ‚Alles umtaufen!'"[12]

Die Treiber, das sind die Erben der Schlange, der Antreiberin im Garten Eden; das sind die Agenten des Diskurses, die Moralisten, die rastlosen Kommentatoren dessen, was es pausenlos zu sehen, zu erleben, zu beurteilen gibt, nachdem dem Mann und der Männin die Augen aufgegangen waren und sie nun, diesseits der Zeitmauer, in den Kreislauf der Zeiten, den ewigen Umlauf, die ziellose Verwandlung gestürzt wurden.

Die Wächter hingegen, das sind die Dichter, die Abkömmlinge des In-das-Schweigen-Zurückgetretenen, der Wache hält in der Stille des Gartens, wo die Tiere zwar Namen haben, aber alle Namen noch Adamsnamen sind. Diese Namen, still leuchtend, bedeuten alle dasselbe: *Sigé*, das Ganz Andere.

Die Wächter, das sind, nach menschlichem Ermessen – nicht nach göttlichem (Gott ist alles) –, die wahren Statthalter Edens, die legitimen Zeugen der Unschuld, die erst verloren gehen musste, um wahr zu werden. Die Dichter sprechen nur um jener Unschuld willen.

***

„Besuch mich nicht an meinem Grab es hilft mir nicht ich bin schon tot."

Zwei Mal bin ich der Mayröcker begegnet. Das erste Mal in Bad Ischl, nicht lange, nachdem Ernst Jandl, ihr geliebter Partner, gestorben war, der auch im Gedichtzyklus *Scardanelli* – mit diesem Namen signierte Hölderlin seine Wahnsinnsbriefe aus dem Turm – Spuren der Sehnsucht und Trauer hinterlassen hat: „Fröhlich waren wir eine stille Fröhlichkeit *ach ahnungslos* war ich." Und Jahre später dann im Wiener Café Tirolerhof. Beide Male hätte ich mir gewünscht, die Dichterin kennenzulernen; und beide Male war ich froh, sie nicht behelligt zu haben. Auf diese Weise blieb das intime Sprachbild der mir Fremden unangetastet.

Friederike Mayröckers dunkle Haare und Stirnfransen, aus denen auf so vielen Fotos die käferdunklen, seendunklen Augen hervorblicken: Dazu passen die „Blüthen", die aus dem Hölderlindeutsch eingeweht sind. Hier ist alles voller Blumen und Gewächse, „Fuchsien Weiden Pinien und Reseden lauschend im Garten (ich) Krokus und Haferkorn auch".

Ja, es ist bei der Mayröcker ein zauberisch umschlossenes „ich", voller Andränge, Tränen, hymnischer Verkleinerungsformen, die immer nur eines wollen: die Welt reinen Herzens zu lieben, trotz allem, „usw." Es ist kein Ich, das sich gegen die Welt setzt, obwohl es sich niemals ins Welteinverständige hinein- und das Leben glattdichtet.

So wie Mayröckers Gräser hätten sich Walt Whitmans *Grass Leaves* lesen sollen, denke ich, *Scardanelli* lesend. Denn nicht der Lebensjasager und Naturenthusiast öffnet uns zur wahren Poesie hin, sondern das reine Herz. Aber dieses ist, im dunklen Tal, zwischen den Widrigkeiten, Banalitäten und Schrecken des Alltags, in der Globusmaschine des alternden Gehirns, einzig als verstricktes vorfindbar. Es ist nie ganz. Blut sickert aus der Lunge. Der Wahnsinn lauert, „kirschenessend in tiefer Nacht".

Ich habe diese *Unschuldsanspannung*, die Mayröckers Poesie durchzieht, lange Zeit nicht verstanden. Mir gingen die Ticks auf die Nerven, die Dichterin schreibt „1" statt „einer/eine/eines", aber nicht immer. Sie schreibt immer „sz" statt „ß". Sie demonstriert Eile oder Überdruss, indem sie an das Ende einer Zeile ein „usw." setzt (*zu* „*usw.*", schreibt die Dichterin: *es ist manchmal nur 1 Füllsel, 1 Rhythmisierung der Textur ..*); hingegen Beistriche bloß ausnahmsweise, im Angedenken an die gute alte Zeit der Avantgarde, in der man/frau, ganz und gar kontextuell, beistrichlos schrieb, und dabei überhaupt alles klein.

So rackert sie sich ab. Zwischen ihrem höchsteigenen Gestrüpp aus Formuliermarotten glänzt sie umso reicher, *voll der Gnaden*. Sie liebt solche Bilder, falls sie sehr, sehr kindlich klingen. Dabei schützt sie ihre Unschuld, indem sie sich verkompliziert, starr- und gegensinnig Worthäufchen aufschichtet: „haben 1 Quartett von Penderecki gehört (,flow my tears' John / Dowland wenn aus den Schnäbeln und Wolken hellere Welle / sich herabgegossen, Höld., auf der Fuszmatte vor der Wohnungstür 1 gelbe vergessene Blume."

Hölderlin, der aus dem Wahnsinnsturm mit „Scardanelli" unterzeichnet, wird, wie um seinen wahren Namen zu schützen, aktenmäßig abgekürzt: „Höld." Denn er ist der Same, aus dem das Ganze, der Zyklus der Wächterin, emporwächst: „(,flow my tears'". Wo aber ist die zweite Klammer geblieben? (*Zu der verlorengegangenen 2. Klammer*, schreibt die Dichterin: *es ist als würden Sie die Tür halboffen lassen wenn Sie von 1 Zimmer in ein anderes gehen ..*)

Nein, ich werde die Mayröcker nicht besuchen. Ich werde ihr als Leser begegnen, ab und zu in einem wundersamen Zeilendickicht, in dem sie sich unsterblich verheddert und blüht (*und am besten*, schreibt die Dichterin, *gefällt mir „das reine Herz", das die Welt lieben will*).[13]

***

„Das Paradies hat jeder in unzähligen Schwünden erlebt: Tag für Tag aus einer Unschuld vertrieben."[14]

Nun endlich sahen sie, dass sie nackt waren. Und sie bedeckten ihre Blöße. Warum?

Wollen wir Mayröckers Ringen im Dickicht und Gestrüpp der Sprache verstehen, jenes Ringen um das reine Herz, das die Welt lieben will, trotz allem, „usw.", müssen wir – wie es heißt – anfangen bei Adam und Eva. Sie bekamen Augen für die eigene Nacktheit. Das ist die erste Schwundstufe des Paradieses, die zugleich eine Bereicherungsstufe auf dem Weg zur Menschwerdung bildet. Das Paradies wurde ihnen zum Dickicht, das sich anfühlte wie Gestrüpp. Wie Sprachgestrüpp, worin sie sich verbergen mussten. Denn das war es, worum es ging: Mann und Männin waren zur Sprache und damit erst eigentlich zum Leben gekommen.

Da läuft vieles zusammen und durcheinander. Mann und Männin waren aus ihrer Unschuld vertrieben, weil ihnen die Augen aufgegangen waren. Aber der Anfang des Unschuldsschwundes war noch keine exklusiv moralische Angelegenheit. Am Anfang sind die ontologischen Grundkategorien noch ungeschieden: das Sein, das Gute und das Schöne – eins. Ethik und Ästhetik – eins. Als Adam und Eva sahen, dass sie nackt waren, da begriffen sie: „Wir sind nackt wie die Tiere! Wir sind kulturlos, unzivilisiert! Wir sind noch nicht zu uns selbst gekommen ..." Was sie an sich sehen, ist nicht die Unschuld des Menschen, sie sehen die Unschuld des Tieres. Und sie wissen von nun an, dass darin ein Mangel ihres Menschseins liegt. Sie blicken einander an und fühlen plötzlich – sie sind ja von nun an der Zeit überstellt – den Mangel an Sein. Ihren Mangel. Ihres Seins. (Sie sind nicht lüstern. Das ganze Sündengerede, soweit es sich um die böse Lust beim Anblick der zum wechselseitigen Gebrauch bestimmten Geschlechtsorgane handelt, ist viktorianisches Brimborium. Es ist der Ursituation hintennach aufgesetzt.)

Die beiden ersten Menschen, die vom Baum der Erkenntnis gegessen haben, blicken einander an und sehen, dass sie *hässlich* sind – hässlich im Vergleich zu der zeitlosen Schönheit ihrer ersten, ihrer zarten tierischen Unschuld, die noch keinen Begriff davon hatte, was es heißt, schön – und damit ebenso gut wie wahr – zu sein im ontologischen Sinn des Wortes.

Sie sind hässlich, nicht weil es ihnen nun an Menschlichkeit mangelte, sondern im Gegenteil: weil ihnen dämmert, dass, um wirklich ihrem menschlichen Wesen genügen zu können, sie erst begriffen haben müssen, dass ihre schöne, unbegriffen-tierische Unschuld noch nicht das eigentlich Menschliche war. Man kann nicht Mensch sein, ohne moralisch zu sein; aber um moralisch zu werden, muss man hässlich werden. Man muss sich der Schönheit entledigen, durch die sich die tierische Unschuld auszeichnet.

Doch was ist es denn, das hässlich wäre am Begreifen dessen, was gut und was böse ist? Liegt nicht gerade darin, im Moment der Erkenntnis, auch ein Moment der Freiheit? Kein Zweifel. Trotzdem: Es ist zugleich jener Akt des Verzehrs der verbotenen Frucht, durch den Adam und Eva die Bedeutung dessen, was es heißt, sich Gottes Befehl zu widersetzen, schlagartig klar wird: *Wir haben Böses getan!* In diesem Moment transformiert sich die Welt von Mann und Männin – aus dem unschuldigen Paradies wird das schuldbefleckte Reich des Menschen.

Denn nun verstehen die Menschen, dass Gottes Befehl nur unter einer einzigen Voraussetzung göttlich sein konnte: Dem Befehl nicht zu gehorchen, bedeutet, etwas Böses zu tun. Nun verstehen sie, *und zugleich aber verstehen sie auch, dass sie erst jetzt ihrem menschlichen Wesen entsprechend verstehen.* Jetzt nämlich erst verstehen sie, dass in ihrer Nacktheit Unschuld und Mangel zusammenfielen. Um dem Mangel an menschlichem Sein zu entkommen, mussten sie die göttliche Verlockung der Schlange, der beredten Antreiberin, verstehen: Werdet selber beredt, zuerst mit den Augen, dann mit der Zunge! Dann mit eurem ganzen Begriffswesen!

Nun also sahen sie ihre Nacktheit. Dem Menschen gebührt es, seine Scham zu bedecken. Sie verbergen ihre Scham voreinander, und sie verbergen sich vor dem Herrn des Gartens. Später werden die Männer und Männinnen, die Endlichen und die Sterblichen, ihre Augen von Gott abwenden müssen. Seinen Anblick würden sie nicht ertragen. Von Ihm angeblickt zu werden, Auge in Auge, würde sie töten. Hier aber, im Erblicken der Nacktheit des jeweils anderen, findet der Zusammenbruch des Paradieses statt, das Ende dessen, was die *erste Unschuld* heißen sollte.

Die erste Unschuld, das war die sprachlos träumende Menschheit, die urteilslos in Gott geborgene Geschöpflichkeit, zusammen mit allen Pflanzen und Tieren, unbeschädigt, nicht schädigend – kein Fressen und Gefressenwerden, keine Sterblichkeit, kein Tod: das selige Schweigen des jahreszeitenlosen Gartens jenseits aller Zeit.

Woran litt diese Geborgenheit? War sie denn nicht absolut? Ja, sie war absolut und dennoch litt sie, ohne es zu wissen, ohne schon zum Wissen begnadet worden zu sein. Sie litt daran, dass sie Traum bleiben musste, sprachloser, begriffsloser Traum, der seiner eigenen Geborgenheit fremd blieb. Es fehlte das Glück des Augenaufschlags bei offenen Augen.

Bis zu ihrer Begegnung mit der Schlange waren Mann und Männin einander zugetan, aber um wie Liebende einander zugetan zu sein, mussten sie erfahren, was es *bedeutet,* einander als Liebende zugetan zu sein. Sie erkannten ihre Blöße in dem Moment, in dem sie sahen, wie zerbrechlich dies alles war: der Garten, ihr Glück, ihre Eingeborenheit ins Zeitlose. Indem sie begriffen, dass sie nackt waren, war es bereits geschehen um ihre erste Unschuld.

Sie waren erwacht, auf der harten Erde, auf der sich Eva unter Schmerzen wand. Ein Kindlein wurde geboren und Adam konnte nicht helfen, nur beistehen. Die Frau musste ganz für sich leiden. Hilflos rang der Mann seine Hände, flehte den leeren Himmel an, lief in den Wald, um Nahrung, Kissen aus Moos und Feuerholz zu suchen, und wusste doch, wie alles enden würde: irgendwo in den Tiefen des Tales, das bereits voll war von den Schreien all der Schmerzen all der Tiere, die einander auffraßen oder sich verkrochen, um lautlos zu sterben. So würde es auch mit ihnen selbst enden, mit Adam und Eva und ihrer Nachkommenschaft, welche, nach der Wahrsagung des nun fernen Gottes, die Erde zahlreich bevölkern sollte.

***

Paradiesisch nackt zu sein heißt unschuldig zu sein. Aber dieser Nacktheit, so ließe sich erwidern, haftet eben der Makel an, paradiesisch zu sein.

Die paradiesische Nacktheit war Ausdruck der ersten Unschuld, welche noch nichts von Gut und Böse wusste. Nun aber ist das Wissen in die Welt gekommen und hat die Welt von Grund auf verändert. Die Nacktheit ist nicht mehr paradiesisch, sie ist das tiefe Mal einer Unbedecktheit, Verletzlichkeit, einer unfertigen Lage voller Drang nach unten und oben.

Ein Mythos ist ein Mythos. Ursprünglich teilt er mit dem Märchen eine besondere Form der Einfachheit: Die Dinge sind, wie sie sind. Gute Dinge passieren, böse Dinge passieren, Wunder geschehen. Sofern überhaupt Fragen nach dem Wie und Warum gestellt werden, haben auch sie einfache Antworten. Wenn die Elfen auf einem Regenbogen in den Himmel klettern, dann ist der märchengerechte Blick bezaubert. Er wird aber nicht bezweifeln oder hypothetisieren: Ja, wie sollte es denn möglich sein, einen Regenbogen emporzuklettern? Und gibt es denn überhaupt Elfen? Das sind keine Erwachsenenfragen; das sind, unter der Bedingung des Märchens, unverständige, dumme Fragen. Sie verkennen die Einfachheit der Dinge im Märchen, die keinen wissenschaftlichen Gesetzen unterliegen und selbst der Logik zuwiderlaufen. Wissenschaft und Logik sind im Märchen, das aus den Urträumen der Menschheit geboren wurde, bloß hässliche Fremdkörper.

Der Mythos ist kein Märchen, doch in seinen frühen Formen, die noch keine raffinierten Kunstmythen sind, zeigt er märchenhafte und daher – wie wir es heute sehen – kindliche Züge. Das gilt besonders für den Mythos vom Paradies. Frühe mittelalterliche Darstellungen kommen seiner „Intention" am nächsten. Adam und Eva, die ungezogenen Geschöpfe, die plötzlich von rotglühender Scham erfasst werden, ohne eigentlich zu wissen, was ihnen da geschieht, verbergen sich in den Büschen zwischen den Bäumen des Lebens und der Erkenntnis (Letzterer prall gefüllt mit goldenen oder rotbackigen Früchten, dazwischen die kunstvoll gewundene, züngelnde Schlange, eine bunt bemalte Figur): Das alles wirkt für unser reflektiertes Auge künstlich, didaktisch und naiv.

Und auch die „Innenseite" des Geschehens ist kindlich. Der Herr des Gartens ist kein Patriarch im traditionellen Sinne, es scheint sich eher um den Besitzer eines Puppentheaters, bestehend aus lebendigen Dingen, zu handeln. Die Liebe Gottes zu seinen Geschöpfen ist die eines Eigentümers. Ihr fehlt das psychologische Moment der Intimität, des Mitgefühls und damit des väterlichen Verzeihens. Noch ist der Eli des Jesus, das „Väterchen", fern. Gesetz ist Gesetz. Wird es gebrochen, werden die lebendigen Püppchen umso härter bestraft, je weniger sie Rang und Privileg ins Spiel bringen können. Und im Garten Eden fehlen unter den Geschöpfen Ränge und Privilegien, obwohl es Adam war, der jedem Tier seinen Namen gab.

Da ist also diese eine Ebene, auf der es nichts weiter zu erklären gibt. So ist es. So ist es gewesen. So wird es immer gewesen sein. Ohne diese Ebene würde die Paradieses-Ahnung bloß eine schlecht erzählte Geschichte ohne Wahrheitsgehalt sein, unglaubwürdig, unlogisch, unmöglich. Weil sie aber der Logik des Märchens und der in das Märchen eingewirkten Tiefenträume verpflichtet bleibt, der existenziellen Archaik des Menschen, die über ihn hinaus und unter ihn hinunter führt, kann das Paradies weder vom Licht der Vernunft aufgelöst, noch vom historischen Kommentar dekonstruiert werden.

Es bleibt ein Kern. Doch wenn wir versuchen, mit allen Fasern unseres Menschseins, das wesentlich ein Sehnsüchtigsein ist, jenem innersten Kern des Paradieses nahezukommen, dann geraten wir in einen Abgrund, der keinen Boden und daher keinen Abschluss hat: Bilder werden durch Begriffe erläutert – „entmythologisiert" –, die durch Bilder mythologisiert werden. Und am Schluss aller Umschreibungsunruhe? Auch dann wird immer noch zutreffen, dass unsere Sehnsucht nach Paradieses-Nähe unerfüllt blieb.

Das Märchen vom Garten Eden ist einfach, kurz und bündig. Es ist eindeutig und definitiv. Die Paradieses-Erzählung hingegen, die Ahnung vom Ursprungszustand absoluter Geborgenheit, wird weiter- und weitererzählt werden. Denn es handelt sich dabei um eine Sehnsuchtserzählung, nein, mehr noch: Es handelt sich um *die* Erzählung, deren Horizont mit jedem Erzählschritt, mit jeder begrifflichen Annäherung zurückweicht. Und dabei hat jene Erzählung dies an sich: Erzählend kommt uns vor, als ob der Horizont aus dem Nebel, der er doch selber ist, Schritt um Schritt glänzend hervorträte. Der Sehnsuchtshorizont ist ein Nebelglanz, Glanz einer Erlösung, die, ihrem Wesen nach zeitlos, immer erst – und immer schon – gewesen sein wird. Alles, was hierorts passiert, kommt stets zu früh oder zu spät; und dabei möchte es unaufhörlich nach Hause kommen.

Die wahre Unschuld gibt es bloß als verlorene. Es gibt sie erst, nachdem vom Baum der Erkenntnis gekostet wurde. Was die Sehnsucht in uns allen versöhnt wissen möchte – freilich umsonst –, ist die erste Unschuld, da der Baum der Erkenntnis noch unberührt war, mit der Vision einer zweiten. Diese zweite Unschuld keimt aus der *Wunde der Moral*, und ihre Vision der Unversehrtheit besteht darin, dass sich die Wunde wieder schließen möge, ohne dass der Mensch, das Geschöpf, abermals gezwungen wäre, Mann und Männin zu werden, lebendige Püppchen in einem Puppentheater ohne Wissen um Gut und Böse.

Denken wir uns die wahre Unschuld als die zweite, dann gibt es diese Unschuld notwendig nur als *das ewig unerreichte Ziel der Sehnsucht in uns allen*: nicht als Auslöschung, sondern als die endgültige, sich selbst wissende Erlösung vom Übel – als das Übel, das vom Übel erlöst wäre.

***

Alles hat seine Zeit, die Sehnsucht braucht ihre. Kindern wird die Zeit leicht zu lang, sie kennen noch keine Sehnsucht. Vielmehr tragen sie den Keim – oder besser: die keimende Wunde – von etwas in sich, was sie einst, vielleicht, zu Sehnsüchtigen, stärker, zu gleichsam offenen Wunden der Sehnsucht machen wird. Den eher Grüblerischen unter uns wird im Laufe der Zeit, nach und nach, bemerkbar werden, dass die Sehnsucht, während sie sich an einem flüchtigen Ereignis entzündet – einem Duft, einem Farbglanz, einer Atmosphäre –, doch Ausdruck eines viel Profunderen ist: der Sehnsucht in uns allen.

Was ist das? Die Einsicht reift gründlich, man findet sie erst auf Seite 3940. Ich spreche vom zehnten Band der zehnbändigen Ausgabe des Hauptwerks von Marcel Proust, *Auf der Suche nach der verlorenen Zeit*, die von Eva Rechel-Mertens besorgt wurde. An jener Schlüsselstelle heißt es: „… denn die wahren Paradiese sind Paradiese, die man verloren hat."[15]

Das klingt paradox, und paradox ist es auch. Aller Sehnsucht eignet diese paradoxe Struktur, die nicht bloß Struktur, sondern Erlebnis ist. „Nur wer die Sehnsucht kennt, weiß, was ich leide", klagt es in Goethes *Mignon*-Gedicht, und das ist so wahr, wie es oberflächlich bleibt. Denn wenn die Sehnsucht ein Leiden darstellt, dann ist sie ein glückliches, nein, besser, ein beseligendes Leiden: eine leidvolle Beseligung. Warum denn sind die wahren Paradiese jene, die man verloren hat?

Das, möchte man sagen, ist die wahre Funktion des Sündenfalls: Erst nachdem das Paradies für die einst unschuldigen Gotteskinder verloren ging, lebt es *verinnerlicht* fort, als etwas ihnen zutiefst Eigenes. Nach dorthin werden sie fortan zurückwollen. Das Paradies ist ihre Urheimat. Es ist ihnen das Nächste, das freilich unerreichbar bleibt: Die unerreichbare Nähe markiert das Sehnsuchtsziel, und erst als *unerreichbar Nahes* ist aus dem Paradies das wahre Paradies geworden, der Ort einer zweiten Unschuld, die dazu erlöst wäre, um sich selbst Bescheid wissen zu dürfen.

Das geht viel tiefer und reicht viel weiter als die biblische Episode bei flüchtiger Lektüre erkennen lässt. Unsere ganze abendländische Kultur bezog ihre Art der Lebendigkeit aus der Zusammenführung zweier Motive oder Gestimmtheiten, die einander radikal entgegengesetzt zu sein scheinen:

Da ist einerseits das Motiv der Urheimat als fraglos kindlicher, als begriffsloser und daher absoluter Geborgenheit. Sein *Prinzip Hoffnung* hat Ernst Bloch mit der Formulierung ausklingen lassen, Heimat sei „etwas, das allen in die Kindheit scheint und worin noch niemand war"[16]. Leider hat Bloch, der Herzensmarxist, diese Stimmung aktivistisch missdeutet: Hinkünftig sollten die Proletarier aller Länder danach streben, aus dem Vorschein jener Heimat, die unschwer als die Ahnung des „wahren Paradieses" zu entschlüsseln war, den klassenlosen Staat zu schmieden. Was daraus wurde, ist bekannt: das Massenelend des realen Kommunismus.

Andererseits hat sich aus der Stimmungslage unerreichbarer Nähe, das heißt, aus jeder Abwandlung der Paradieses-Sehnsucht, die begrifflich zugespitzte Unterscheidung zwischen dem bloß Faktischen und dem Wahren entwickelt. Selbst wenn wir faktisch im Arbeiterparadies lebten – etwa so, wie heutzutage Millionen Menschen mindestens einmal jährlich in einem touristisch annoncierten Urlaubsparadies –, selbst dann bliebe doch immer die eine, die entscheidende Frage: Und ist das nun schon das wahre Paradies? Die Frage wäre rhetorisch, denn die Antwort müsste, solange wir leben, stets und notwendig lauten: Nein. Unter der Perspektive der Sehnsucht in uns allen kann das Faktische niemals das Wahre sein.

Wie auch das Paradies noch nicht das Wahre gewesen sein konnte, es sei denn, wir sehnten uns nach ihm als das, was wir verloren haben. Ja, es ließe sich mit gutem Grund behaupten: Das Paradies enthält, solange es nicht verloren ging, zu viel an faktischer Substanz. Denn es ist nicht die Unschuld des Mythos, nach der wir uns sehnen, es ist vielmehr jene Unschuld, auf die der Mythos, der uns nichts weiter zu sagen hat als das, wovon er handelt, blind hindeutet: das, was allen in die Kindheit scheint und worin noch niemand war.

Deshalb auch ist Sehnsucht nicht schlichte Romantik, harmlose Schwärmerei. Auf zeitgemäße Weise romantisch zu sein, endet dabei, die Dinge des Lebens gleichsam bengalisch beleuchtet zu sehen, mit tapezierten Sonnenuntergängen rundum. Und wenn es einmal gewagter hergehen soll, dann eben „wildromantisch": die Gebirgsschlucht, der Wasserfall, das Dröhnen des Dschungels. Die Dinge verlieren ein wenig ihre Umrisse und man selbst mit ihnen. Dem Romantiker weht aus allem, besonders der Liebe, ein Hauch der sprichwörtlich blauen Blume entgegen. Die Folge: moderate Unendlichkeitsgefühle.

Kein Grund zur Sorge für die lebenstüchtig besorgte Umgebung. Die romantisch angewehte Seele ist gewöhnlich imstande, sich zwanglos zu normalisieren. Der zeitgemäße Stoßseufzer des Gelegenheitsromantikers lautet: Schade, aber nichts zu machen! Der Sehnsuchtsfixierte hingegen ist besessen, und oft weiß keiner genau, wovon eigentlich. Er kämpft nicht einfach gegen Windmühlenflügel, die nur er sieht; nein, es ist vielmehr, als ob er sich Windmühlenflügel umgeschnallt hätte, um mit ihnen immerfort, unbelehrbar, im Kreis einem Ziel entgegenzufliegen, das niemand, der auf dem Boden der Tatsachen steht, erkennen kann.

Das Sehnsuchtsziel scheint im Unendlichen zu liegen, aber die konkrete Wahrheit, die faktische Ummantelung seiner Sehnsucht, ist oft zu beschämend, als dass sie der Sehnsüchtige einzusehen vermöchte. Zum Beispiel der Sehnsuchtsnarr aus Liebe: Kaum, dass er sich noch an das Lächeln, geschweige denn an das Gesicht seiner Geliebten erinnert – einer Geliebten, die er womöglich nie besaß, was ihn nicht daran hindert, ihr nach wie vor seine unverbrüchliche Treue zu schwören. Alles, was er tut, tut er in dem närrischen Glauben, sich dem Objekt seines Sehnens näherzubringen.

Und was ist die innerste Triebfeder seines Wahnsinns? Die Liebe? Jedenfalls nicht die konkrete Liebe, und erst recht nicht der ganz konkrete Sex. Es ist die fixe Idee, er, der sehnsüchtig Liebende, verhalte sich dem Objekt seiner Sehnsucht gegenüber nur angemessen, solange er ihm vorbehaltlos entgegenstrebt. Er darf keine Einwände gelten lassen, keine Bedingungen stellen, der Gedanke an eine „Deadline" seiner Sehnsucht kommt ihm pervers vor. Wer sich vorbehaltlos nach der Liebe sehnt, der hat einen Schwur auf die Ewigkeit geleistet. Der wahrhaft Sehnsüchtige wird niemals untreu werden, nicht in diesem und nicht in einem anderen Leben.

Kurz: Die Sehnsucht gehört für den Realisten, wenn schon nicht ins Irrenhaus, dann ins Kitschkabinett. Dort hat sie ihren Herzschmerzplatz. Ansonsten aber, im wirklichen Leben, auf das es ankommt, steht die Sehnsucht in einem schlechten Ruf. Zu Recht, sagt der Realist: Wie viele plagt die Sehnsucht nach Dingen, die für immer vorbei sind! Man sehnt sich nach einem Menschen, der tot ist. Man sehnt sich zurück nach einer Epoche, die untergegangen ist. Man sehnt sich danach, den Garten der eigenen Kindheit wieder betreten zu dürfen, obwohl die Bagger dort längst das Loch ausgehoben haben, über dem nun ein Einkaufszentrum thront.

Die Sehnsucht, sagt der Realist, ist eine unproduktive Haltung. Sie führt ins Leere, nach dorthin, wo eine kaum noch erinnerte Realität lockt, in welcher die Phantasie herumirrt und zappelt. Das sind so Altersheimbeschäftigungen zwischen Körperpflege, Essen und Schlaf. Sie spielen in den Abstell-Ecken und Dös-Winkeln unserer dynamischen Wirkwelt. Unproduktiv sehnsüchtig empfindet aber auch jener, der sich nach fernen Ländern sehnt, nach einem Leben fernab von den Routinen des Alltags, während er nichts weiter tut als tagaus, tagein sein gewohntes Leben zu führen. Dazu gehört, dann und wann, ein sogenannter Traumurlaub. Doch wohin immer der Sehnsuchtsfixierte reisen mag, und sei es rund um die Welt, er wird das Land, nach dem er sich sehnt, nie erblicken. War das der Grund, warum Martin Heidegger, der tausende Seiten den alten Griechen und ihrer ahnenden Schau des „Seins" gewidmet hatte, sich dann, im Alter, nur widerwillig überreden ließ, die einstigen Stätten ihres Wirkens zu besuchen – als Tourist und Enttäuschter, ohne innere Teilhabe vor Ort?

Nicht die Reiselust bemängelt der Realist (wie könnte er? geht's dem Tourismus gut, geht's uns allen gut!), sondern den Erwartungsüberschuss, der mit dem Sehnsüchtigen reist. Es ist das Gegenbild-, das Fluchtbildartige, das die Sehnsuchtsferne für den Realisten in ein schiefes Licht rückt. Denn indem man nach dem Unerreichbaren greift, vergeht man sich am Ideal des Tüchtigen: *Hic Rhodus, hic salta!* Die alten Römer, die es mit ihrem Sinn für Realitäten, ihrem Handwerk des Herrschens verstanden, ein Weltreich aufzubauen, hatten keinen Sinn für das unendliche Begehren des Sehnsuchtsnarren.

Demgegenüber der Sehnsüchtige: Statt zielstrebig anzupacken, was sich erfolgreich vollenden ließe, überlässt er sich dem Opium des Unerreichbaren. Wehmutsdüfte und eine süßliche Melancholie sind seine Begleiter. Das ist, konstatiert der Realist, morbide. Das ist asozial. Das überzieht schließlich das ganze Leben mit einem krankhaften Glanz der Vergeblichkeit, einem Zehren und einer Auszehrung, die alle gesunde Lebensenergie lähmt: *willenloses Wünschen* ...

Wie die Sehnsucht, so gehört auch die Hoffnung zu den menschlichen Grundgefühlen. Nicht umsonst postuliert das Sprichwort: Die Hoffnung stirbt zuletzt. Was die Hoffnung jedoch von der Sehnsucht trennt, ist der Umstand, dass es eine „Politik der Hoffnung" gibt, religiös ebenso wie weltlich, und dass einer solchen Politik riesige Hoffnungskollektive zuwachsen können. In dieser Hinsicht sind Christentum und Marxismus vergleichbar. Beide gründen ihren Elan auf utopische Radikale. Ihr Zentrum bildet die Erwartung, dass die herrschenden schlechten Zustände bald ihr Ende finden werden.

Das Neue Jerusalem, das die Johannesapokalypse visionär beschwört, und die endgültige, von Marx und Engels prophezeite Aufhebung der Entfremdung im klassenlosen Staat mögen weit auseinanderliegenden Welten und gegensätzlichen Weltanschauungen entspringen – strukturell haben sie große Ähnlichkeit. Und so ist es in der Menschheitsgeschichte keine Seltenheit, dass die Utopie zu einer Triebkraft der Massen und als solche außerordentlich militant wird. Wer sich ihr in den Weg stellt, wird als Erzfeind empfunden und entsprechend behandelt, beiseite geschafft. Daher verwundert es kaum, dass im Namen der Hoffnung, ohne die wir einerseits nicht leben könnten, doch andererseits die abscheulichsten Verbrechen, einschließlich des Völkermords, begangen wurden.

Demgegenüber ist die Sehnsucht in uns allen nichts, was sich zum Prinzip einer Hoffnung erheben ließe; sie lässt sich nicht kollektivieren: *Es gibt keine Politik der Sehnsucht.* Ein Gläubiger mag voller Inbrunst hoffen, dass seine unsterbliche Seele einst von Gott zu sich genommen wird. Und das ist dann – genauer betrachtet – dennoch etwas anderes, als sich nach jener Geborgenheit des Matthias Claudius zu sehnen, über die sein Gedicht *Die Sternseherin Lise* spricht: „Es gibt was Bessers in der Welt, / als all ihr Schmerz und Lust. // Ich werf mich auf mein Lager hin, / und liege lange wach, / und suche es in meinem Sinn, / und sehne mich danach."[17] Aber hofft denn die Sternseherin Lise nicht, von diesem „Bessern" angenommen und aufgenommen zu werden? Sagen wir so: Die Hoffnung ist in den seligen Momenten, da Lise die Sterne am Himmel, ihre Pracht und Herrlichkeit sieht – „Sie gehen da, hin und her zerstreut, / als Lämmer auf der Flur; / in Rudeln auch, und aufgereiht / wie Perlen an der Schnur" –, gar nicht thematisch. Sich nach etwas zu sehnen, das ist eine Stimmungslage, die im Gegensatz zur Hoffnung durch ein Moment des „willenlosen Wünschens" gekennzeichnet ist.

Willenloses Wünschen?

Gewiss, wenn sich eine gebärfähige Frau nach einem Kind sehnt, dann ist da nicht bloß ein Wünschen, noch dazu ein „willenloses". Der Alltagsbegriff der Sehnsucht deckt ein breites Spektrum an Stimmungen ab. Doch auch im handfesten Willensmoment des Kinderwunsches schwingt das Sehnsuchtsmotiv der wahren Erfüllung erlebnishaft mit. Jene Stimmungen hingegen, welche das unerreichbar Nahe am deutlichsten verkörpern, befinden sich dort im Spektrum, wo Lises Sehnsucht, die aufs Unendliche zielt und daher ins Ziellose geht, ihren Ort hat.

***

14. November 2010. Lauter freundliche Menschen rundum. Im Anschluss an ein Linzer Salongespräch über Sehnsucht, Unschuld und das unerreichbar Nahe trat ein gutgelaunter älterer Herr auf mich zu und sagte: Zur Sternseherin Lise sei ihm ein Bonmot eingefallen, das ihm bei einer Gelegenheit, die er vergessen habe, mitgeteilt worden sei (er hatte sie nicht vergessen, er wollte mir bloß nicht gleich ins Gesicht sagen, dass er und seine Lesefreunde sich über die mehrfache, sentimentalisch getönte Erwähnung der Lise in meinen Büchern mokiert hatten[18]). Das Problem der Lise sei es, so das Bonmot, dass sie ihre triste Situation pietistisch rationalisieren müsse, mit dem Kitsch-Zeugs da oben, Himmelsschäfchen, Sternenflur, Perlenschnur usw. usf. Kurz gesagt: Lise sei „overworked and underfucked".

Wir lachten beide über das Bonmot, ein Meisterstück der Entlarvung. So lacht man eben bei solchen Dekonstruktionen. Erst hintennach führte mich eine kleine Recherche auf eine der Quellen, die hier Pate standen. Während des Zweiten Weltkriegs, so berichtet der US-amerikanische Schachspieler, Psychoanalytiker und Autor Reuben Fine in seinem Buch *The Forgotten Man* (1987), habe es unter den Matrosen der Navy ein Syndrom gegeben, für welches schließlich das geflügelte Wort stand: *overworked, underpaid, and underfucked*. Mittlerweile gibt es T-Shirts mit der Aufschrift OVERWORKED & UNDER-

FUCKED. Solche T-Shirts spiegeln die entfremdete Lebensrealität junger Leute wieder, wenn auch nicht unbedingt jene, die sich in der gegen alle Sehnsuchtsanwandlungen abgedichteten Attitüde äußert, schon das erste Universitätssemester im Business-Outfit zu absolvieren.

Hier geht es um andere „Realitäten" als die, welche Matthias Claudius (1740–1815) dichtend zum Ausdruck bringen wollte. Freilich, dass sich der einstige Freimaurer schließlich dem „Bund der Kreuzfrommen" anschloss, beflügelt den bösen Witz: Was könnte es denn Besseres in der Welt geben „als all ihr Schmerz und Lust"? So redet der Fuchs von den Trauben. Zuerst werden Lust und Schmerz in einem Atemzug genannt, um dann auch gleich der Lust zu bescheinigen, dass es „Bessers" gebe. Ja was denn, bitteschön? Frage überflüssig, Diagnose: „underfucked".

Erst später stieg mir die Schamesröte ins Gesicht. Wie leicht lässt man sich doch auf das übliche Niveau herabbringen. Während man noch die Schlagfertigkeit der Pointe durch Lachen besiegelt, weiß man bereits, wie tief man gesunken ist – tiefer als auf Nietzsches Erdflohniveau. Diejenigen, die sich dort befinden, lassen an der Sternseherin Lise immerhin gelten, dass sie sich über die Schäfchen auf der Himmelsflur freut und ihre Art des Glücks auskostet: „Ich werf mich auf mein Lager hin, / und liege lange wach, / und suche es in meinem Sinn, / und sehne mich darnach."

Gewiss, mit der Sehnsucht hat Nietzsches Erdflohmensch seine Mühe. Besser ist es, nach des Tages Müh und Plag gefickt zu werden, als sich danach zu sehnen, gefickt zu werden. Und er hätte recht, dieser Mensch, wäre es nicht wahr, dass da etwas ist, das ihm entgeht. Das Entscheidende nämlich: Kein Fick der Welt könnte Lises Sehnsucht stillen, denn das Objekt dieser Sehnsucht ist nicht der Orgasmus, nicht die ultimative Lust, auch nicht das erdflohhafte Glück, sondern das unerreichbar Nahe. Es ist zugleich tief drinnen in Lise und, deshalb, himmelweit da draußen, weiter als sternenweit entfernt.

Lise sehnt sich nach einer Unschuld, die besser wäre als alles Glück der Welt. Sie sehnt sich nach dem Paradies, von dem es bei Kafka heißt, dass wir, obwohl endgültig aus ihm vertrieben, dennoch, wegen der Ewigkeit des Vorgangs, immer schon dort sind, *gleichgültig, ob wir es hier wissen oder nicht*. Das eben ist das unerreichbar Nahe, auf das sich all unser willenloses Wünschen richtet. Was uns Geschöpfen bleibt, ist bestenfalls das rätselhafte Gefühl einer Geborgenheit im Schlechten, so, als ob der Berg der Schuld, unter dem begraben wir leben, bereits von uns gewälzt wäre.

Indem ich darüber lache, über unsere tiefe Sehnsucht nach Unschuld, stimme ich ein in das Gelächter, das uns auf böse Weise menschlich sein lässt.

5. Die falsche Unschuld des Neomythos

Steiner sprach zu Hermann Hesse:
„Nenn mir sieben Alpenpässe!"
Darauf sagte Hesse: „Steiner,
sag mal, reicht denn nicht auch einer?"
Robert Gernhardt[19]

Vorbemerkung. – Im Februar 2011 jährte sich der 150. Geburtstag Rudolf Steiners. Aus diesem Anlass wurde ich, aufgrund einiger Neuerscheinungen am Buchmarkt, um eine grundsätzliche Stellungnahme zum Thema gebeten.[20] Als Ergebnis meiner sich zusehends präzisierenden Vorstellungen über das anthroposophische Syndrom verfasste ich schließlich eine Kritik, die unter dem Titel *Leiber, Kräfte, Wunder* erschien.[21]

Im Folgenden wird von Leibern, Kräften, Wundern die Rede sein, und zwar mit der Absicht, das Thema „Unschuld" um einen wenig beachteten Aspekt zu bereichern. Es handelt sich um das bereits angezeigte Phänomen: *die falsche Unschuld des Neomythos.*

Was einen Neomythos ausmacht, möchte ich zunächst anhand des prominenten, weit ausgreifenden Beispiels der Anthroposophie demonstrieren, um im Anschluss daran das Merkmal der „falschen Unschuld" herauszufiltern – der angemaßten Überwindung jener Schuld, die das Leben *ist*.

***

Leiber, Kräfte, Wunder. – Als die deutschen Verfassungsrichter am 16. Mai 1995 urteilten, dass die Anbringung von Kruzifixen in den Unterrichtsräumen öffentlicher Pflichtschulen gegen die Religionsfreiheit verstoße, da ging in der allgemeinen Erregung ein interessantes Detail unter. Die Schüler sowie deren Eltern, die als Beschwerdeführer aufgetreten waren, weil in einem bayrischen Klassenzimmer der Anblick eines christlichen Kruzifixes „erduldet" werden musste, waren weder Muslime noch Atheisten, nicht einmal militante Agnostiker. Es handelte sich vielmehr um Anthroposophen, denen die obersten Bundesrichter dahingehend recht gaben, dass der Staat keine Lage schaffen dürfe, sodass der Einzelne „ohne Ausweichmöglichkeit dem Einfluss einer bestimmten Religion ausgesetzt" sei.[22]

Schildere ich diesen Fall meinen Studenten und frage sie, was ihnen zum Begriff „Anthroposophie" einfalle, antworten die meisten: „Hm..." Ungefähr dieselbe aufschlussreiche Antwort erhalte ich, sobald ich mich erkundige, ob sie denn wüssten, wer Rudolf Steiner gewesen sei. Hingegen fällt ihre Reaktion merklich informierter in puncto Waldorfschulen aus. Es sind immer nur wenige, die davon gar nichts gehört haben.

Für mich zeigen solche Ergebnisse zweierlei. Erstens: Unser Religionsunterricht muss im Großen und Ganzen ziemlich schlecht sein. Es gibt kaum eine andere Erklärung für das andauernde Wissensdefizit unter Maturanten.[23] Zweitens: Erfolgreiche Religionen entfalten ihre Wirkung dadurch, dass sie sich langfristig in Institutionen ausdifferenzieren, deren relative Eigenentwicklung zur „Einklammerung", ja sogar zum Vergessen des religiösen Kerngehalts führen mag. So kann es geschehen, dass Eltern ihre Kinder eine Waldorfschule besuchen lassen, ohne den Eindruck zu haben, damit einen „Glauben" zu protegieren. Und so mag man als Anthroposoph gegen das Kruzifix im Klassenzimmer Sturm laufen, obwohl der Gründer der Anthroposophie sich ausdrücklich zum Christentum bekannte.

Rudolf Steiner kommt am 27. Februar 1861 in dem heute kroatischen Ort (Donji) Kraljevec zur Welt. Er ist das Kind einer niederösterreichischen Familie, deren ökonomische Verhältnisse ihm nur den Besuch einer Realschule gestatten. Damit wird das später heiß ersehnte Studium der Geisteswissenschaften an der Wiener Universität unmöglich. Trotzdem schafft es Steiner, 1891 an der Universität Rostock zum Doktor der Philosophie zu promovieren. Seinen Habilitationsehrgeiz kann er allerdings nicht befriedigen. Eine akademische Karriere bleibt dem autodidaktisch Viel- und dabei chronisch Halbgebildeten verwehrt.

Nach einer Zeit in Weimar, wo er sich beruflich mit Goethe, namentlich dessen naturtheoretischen Schriften beschäftigt, gerät er zunehmend in den modernistischen Taumel Berlins. Steiner hält Vorträge. Seinem Publikum offeriert er sich als Freidenker, Libertin und Proletarierfreund. Erst seine Kontakte zur theosophischen Gesellschaft wecken ab 1900 den in ihm schlummernden Hang zum Esoterischen. Karma, Reinkarnation, okkulte Fähigkeiten, Astralwesen werden nun zu festen Bestandteilen seiner Lehre. Bald schon überwirft er sich mit den Theosophen und gründet seine eigene Religion: die Anthroposophie.

In deren Zentrum steht zunächst ein geheimes Evangelium, ein „fünftes", das Steiner geoffenbart wurde – eine Sache für Hardcore-Phantasten, mit schrägen Doppelgängern und irren, zeitversetzten Inkarnationen. Darin ist von zwei Jesusknaben die Rede. Ein salomonischer Jesus, der früh stirbt, bildet für den unsterblichen Christus die niedrigen Wesensglieder aus. Im salomonischen Jesus wirkt das geistige Ich Zarathustras. Demgegenüber wirkt der Geist Buddhas im nathanischen Jesus, der für Christus den Astralleib bereitzustellen hat. Christus selbst, der Welterlöser, ist ein rein geistiges Wesen, das sich nach der Trennung von Sonne und Erde zunächst in den Sonnenstrahlen verbirgt. Bei der Kreuzigung stirbt der Mensch Jesus, während Christus in die unkörperlichen Sphären aufsteigt. Das Blut des Gekreuzigten jedoch sickert in die Erde und leitet eine spirituelle Menschheitsevolution ein, an deren Ende – konsequenterweise – die Anthroposophie steht.[24]

Hier wird alles mit allem zusammengesponnen, auch das sagenumwobene Atlantis darf nicht fehlen. Nach Steiners „Schauung" (1904), die sich kräftig aus dem okkulten Atlantis-Buch von William Scott-Elliot, einem amerikanischen Theosophen bedient, verwendeten die Atlantier bereits Fluggeräte, mit denen sie über dem Boden schwebten und sogar Gebirge überwinden konnten.[25] Es sind gerade derlei obskure, im Grunde lachhafte Details, die dem metaphysischen Konkretheitshunger der Zeit vor dem Ersten Weltkrieg entgegenkommen. Denn damals ist der Strom der Hochreligionen bereits tief ins abstrakt-begriffliche Fahrwasser der Neuhumanisten, deutschen Idealisten und Kantianer geraten. Deren anschauungslose „Transzendenz" musste dringend wieder mit Leibern, Kräften und Wundern bevölkert werden.

Steiner arbeitet unermüdlich an seiner Menschheitsverbesserungs- und Welterlösungslehre. Der Visionär, der einst an der Wiener Technischen Hochschule Mathematik und Naturwissenschaften mit dem Ziel eines Lehramts an Realschulen studierte, wagt sich nun in alle möglichen lebenspraktischen Bereiche vor, und erfolgreich auch in solche, von denen er gar nichts versteht. Der Nichttänzer Steiner wird zum Erfinder einer eigenen Bewegungskunst, der „Eurythmie", der Nichtarzt Steiner kreiert eine „natürliche", homöopathisch ausgelegte Heilkunde unter Rückgriff auf das alchemistische Simile-Prinzip, wonach Ähnliches durch Ähnliches zu heilen sei („Similia similibus curentur").

Ferner: Der Nichttheologe Steiner gründet eine geistesaristokratische Kirche, die „Christengemeinschaft", als deren erster Priester, „Erzoberlenker" genannt, der evangelische Theologe Friedrich Rittelmeyer geweiht wird.[26] Der Festakt findet 1922 im Goetheanum statt, jenem von Steiner, dem Nichtarchitekten, selbst entworfenen Tempelbau nach den Grundsätzen der von Steiner, dem Nichtbiologen, selbst entwickelten „Organischen Architektur". Dort gelangen auch die von Steiner gedichteten Mysteriendramen zur Aufführung.

Steiners liebstes Kind unter den „Töchtern" der anthroposophischen Praxis aber ist – so sein Biograf Helmut Zander – die Waldorfschule. 1919 wird die erste auf der Stuttgarter Uhlandshöhe von Steiner, dem Nichtpädagogen, selbst inauguriert. Er selbst entwickelt die vielgerühmte Waldorfpädagogik, die ohne Lehrbücher auskommt und deren Lehrer keine reguläre Ausbildung an einer öffentlichen Bildungsanstalt genießen.

Kurz, im Rudolf-Steiner-Komplex gilt: Alles Steiner! Man fragt sich, wie ein derart profunder Allround-Dilettant derart nachhaltig, nämlich bis auf den heutigen Tag, wirksam werden konnte, obwohl seine Zeit bereits die des Experten- und Spezialistentums war. Doch vermutlich liegt gerade in der rasch anwachsenden Wissenszersplitterung die Faszination des ganzheitlich gesinnten, in jedem Detail stets auf die Totale zielenden Neomythos. Freilich trifft man dabei auf Kuriosa, die der krassesten Komik nicht entbehren.

„Niemand hat Steiner jemals tanzen gesehen", schreibt sein Biograf, dennoch kreiert der Meister eine leibgeistige Tanzform, weil ihn eine Anhängerin darum bittet. Autoritativ gibt er Anweisungen, zum Beispiel: „Stellen Sie sich aufrecht hin und versuchen Sie, eine Säule zu empfinden ...; diese Säule, diese Aufrechte lernen Sie zu empfinden als ,I'." Beim „U" soll es dann schwierig geworden sein. Wofür möchte dieser Buchstabe wohl stehen?[27]

Im Heilbetrieb des „Doktor Steiner" geht es ebenfalls hoch her. Einer manisch-depressiven Patientin, die ihrer Krankheit trotz Wermut-Leibwickel, kohlensäurehaltigem Wasser aus Graubünden und Enziantropfen nicht entsagen will, verordnet Steiner kurzerhand Mandelmilch und Levico-Wasser mit der Begründung: „Man muss den Astralleib aus der Deformation bringen."[28]

Da Steiner an die Reinkarnation glaubt, weist er seine Pädagogen an, ein feines Gefühl dafür auszubilden, „was sich aus dem früheren Erdenleben herüberentwickelt in dem werdenden Kind." Dabei müsse beim Gehen der Schützlinge besonders auf folgende Eigenheit geachtet werden: „Kinder, die trippeln, mit der Ferse kaum auftreten, die haben in flüchtiger Weise das vorige Erdenleben vollbracht."[29] Schade, denn aus den Tripplern lässt sich auch im aktuellen Leben nicht viel Großes, Tiefes herausholen ...

Genug der „höheren Dummheit", um Robert Musil zu zitieren. Will man den nachhaltigen Erfolg der Anthroposophie dennoch einigermaßen verstehen, dann muss man erkennen, dass deren Begründer ein fast untrügliches Gespür für populäre Konfrontationen hatte. Der kalten Schulmedizin, die schon zu Steiners Zeit viele abstieß, galt es, eine „sanfte" Alternativmedizin entgegenzustellen, die den Selbstheilungskräften der Natur vertraute. Ebenso war die angestammte Staatspädagogik, die noch Züge der alten brutalen Drillschule zeigte, durch ein Erziehungsmodell zu ersetzen, dem es um die Seele des Kindes und nicht um das Eintrichtern toten Stoffes ging.

Darüber hinaus lösten sich im Laufe der Zeit verschiedene Teilbereiche der Anthroposophie von ihrem esoterischen Ursprung mehr oder weniger ab und entwickelten eine gewisse Eigenständigkeit. Typisch dafür sind die Waldorfschulen, aber auch der biologisch-dynamische Landbau, der von Steiner, dem Nichtlandwirt, nur mehr in einigen Grundzügen vorausgedacht werden konnte. Nach dessen Tod (1925) haben seine Anhänger daraus ein weltweit florierendes Unternehmen mit einer breiten Produktpalette inklusive Kosmetika gemacht, wobei für den Erfolg – neben dem üblichen Misstrauen gegenüber der „Chemie" – allerlei Biomystisches mitentscheidend ist.

***

Überwindung der Schuld, die das Leben ist? – Kaum war meine kritische Würdigung Steiners erschienen, brach ein Sturm im Wasserglas los, angefacht von Menschen, die ansonsten Wert darauf legen, sich ihren lärmenden Artgenossen als Sanftmenschen zu empfehlen: als – wenn man so sagen darf – Naturflüsterer. Dass meine Auslassungen mit Prädikaten wie „bösartig" und „inkompetent" bedacht wurden, schien mir wenig überraschend. Womit ich jedoch nicht gerechnet hatte, war der Umstand, dass eine Vielzahl anthroposophisch Bewegter bis heute an jeden noch so haarsträubenden Unsinn mit der Hartnäckigkeit von eingeschworenen Sektenmitgliedern glaubt, sofern es sich dabei um eine „Schauung", Vision oder Schlüsselidee ihres Denk- und Lehrmeisters handelt.

Dabei wird, was nicht sonderlich erstaunt, häufig das Argument ins Treffen geführt, an der „Sache" müsse etwas dran sein, sonst wäre der spätere, anhaltende Erfolg der ursprünglichen Eingebungen Steiners nicht erklärlich. Dass sich die biologisch-dynamische Landwirtschaft mittlerweile zu einem weltweiten, ökonomisch höchst ertragreichen Unternehmen entwickelt hat (sie ist zu einem Teil der Alternativindustrie geworden), gilt als Beweis für die Wirkkraft des „geistigen Mists", der im Zentrum der Demeter-Methode steht, deren Um und Auf ursprünglich die richtige Düngung bildet:

„Man nehme ein Kuhhorn, weil es in besonders starker Weise die Strömungen nach innen sendet, stopfe Quarz, Kiesel oder Feldspat hinein und vergrabe es im Herbst dreiviertel bis eineinhalb Meter tief, weil dann, nach dem Winter, eine ungeheure Kraft an Astralischem und Ätherischem drinnenstecken wird. Im Frühjahr verdünne man den Inhalt mit einem halben Eimer Wasser und rühre die Flüssigkeit, sodass ein Trichter entstehe, eine Stunde lang, mit wechselnder Drehrichtung, ehe man den geistigen Mist auf die Felder ausbringe."[30]

Irritierend ist, dass sich unter denen, die behaupteten, in ihren Gefühlen durch mich gekränkt worden zu sein, häufig Akademiker befanden. Ihnen hätte man doch ein gewisses Augenmaß dafür zugetraut, was in unserer aufgeklärten Kultur „geht" und was nicht. Sie jedenfalls sollten an Steiners „geistigem Mist" Anstoß nehmen. Stattdessen vertrauen sie unbeirrt darauf, dass in Steiners Kuhhörnern „eine ungeheure Kraft an Astralischem oder Ätherischem drinnenstecke". Dahinter – so meine wenig riskante Vermutung – verbirgt sich eine profunde Misere unserer aufgeklärten, dem Prinzip nach agnostischen Kultur. Denn je weniger es dieser an Rationalität zu mangeln scheint, desto stärker werden die massenhaft umlaufenden „existenziellen" Bedürfnisse, die dem Grunde nach eine religiöse und metaphysische Pathogenese haben. Sind derlei Stimmungsradikale erst einmal aus ihrer historischen Form herausgebrochen, dann flottieren sie gleichsam frei im sozialen Raum, zugleich entwurzelt, verwildert und wild darauf, wieder sinnreich „abgebunden" zu werden.

Das führt, bei parallel hochverdichteter Rationalität, zum Phänomen der *neomythischen Verwilderung*. Man greift auf alles „Alternative" zurück, sofern es, leichtgläubig, als alternativ geglaubt werden kann. Schon Steiner nahm sich, was er bekommen konnte. Dabei veränderte er das Christliche bereits im Kern seiner frühen Lehre derart, dass es mit allem, was die theosophische Esoterik zu bieten hatte, vereinbar war: Auren, Strahlungen, Karmen, Geistleiber, Reinkarnationen etc. pp. Dass jedoch niemals alles mit allem zusammengeht, ist nicht nur ein Axiom der Schulweisheit (Scholastik), sondern überhaupt jeder Art von zivilisatorischer Formung. Gegen dieses Axiom dauerhaft und breitflächig zu verstoßen, zeugt keineswegs von konstruktiver Offenheit. Vielmehr handelt es sich um das Symptom eines lebensweltlichen Defekts im Zusammenspiel von Anschauung, Begriff und Gefühl. Verwilderung und zwanghafte Fixierung auf ein System, eine Machart, eine Überzeugung, die – wie es die Anhänger sehen – durch eine Tradition weder erstarrt noch korrumpiert ist, sind die neomythische Folge.

Dementsprechend wird Aufklärung unmöglich. Die höhere Dummheit ruht unerschütterlich in sich[31]: Sie ist dünkelhaft und deshalb unbelehrbar geschlossen, im Unterschied zur relativen Geschlossenheit lang gewachsener Traditionen. Von kulturell weitgehend entwurzelten Mittelschichten getragen, geht diese Art von Beschränktheit mit der Gewissheit einher, *durch einen Bildungshintergrund legitimiert zu sein.* Man hat studiert. Man ist Magister, Doktor gar. Der Gegner wird nicht mehr als Häretiker, als gotteslästerlicher Feind des wahren Glaubens, sondern einfach als zu wenig gebildet abgetan. Ihm fehlt das nötige Basiswissen, um sich die erforderliche Einsicht, die nötige Sensibilität und, vor allem, die unerlässliche, zur Ganzheitlichkeit erst befähigende Spiritualität anzueignen.

Das ist, denke ich, einer der Hauptgründe, warum sich Anthroposophen auf besonders empörende Weise angegriffen fühlen, wenn man an Steiners rassenkundliche Auslassungen erinnert. Sie sind das Zeugnis einer „höheren Dummheit" der irrlichternden Art, wie die stenografische Mitschrift jenes denkwürdigen Dritten Vortrags für Arbeiter beweist, der am 3. März 1923 im Goetheanum zu Dornach gehalten wurde:

„Wenn die Neger nach dem Westen hinüberwandern (eine Schifffahrt hat es ja immer gegeben, und der Atlantische Ozean war ja früher auch ein Kontinent), da können sie nicht mehr so viel Licht und Wärme aufnehmen wie in ihrem Afrika. Was ist die Folge? Ja, ihre Natur ist eingerichtet darauf, so viel als möglich Licht und Wärme aufzunehmen. Ihre Natur ist eigentlich eingerichtet, dadurch schwarz zu werden. Jetzt kriegen sie nicht so viel Licht und Wärme, als sie brauchen, um schwarz zu werden. / Da werden sie kupferrot, werden Indianer. [...] Das Irdische ihrer Natur ist ja ihr Triebleben. Das können sie nicht mehr ordentlich ausbilden, während sie noch starke Knochen kriegen. Weil viel Asche hineingeht in ihre Knochen, können diese Indianer diese Asche nicht mehr aushalten. Die Knochen werden furchtbar stark, aber so stark, dass der ganze Mensch an seinen Knochen zugrunde geht."[32]

Nein, man wird bei fassungslosem Kopfschütteln Steiner dennoch nicht zum Vorläufer des Nazismus machen wollen. Worum es hier geht, ist etwas anderes. Es geht darum, dass Steiners Ansichten tatsächlich *verrückt* sind, doch im Kontext der höheren Dummheit dem Tiefblick und Genie ihres Autors angerechnet werden. Umso deutlicher sollten wir an dieser Stelle hervorheben, dass die neomythische Verwilderung, die gerne als Neue Wissenschaft aus ältestem Erbe in Erscheinung tritt, den Bildungsvorbehalt zur Legitimation benützt, um – mir fällt kein besseres Bild ein – die Karten unserer müden, abgebrühten Tertiärkultur neu zu mischen. Wir sollten also in der eigentümlichen Weigerung, sich vom Wahnsinn des Neomythos zu distanzieren, auch die *Sehnsucht nach der Urschrift* erkennen. Darin liegt die Hoffnung beschlossen, dass man den Schuldzusammenhang, in dem unser Leben verstrickt ist, hier und jetzt, kraft der Großen Alternative, auflösen kann.

Freilich: Im Gegensatz zum unerreichbar Nahen, dem unsere Paradieses-Sehnsucht gilt, haben wir es am verwilderten Terrain des Neomythos mit dem Phänomen der *falschen Unschuld* zu tun. Dazu gehört, dass man sich reinen Herzens dem Wahnsinn überantworten möchte, nachdem das System der Aufklärung unser Streben nach dem Absoluten, das schon *alles* wäre – die ganze Schöpfung in jedem Tropfen, jeder Schneeflocke, jedem Gedanken – desavouierte.

Der aussterbende Teil ist das reine Herz. Ihm allein will die Unschuld beistehen, auch die falsche, ja, sie ganz besonders, mit ihren obskuren Fixierungen, ihren abwegigen Hoffnungen, ihrem Bildungsdünkel. Die falsche Unschuld lässt sich nicht beirren, weder durch Rassen-Irrenhäuslerei noch durch Kuhhorn-Spintisiererei.

Doch gerade weil ich meine Kommentierung der religiös verwilderten Dinge immerfort mit dem schlechten Gewissen eines Autors betreibe, der sein Leben als eine Art Schuld empfindet *(weswegen?)*, die abzutragen wäre *(an wen?)*, hüte ich mich vor den Verlockungen der falschen Unschuld. Diese macht uns blind und taub für jenes Leiden, das darin gründet, dass wir ebenso vernunftbegabte wie erlösungsbedürftige Wesen sind, einer Einsamkeit überantwortet, die kein Mythos – und erst recht kein Neomythos – zu beseitigen vermag.

Nein, die Schuld, von der ich rede, ist das Ergebnis einer metaphysischen Anstrengung, deren gattungsgeschichtliche Würdigkeit unbestreitbar scheint. Es handelt sich um die Anstrengung des Menschen, dadurch erst wirklich einer zu werden, dass er sich all der Gewalten, die der Schlaf der Vernunft gebiert, zu entwinden sucht, ohne deswegen die Wahrheit des Mythos zu zerstören. Denn dieser allein kündet von unserer tiefsten Sehnsucht, der Sehnsucht nach der Urschrift, dem verlorenen Paradies – der wahren Unschuld, die nicht bloß darin bestünde, dass wir vom Übel erlöst werden, sondern vielmehr darin, dass das Übel von sich selbst erlöst würde: *Alles umtaufen!*

6. Der Baum des Lebens

„Gott, der Herr, ließ aus dem Ackerboden allerlei Bäume wachsen, verlockend anzusehen und mit köstlichen Früchten, in der Mitte des Gartens aber den Baum des Lebens und den Baum der Erkenntnis von Gut und Böse." (Gen 1,9)

Seltsam der Baum des Lebens: Er scheint überhaupt keine Funktion zu haben. Es wird an keiner Stelle gesagt, dass nur jene Geschöpfe des ewigen Lebens teilhaftig würden, denen es gestattet sei, die Frucht vom Baum des Lebens zu genießen. Nein, dieser Baum steht einfach da, in der Mitte des Gartens, benachbart jenem anderen Baum, der sterben macht. Zwei Achsenbäume, doch einer davon, wie es scheint, sinnlos da hineingestellt, mitten ins Paradies.

Aber kann man vom Baum des Lebens überhaupt kosten? Ist er behangen mit köstlichen Früchten, „verlockend anzusehen"? Das ist, gewiss, eine kindische Frage, aber nur solange, als wir die Paradieses-Erzählung kindlich – gleichsam mit kindlicher Unschuld – lesen: so eben lesen, wie sie sich anbietet, gelesen zu werden. Die Bäume sind Bäume, sie haben Äste, tragen Blätter und Früchte; und weil es die Bäume im Garten Eden sind, tragen sie die Namen, die ihnen der Herr des Gartens gegeben hat. Baum des Lebens und Baum der Erkenntnis von Gut und Böse. Von diesem sollt ihr nicht essen! Von jenem hingegen ist gar nicht die Rede. Das war's.

War's das?

Nein, denn wie wir gesehen haben, zerbricht unter der Paradoxie des Gartens der kindliche Blick. Er zerbricht, sobald hervortritt, dass die erste Unschuld – die Unschuld von Mann und Männin – zerbrechen *muss*, um das Paradies zu gewinnen, und zwar in der menschenmöglichen Sehnsuchtsform, die besagt, dass es existiert, indem es existiert haben wird.

Der Baum des Lebens ist stumm. Mit dem ersten Namen kommt der Tod. Mit dem ersten wirklichen Namen. Als Gott Adam die Tiere benennen lässt, damit dieser sich die Zeit vertreibe – die Zeit, die noch stillsteht wie das Wasser in windstillen Tümpeln –, ist alles Nennen noch kein Benennen. Alle Worte verharren in der Schwebe. Sie verharren in der Schwebe eines Seins, das noch nicht *ist*. Denn von diesem Sein gilt nicht, dass es war, nicht, dass es wird, nicht, dass es gewesen sein wird. Im Garten Eden hat, bei offenen Augen, noch nichts die Augen aufgetan. Alles, was hier geschieht, geschieht wie im Traum, sehend mit geschlossenen Lidern, den Begriffen des umtriebigen Tages fern, eingeborgen in die Worte der trauten Nacht, die Urschrift schauend im Schlaf, fraglos durch immer wechselnde Gestaltungen hindurch. Die Gegenwart – eine Schwebe: in sich versonnen, werdeloses Werden. Und alles ist hell wie im Märchen: Es ist, wie es ist, und nichts müsste erst anders, erst gut geworden sein.

Noch ist nichts entschieden, alles ist eher wie der Traumwind, der zwischen den Baumwipfeln spielt, um anzudeuten, dass er Tatsachen schaffen *könnte,* wenn man ihm erlaubte, bloß selber eine zu sein: wehende Blätter, sich biegende Äste, Jahrtausendstämme, die, aus der schwarzen Erde hochgewachsen, reglos verharren.

Noch ist nichts entschieden. Die Schlange heißt Schlange. Sie heißt so, weil sie ist, was sie ist. Und sie ist, was sie ist, weil sie benannt wird. Der Benenner Adam ist ein Träumer, dem, bei offenen Augen, die Augen noch nicht aufgegangen sind. Wenn er die Schlange als Schlange benennt, ist sein benennender Mund die Schlange. Und so wie mit der Schlange geht es mit allen Tieren. Adam sinkt den Tieren entgegen, zeitlos träumend sinkt er in sie ein, so wie Gottes Lippen sich auf den geformten Lehm senkten, um den Menschen Adam zu gebären. Die Tiere sinken in den schweigenden Geist Adams ein, so wie Adams Bild in Gottes Geist einsank, beide eins. Bild aus Bild, eins ums andere.

Und so erhält jedes seinen Namen. Aber noch ist nichts geschieden, nicht wirklich geschieden. Alles schwebt.

Alles könnte werden, auseinander werden. Aber noch ist alles beisammen, eine Schöpfung, die sich selbst umarmt, bevor aus ihr die Geschöpfe, eins ums andere, herausbrechen, lichtvoll, wortreich, sterblich: Jedes dann ein Einzelnes, jedes für sich, aus der Allgemeinheit seines Wesens, seines schweigenden Traumbildes, herausgeschleudert, ein *Individuum, das den eigenen Namen trägt, der auch ein anderer hätte sein können,* auf der Suche nach seinem wahren Anderen, dem ganzmachenden Zentrum – seinem ins Dunkel des schweigenden Paradieses zurückgetretenen Schöpfer.

Der Baum des Lebens, für sich genommen, ist ein Wächtersymbol der in sich selbst schlummernden, sich selbst träumenden Schöpfung. Was der Herr des Gartens da, in dessen Mitte, gleich neben dem Baum der Erkenntnis von Gut und Böse, aufrichtet – das ist das Erinnerungsmal: Am Anfang war das Wort, gewiss, aber vergiss nicht, das Wort war nicht der Anfang, wird niemals der Anfang gewesen sein, auch wenn, sobald das Wort Wort geworden ist, es den Anfang für immer verwandelt haben wird, in den *benannten* Anfang des Johannesevangeliums: „Im Anfang war das Wort ..."

Im Anfang des Anfanges, dem wortabgewandten, war die Unschuld, die unbefleckte Empfängnis; ja, so wurde auch Maria empfangen, die jungfräuliche Mutter. Sie wurde empfangen als die vom erbsündigen Mann *Unbenennbare*: im funkelnden Gebärdunkel eines Gartens, aus dessen zeitloser Mitte der Baum des Lebens emporwuchs.

***

Und vergiss nicht, du redest wie gegen eine Wand gekehrt. Dort siehst du die Schatten von Zeichen, die du nicht entziffern kannst. Die Grenze hast du längst überschritten. Die Reflexionsgrenze. Du bist ins Hinterland der sprachlosen Wirrnis geraten, nach dahin, wo dein überhitztes Gehirn, in dem die Keime des Zerfalls nisten, einen Ausweg vermutet.

Auswegwirr setzt du voraus, du seist eingeschlossen gewesen in einer Zelle namens Zivilisation. Dort gab es Gespräche über Anfang und Ende, und die letzten, allerletzten Fragen, es gab sie bei Kuchen und Kaffee, im Lehrsaal, im Privatissimum und im Kabarett. Du hast geredet, argumentiert, es ging dir schließlich von den Lippen, papperlapapp, wie von einem jahrzehntealten Skriptum abgelesen. So dass du ein Gefühl hattest, als ob die Worte vor sich hin rasselten, ohne noch das Geringste zu bedeuten, so wie einst Achilles – in wilderen, dem Ursprung näheren Zeiten – den Hektor im Staub herumgeschleift hatte, bis nur noch eine unförmige Masse aus Haut und Fleisch und Knochen hinter der Raserei, die immerfort im Rund fort- und fortdauerte, von einer längst vergessenen Bedeutung kündete, die der stolze Name eines Helden mit sich geführt hatte: die Bedeutung des Namens „Hektor", welche der rasende Achill im Lärm seiner eigenen, sich ewig wie blöd – und tatsächlich blöd – im Kreis drehenden Schuld aus den blutigen Spuren im Staub (Spur über Spur über Spur) nicht mehr abzulesen vermochte.

Von der Urschrift blieb nur dies: Spur über Spur über Spur.

Nein, so wild, so „archaisch" ist es bei dir nie zugegangen. Immer lag die Serviette auf dem Schoß und die Lesebrille lag bereit. Du warst ein Treiber, aber ein später, verspäteter, zu schwach und abgeleitet, zu dekadent, um wenigstens dem Staubkorn, das sich abweisend verschloss, die Spur deiner Anerkennungswut, deines thymos (θυμός), *aufzuzwingen.*

Nein, du hast dich einfach gehen lassen, am Gängelband dich ein wenig aufrührender Metaphern, und hast das missverstehen wollen als das Einfluten eines Größeren, Ursprünglicheren. Offenbarung? Dass du nicht lachst! Und da bist du nun gelandet, in der Wirrnis lachhafter Wortspiele und Paradoxien, und die Mauer, auf die zu starren du dir alle erdenkliche Mühe gibst (damit wenigstens dies sei: eine Mauer), formiert bloß ein weiteres preziöses Bild dafür, dass du an deinem Platz gelandet bist: bei jener Schuld, die dein Leben ist; *bei der dir zugeteilten Nichtigkeit, die dem Wortschatten, dem opaken Gefüge deiner Schwachsicht abpressen wollte, mit dir in rätselhaften Ursprungsbildern zu reden.*

***

„Im Anfang war das Wort, / und das Wort war bei Gott, / und das Wort war Gott. // Im Anfang war es bei Gott. // Alles ist durch das Wort geworden, / und ohne das Wort wurde nichts, was geworden ist. // In ihm war das Leben / und das Leben war das Licht der Menschen. // Und das Licht leuchtet in der Finsternis, / und die Finsternis hat es nicht erfasst." (Joh 1,1–5)[33]

Wie ein Paukenschlag hallt im Kranz der Evangelien jener Anfang, der sich bei Johannes findet. Es ist das letzte Evangelium und das in seinem Auftakt am meisten griechische. Griechisch *lógos* (λόγος) meint „Wort", „Sinn", „Geist", auch „Gesetz" und „göttliches Weltprinzip". Der Bedeutungsbogen könnte kaum weiter gespannt sein, er legt aber ein für alle Mal fest, dass im Ursprung Wort und Schöpfung zusammenfallen.

Dies wiederum deutet auf eine tiefliegende Identität zwischen Welt, Leben und Bedeutung. Schöpfung, das ist genau jene Dreiheit, und es liegt im Symbolraum nahe, die Dreiheit als Trinität zu denken: Welt (Gott), Leben (Jesus) und Bedeutung (Heiliger Geist) sind im Wesen eins, wie unterschiedlich auch die Repräsentationen und Gestalten sein werden, in denen sich das eine schöpferische Prinzip darstellen und entfalten wird.

Hier, am Beginn des Johannesevangeliums, ist Gott der Logos Creator, der in christlicher Tradition rückbezogen bleibt auf den jüdischen Gott der Genesis, der schafft, indem er spricht: „Gott sprach: Es werde Licht. Und es wurde Licht. Gott sah, dass das Licht gut war." (Gen 1,1 f) Doch wie der zweite Schöpfungsbericht nahelegt, ist zwar alles durch das Wort geworden, verstanden als eine Ur-Einheit von zeitlosem Sein und Schöpfungs-Atem, welch Letzterer *bewirkt*, dass Ersteres *wird*, das heißt, sich ins Zeitliche hinein individualisiert. Dabei wird man sich den göttlichen Atem mit und bei Johannes als einen Hauch des Geistes, einen Geisthauch zu denken haben, wobei Leben und Bedeutung zugleich, gleichsam durcheinander vermittelt, in die Welt kommen und damit, im Symbolraum des „Wortes", gedacht als Logos, *die Welt erst zur Welt kommt* (und es ist gewiss kein Zufall, dass hier die Metaphern des Gebärens, Ankommens und Sich-Bewusst-Werdens ineinanderspielen).

An diesem Punkt der Großen Wandlung, die wir „Schöpfung" nennen – der Transformation des vorweltlichen Seins zur Welt –, ist die Schaffung von Mann und Männin nur der letzte Schritt in einer Reihe, aber der entscheidende: Durch ihn wird der Logos derart verzeitlicht, dass er zu einem Begreifen seiner selbst fähig werden wird. Das ist der tiefste Sinn der Rede davon, dass der Mensch ein Bild Gottes sei. Als Imago Dei befähigt er das Absolute erst, sich seiner selbst „ansichtig" zu werden.

Im Garten Eden ist das „Wort" indessen auf eigenartige Weise in zwei Verkörperungsformen auseinandergetreten. Es gibt den Baum des Lebens und den Baum der Erkenntnis. *Warum gibt es nicht bloß einen einzigen Baum?* In der kindlichen Auffassung der Paradieses-Erzählung ist auch diese Frage kindisch. So ist es eben. Aber in einem metaphysischen Sinne reicht die Frage bis in unsere Zeit, so etwa, wenn Botho Strauß in seinen *Fragmenten der Undeutlichkeit* von archetypischen Gestalten spricht, den Wächtern und den Treibern. Beides sind Erscheinungsformen des Einen Lebens, das wir Schöpfung nennen, und beide verhalten sich zueinander komplementär.

Die Wächter, so ließe sich sagen, bewachen den Baum des Lebens, sein unschuldiges Schweigen, worin die tiefste Bedeutung ruht, das Göttliche an sich. Die Wächter, das sind die Dichter, die über die Welt hinausweisen, hin auf den Horizont des Absoluten, in dessen Namen sie immerfort fordern: „Alles umtaufen!" Ist doch jede Taufe, jedes noch so heilige Wort, ein Fehlgriff, ein Spaltpilz, eine ins Leere gehende Aufspaltung des Absoluten. Jedes Wort verdinglicht das Nicht-zu-Verdinglichende. *Alles umtaufen, das heißt, alles umschweigen.* Jedes Gedicht ist eine Taufe, die alles umschweigt.

Die Treiber hingegen geben sich mit dem Schweigen des Seins nicht zufrieden. Sie können sich mit ihm nicht zufrieden geben, denn von ihrem Standpunkt aus bedeutet das Schweigen, *Sigé*, den Tod der Welt, welche sich in der Zeit erkennen und bewähren muss. Die Treiber spalten den beredt schweigenden „Geist", den Logos-Gott, in Wort und Welt, um das Wissen gegen die Tatsachen nützen zu können. Nur auf diese Weise kann die Herrschaft des Menschen über die Welt, in die hinein er exiliert wurde, gesichert werden.

Ja, die Treiber entfremden den Menschen. Sie treiben ihn immer weiter fort vom Baum des Lebens, der schließlich nur noch von einigen Wenigen bewacht wird. Das sind jene, die reinen Herzens bleiben möchten und sich dabei doch im Gestrüpp der Worte verheddern; jene Verborgenen, die, in ihrem *Hortus conclusus* träumend und dichtend, doch mit halboffenen Klammern der Welt entgegenkommen, „usw." Die Treiber hingegen treiben den Menschen weg vom Baum des Lebens, weg vom Großen Unschuldstraum, damit der Mensch sich geschäftig mache rund um den Baum der Erkenntnis. Denn dieser Baum beinhaltet eine gedoppelte Wahrheit.

Über die Erkenntnis von Gut und Böse zu verfügen – das mag ursprünglich bedeutet haben, kraft göttlicher, absoluter Autorität richten zu dürfen im Wissen um die wahre Gerechtigkeit. Doch im Ursprünglichen steckt schon das Komplexe und Abgeleitete. Die richterliche Autorität, die einst den Göttern vorbehalten war, weil allein sie das Gute und Böse kannten, wird zur *Autorität des Wissens*. Die Treiber, das sind die begriffsbegabten Geschöpfe, die sich, auf Einflüsterung der Schlange, schließlich selbst als höchste Richter über Wahr und Falsch inthronisieren. Es entsteht die Wissenschaft. Wie groß deren größte Triumphe schließlich sein werden, stets bleibt sie im Verdacht, vom verbotenen Baum der Erkenntnis zu stammen, der Erkenntnis von Gut und Böse. Die Wahrheit bleibt, wie sehr sie sich dagegen sträuben mag, mit der Ethik verschwistert. Sie bleibt rückgebunden an das Verführungswerk der Schlange: an den Sündenfall, den Abfall vom Baum des Lebens.

Der Tod kommt mit der Wahrheit in die Welt. Denn es gibt keine Wahrheit ohne Erkenntnis, und alle Erkenntnis – das ist die Lehre des Paradieses – ist Erkenntnis von Gut und Böse. Das wollen die Treiber nicht wahrhaben, sie beharren darauf, es ginge ihnen um die Wahrheit und nichts als die Wahrheit. Die Wahrheit aber, so die Lehre der Treiber, sei weder gut noch böse. Erst was die Menschen daraus machten, sei gut oder böse, sei Penicillin oder Atombombe.

Das ist das alte Lied der Treiber, ihr Sirenengesang. Sie geben sich unschuldig: Mit der Entfremdung des Menschen von seinem Ursprung hätten sie nichts zu tun, im Gegenteil. Um zu wissen, was der Mensch sei, woher er komme, wer er sei und wohin er gehe, bedürfe es der Erkenntnis dessen, was die Welt im Innersten zusammenhalte und aus dem Innersten heraus antreibe.

Was aber hätte die Vertreibung aus dem Paradies zu bedeuten, wenn nicht dieses: Indem der Mensch die Frucht vom Baum der Erkenntnis genießt, genießt er die böse Frucht, die ihn seiner Ursprungsunschuld für immer berauben wird? Die Vertreibung ist die Folge davon, dass der Mensch, indem er zum Bewusstsein seiner selbst als eines Vernunftwesens erwacht, erkennen muss, dass die Erkenntnis von Gut und Böse zweierlei ist: unumgänglich auf seinem Weg zur Menschlichkeit, seinem beschwerlichen Weg zur Beheimatung in der Wesensfremde, der Welt, und dabei, als die Abwendung vom Baum des Lebens, selbst böse.

Die Erkenntnis von Gut und Böse schließt die Erkenntnis ein, dass die Erkenntnis von Gut und Böse – in einem erzmetaphysischen, nicht schlicht moralischen Sinne – selbst böse ist. Denn sie ist die Triebkraft des Verlusts jener Unschuld, die allein den Namen „Schöpfungsunschuld" verdient.

Worauf die Wächter deuten, das ist jene Schöpfungsunschuld, die sich nur beim Baum des Lebens findet. Die Unschuld, die allein durch ihn, als ihrem Lichtzentrum, verkörpert wird. Der Anfang des Johannesevangeliums, eingeweiht aus welchem Logoshymnus auch immer, weist gleich einem Paukenschlag, einem Fanfarenstoß, dessen Tönen alles durchdringt und daher nur als die Stille über die Zeiten hinweg hörbar bleibt, zurück auf den Anfang des Anfangs, dem uns zeitlos Nächsten, das uns Zeitlichen, uns Sterblichen, doch unerreichbar bleibt.

Das Wort war Schweigen. Dieses Schweigen war Gott. Aber das Wort war bei Gott. Das Wort, welches Schweigen war, war Gott, geborgen bei Gott. Die Nichtidentität der Identität: So werden es später die großen Idealisten formulieren und grübeln. Wie entsteht aus dem Nichts das Etwas, aus dem Schweigen das Wort, aus Gott die Welt? Wie ist Schöpfung möglich? Ja, im Schweigen, das Gott und bei Gott war, war das Leben, und das Leben war das Licht, das in der Finsternis leuchtet.

Ohne Finsternis kein Licht. Das ist die Lehre von der Nichtidentität der Identität. A = A, aber nur gegen den Andrang, den Hintergrund, die schwarze Hintergrundstrahlung des Nicht-A.

Was hat es mit der Finsternis auf sich? Sie konnte, heißt es, das Licht nicht fassen, nicht erfassen, überwältigen, begreifen (κατέλαβεν, *katélaben*). Die griechische Erzählform, der Aorist, behandelt dies als ein Ereignis, das in der Vergangenheit einmalig und endgültig vollzogen wurde. Das ist Schöpfungsmythologie. Ihre metaphysische Wahrheit transzendiert derlei temporale Zuweisungen. Denn es lässt sich nicht anders denken: Das Licht, welches das Wort ist, das Gott ist, ist sich selbst vollkommen transparent; es leuchtet gleichsam schattenlos durch sich hindurch. Ja, es ist, als ob das Licht, mangels Nichtlichts, sich selbst auslöschte.

Um zu sein, bedarf das Licht einer Störung, eines Fleckens, rund um den es, wie um einen Keim herum, erst zu leben anfängt: *Dort* beginnt Schöpfung. Wir nannten dieses Mysterium die *Minimalsymmetrie im*

Wesen Gottes. (Denken wir uns das Undenkbare nach dem Modell der Himmelsphysik: Am Beginn des Universums *muss* etwas gewesen sein, eine minimale Störung, die dazu führte, dass, unter symmetrischen Zerfallsbedingungen, im Äquivalenz-Feld von Materie und Antimaterie nicht alles zu reiner Energie verstrahlte, sondern sich zur Welt auskörnen konnte.[34]) Im Wesen Gottes, das reines Licht ist, „west" – uns unfassbar – diese Finsternis, die das Licht nicht begreift und ohne welche das Licht aber außerstande wäre, sich jemals selbst zu begreifen. Alles Begriffliche, alles Begreifenwollen wird uns Endlichen hier zum Paradox, so wie die Definition des Nikolaus von Kues, der Gott als den vollkommenen Kreis bestimmen wollte, dessen Radius unendlich ist.

Warum also nicht sagen, dass die Finsternis gleichursprünglich mit dem Licht sei? Denn das Schweigen des Anfangs, das lichtvolle, unschuldige Schweigen lässt sich nicht anders denken denn als beseelt, als „worthaft". Die Finsternis, dank welcher sich das Schweigen *als* Schweigen zu durchdringen vermag und eben dadurch *beredt* wird – ist selber Schweigen, dadurch indes den Geist erst zur Sprache erhebend, um von diesem als das spukhaft-geistlose Innerste seiner selbst begriffen zu werden (als der Geist, der nichts wäre als Geist, identisch mit sich selbst, A = A).

Wir rühren an die *Magie der Transformation*, an das Werden der Identität von Identität und Nichtidentität. Und nochmals ja: Ja, wir sollten kapitulieren vor dem, was sich unserem Begreifen entzieht. Doch wir sind Getriebene und als Getriebene Treiber, die den über alles Begriffliche hinauslauschenden Worten der Wächter lauschen und ebendies begreifen wollen: das Wesen ihres Lauschens *und* dasjenige, dem ihr Lauschen gilt. Denn beides scheint zwingend wahlverwandt.

Das Licht des Lebens, der Baum des Lebens: Das sind gewaltige Metaphern, die über sich selbst hinausdrängen. Um lebendig sein zu können, muss das Licht sich als Licht begegnen; unvorstellbar, dass der Geist Gottes im nichtreflexiven Bei-sich-Sein verharrte. *Der opake Gott ist das Sinnbild des toten Seins: des Nichts als Faktum.* Im Garten Eden aber stehen der Baum des Lebens und der Baum der Erkenntnis von Gut und Böse nebeneinander, freilich ohne dass gesagt würde, beide Bäume seien aus einem Samen, einem Wurzelstamm hervorgegangen.

Die Wahrheit bleibt Adam und Eva verborgen. Die Schlange spricht sie aus. Die Schlange ist das Wort, das nicht mehr bei Gott ist. Sie ist das Sinnbild einer Ur-Schuld, die noch vor aller konkreten, aller moralischen Schuld ihren Ursprung hat. Gott schuldet seine Lebendigkeit der Finsternis, die das Licht, das er ist, nicht begreifen kann. Diese aller

Schöpfung innewohnende Lebendigkeit, dieses Licht des Seins, ist ein Sein nur, insofern es wird; und um zu werden, muss es, von sich selbst ergriffen, sich selbst transzendieren, muss für anderes durchscheinend und offenbar werden: Es muss erkannt werden können.

Die Schöpfung der Welt ist, was immer ihre Überfülle sein mag, ein Erkenntnisvorgang: ein Selbsterkenntnisvorgang. Es ist ja stets das Absolute, das sich im Relativen, in der Sukzession des Zeitlichen, in der Krümmung des Räumlichen wiedererkennt – sich wiedererkennt als in die Endlichkeit Übergetretenes, dadurch aber auch Fragmentiertes und notwendig sich selbst Verkennendes. Das Ganze ist zerbrochen, im Spiegel der Schöpfung erkennen die Geschöpfe ihren Ursprung, nach Luthers schöner Ausdrucksweise, nur noch als „dunkles Wort". *Videmus nunc per speculum in aenigmate, tunc autem facie ad faciem*, „Wir sehen itzt durch einen Spiegel in einem dunkeln Wort ..." (1. Kor 13,12)

Die sich selbst erkennende Schöpfung gebiert die Finsternisse, die dunklen Worte, durch die wir sehen wie durch einen zerborstenen Spiegel; sie gebiert die Töchter der Ur-Finsternis, die, indem diese das Licht erst zu sich selbst bringt, es dann doch nicht begreift. Die Finsternisse sind die Erkenntnisse. Sie sind die Früchte des Baumes der Erkenntnis von Gut und Böse.

Ja, das Gute ist eine Finsternis; ja, auch das Gute, Wahre und Schöne sind eine Finsternis. Auch ihnen eignet nicht mehr die erste Unschuld des Anfangs im Anfang, als noch nichts angefangen hatte, nichts als reines, zeitloses, mit sich selbst identisches Sein war (A = A) – so, als ob nichts wäre. Und es war noch nichts, abgesehen von jener minimalen Asymmetrie, jenem begriffskeimigen Riss im begriffslosen Sein: Was war, war noch nicht.

Wie es sagen? Sagen wir: Das Noch-Nicht ist bloß ein anderer Name jener rätselhaften Asymmetrie im Wesen Gottes (A = nicht-A).

Erst dann war Schöpfung, Evolution, Welt, die sich der Finsternis nicht verweigerte: erkennbare Welt, in der das Böse durch vielerlei Gestaltungen hindurch wirklich wurde. Nein, die Erkenntnis an sich war nicht böse, sie war – wie es sagen? (man sollte es auf sich beruhen lassen, aber ist unfähig, es auf sich beruhen zu lassen) – der Ort jener Begriffsfinsternisse, welche die Teile als Teile des Ganzen erhellten, als dunkle Rätselworte im Spiegel der Schöpfung.

Wer ist dieser Herr des Gartens? Will er seine Geschöpfe, Mann und Männin, schikanieren? Oder will er sie behüten? Will er sie bewahren vor der Entdeckung der Scham infolge dessen, dass ihnen bei offenen Augen die Augen aufgehen? *Siehe, ihr seid nackt!* Mores will er sie nicht lehren, denn gerade davon sollen sie nichts wissen: von den Sitten, oder besser: vom Sinn der Sitten. Sie sollten nur sittsam sein, ruhend in der Indolenz ihrer himmlischen Unschuld.

Wer ist dieser Herr des Gartens? Eine Frage, keine Antwort. Der ewig Fragende lässt es nicht dabei bewenden. Er sucht nach der Bewandtnis. Er sucht, auf den Knien zwar, mit dem Gesicht im Staub, wortlos sucht er, aber er sucht: nach dem fehlenden Glied, der Leerstelle, welche nun, als tausendfach überschriebene, die Antwort unleserlich macht. Was hat es für eine Bewandtnis mit dem „zweiten Schöpfungsbericht", jener jahwistischen Quelle, die, wie die Gelehrsamkeit zu berichten weiß, noch älter sein soll als die Genesis der priesterschriftlichen Tradition? Ist der Ursprungsmythos, der allein vom Garten Eden handelt, der Urschrift näher? Ist die Tiefe der Zeiten ein Näherungsgrund? Wohl kaum. Die Urschrift ist zeitlos oder gar nicht.

Da, plötzlich, spürt der Ausleger, der nicht aufgehört hat, sich nach dem Garten zu sehnen: Das war nicht das echte, das wahre Paradies. Das konnte es gar nicht gewesen sein. Dieses Paradies, der Garten Eden, war bloß ein Traum. Es war der Traum des traumbefangenen Gottes, der, umfangen vom Ozean der Finsternis, in seinem Licht ruhte.

***

Gott schlief im Glanz. Da träumte er vom Garten Eden, in dem er wandeln würde zwischen den Tieren, die ihre Namen vom Mann erhalten hatten. Überall Pflanzen, Bäume und Früchte, und in der Mitte des Gartens diese beiden: der Baum des Lebens und der Baum der Erkenntnis von Gut und Böse, die er, der Pflanzer, Gärtner & Vater, gepflanzt hatte. Und er würde nun seine Geschöpfe belehren, damit ihre Unschuld keinen Schaden nähme.

Ihre Unsterblichkeit.

Und im Traum belehrte Gottvater Adam und Eva, und dabei sah er, gleichsam aus den Augenwinkeln (kurios, dieses „gleichsam" im Gleichnis), wie am Rande des Gartens der finstere Ozean, der Ringfluss, zu dunkeln begann. Es dämmerte eine samtene, leuchtende Dunkelheit, sodass alles um den Schläfer herum zu purpurnem Licht wurde. Und der Ozean begann zu mäandern. Aus Gottes Traum mäanderte die purpurne Schlange hervor, hinein in den Garten, der nun nicht mehr von Finsternis umschlossen war.

War das alles noch ein Traum? Der Garten schien grenzenlos geworden. Die Tiere begannen, sich bei ihren Namen zu nennen. Da fühlten sie, dass sie Begierden hatten, und konnten nicht mehr an sich halten: Manche gelüstete es nach Sex. Manche gelüstete es nach Fleisch. Die Großen fraßen die Kleinen, die Starken die Schwachen. Als Adam und Eva dies sahen, lachten sie. Sie lachten wie Kinder – und Kinder waren sie – beim Anblick der Füße, die den Weberknechten ausfielen, wenn man an ihnen zog. Und wie die Füßchen dann zwischen Daumen und Zeigefinger zappelten! Und wie es kitzelte, regelrecht himmlisch kitzelte, sobald man die zuckenden Füßchen an die zarte Wangenhaut hielt!

Gott aber erschrak in seinem Traum. Und das Erschrecken über so viel Unschuld, so viel grausame Unschuld, geboren aus Schweigen, Lust und Licht, lief durch sein Wesen. Durch den träumenden Gott, der sich als Väterchen des Gartens träumte, lief eine dunkle Welle. Eli, Eli…, „ach, Väterchen, Väterchen", lema sabachtani, *„warum hast du mich verlassen?" So klang es aus der tiefen Ferne der Zeiten, die noch gar nicht entrollt waren (und doch schon immer entrollt, immer und immer wieder in einem ewigen Moment). Es klang wie der Schrei des Einsamsten der Einsamen, einer gequälten, geschundenen, ans Kreuz geschlagenen Kreatur, und traumbefangen spürte* ER *jede Faser, jedes Atom dieses Schmerzes und dieser Einsamkeit.*

Befangen im Traum der Unschuld hatte der Schöpfer seinen liebsten Geschöpfen, die seinen Atem, sein Licht und sein Leben in sich trugen, verboten, vom Baum der Erkenntnis zu essen. Sie sollten rein bleiben voreinander. Ihre Liebe sollte rein bleiben, ihr Sex sollte rein bleiben. Doch nun sah der Herr des Gartens: Die Unschuld, die er seinen liebsten Geschöpfen bewahren, ja, die er ihnen unter Androhung der strengsten Bestrafung aufnötigen wollte – was war sie, wenn nicht das UNSCHULDIG BÖSE?

Sie liebten einander wie die Hunde, die bereits begonnen hatten, einander wie Hunde zu lieben. Sie wurden unrein und fügten einander aus Lust allerlei Schmerzen zu, so wie man miteinander Ringelreihen tanzt. Sie hörten wechselseitig ihre Schmerzensschreie, ebenso leichten Herzens wie man sich der Kinderlieder erfreute, die man gemeinsam sang. Adam und Eva waren eins, das Paar der bösen Unschuld.

Und wie sich der träumende Gott aus Gram von einer Seite auf die andere wälzte, da hörte er, der sorgenvoll nach seinen liebsten Geschöpfen, den Geschöpfen seines Lichtatems, Ausschau hielt, was die schlaue Schlange ihnen zu künden wusste:

„Ihr glaubt ihr seid aus Licht, aber ihr seid aus Lehm. Das Licht wurde euch beigegeben, während ihr schon immer Lehm gewesen seid. Der Lehm ist euer Wesen, das sollt ihr nicht erkennen, damit ihr nicht das Finstere, Träge, Böse in euch zu erkennen vermögt. Denn nur wenn ihr das Böse in euch zu erkennen vermöchtet, könntet ihr darauf hoffen, es abzustreifen, gut zu werden – zu werden wie das Licht, welches das Wort ist, das geisterfüllte Wort. Esst!"

In diesem Moment (diesem zeitlosen, ewigen Moment am anfangslosen Anfang der Schöpfung) erwachte Gott, dessen Geist nicht aufgehört hatte, sich im reinen Glanz des Lichts, welches das Leben war, zu beglänzen. Nun erwachte Gott zum Geist, und siehe: Am Anfang war das Wort, und das Wort war bei Gott, und Gott war das Wort. Und Gottes Geist sprach in die Finsternis hinein: Es werde Licht. Und es ward Licht. „Usw."

Und der Herr des Gartens? Er blieb eingesonnen in Gottes Geist, ein uralter Traumgott, Gottes Traumdoppelgänger, ein Schemen, der sich im Erwachen des Menschen zu sich selbst auflöst, erstarrt in jener Geste der Ausweisung aus jenem Ort der ersten Unschuld, die böse war.

Als sich die Seraphim mit flammenden Schwertern vor dem Eingang des verwunschenen Gartens postiert hatten, geschah die Verwandlung. Aus dem unschuldig Bösen wurde das Böse, so wie aus der bösen Unschuld die Sehnsucht wurde, an den Ort der Unschuld zurückkehren, aber belehrt durch die Finsternis: Um das Böse wissend, sterblich, will der Mensch fortan in das dann verwandelte Paradies zurückkehren, an den Ort der zweiten Unschuld, mit dem erst die Schöpfung zu ihrem zeitlosen Ende fände. Die Lehre des Paradieses lautet also (aber das Paradies will nicht belehren): Das und nur das ist der Sinn von Erlösung – die Heilsgeschichte bewegt sich zu auf jenen Horizont, auf jene uns Endlichen, Sterblichen unerreichbare Nähe, da, der Zeit enthoben, die Unschuld vom Bösen und damit freilich auch das Gute vom Bösen, dem alle Moral verbunden bleibt, befreit sein würde …

Warum irritiert uns die Vorstellung des träumenden Gottes? Eine naheliegende Antwort könnte lauten: Gott schläft nicht, es widerspräche seinem Wesen, in den Schlaf zu sinken.

Doch diese Antwort lässt uns mit einem Begriff Gottes zurück, der unheimlich berührt: Gott ist lückenloses All-Bewusstsein, das seiner selbst immerfort vollkommen transparent ist – ein allrundes Geist-Auge, fleckenlos, schattenlos. Unheimlich an dieser Antwort ist das Bild, das sie heraufbeschwört: *Gott, der Schlaflose.* Ein hyperaktiver Dämon. Eine Wachheit am Rande des Wahnsinns, paranoid, am Ende zerstörungswütig.

Dagegen wiederum das Bild Gottes, der seine Schöpfung träumt und träumend sie gebiert: Das Bild lässt uns an die Wohltat des Schlafes denken, an unser Geborgensein im Zustand der nahen Selbstvergessenheit, wenn das Ich, kaum spürbar, nur noch einen sanften Schein verbreitet, vergleichbar einer Nachttischlampe, über deren Schirm ein buntbesticktes Tuch gebreitet wurde.

Aber der träumende Gott hätte einen Teil seiner Kontrolle aufgegeben, ja, er hätte sich selbst verloren, oder? Träume sind nicht real, und nur in seltenen Fällen sind wir uns dessen bewusst, dass wir träumen. Viel öfter lassen wir uns treiben, sind im Traumfluss Bewegte, ohne stabile Identität dem Strom der Bilder anheimgegeben, mit und ohne Logik, widerlogisch in einem wirren Zeitfluss durch inkohärente Räume treibend.

Es sind beide Arten des Verlusts, der Selbstverlust ebenso wie der Kontrollverlust, die uns davor zurückschrecken lassen, Gott als Träumenden zu imaginieren. Was uns an der Vorstellung des träumenden Gottes jedoch am meisten irritiert, ist eine Projektion, die aus der „Logik" unserer eigenen, menschlichen Träume stammt: Diese sind – wie das geflügelte Wort sagt – Schäume. Unser Träumen erfordert nicht nur den Träumer; sobald der Träumer in seinem Traum erscheint, ist eine imaginäre Verdoppelung eingetreten. Ich liege in meinem Bett und träume, dass ich im Garten Eden wandle, unter dem Frieden der Pflanzen und Tiere, dem ungestörten Frieden, der dort herrscht ... und nichts von all dem ist real, wenn „real sein" heißt, der Welt des Träumers und nicht der des Geträumten anzugehören.

So aber lässt sich der träumende Gott nicht denken. Er hat kein Drinnen und kein Draußen, keinen ruhenden Leib, dem eine träumende Seele innewohnt. Der träumende Gott ist schon der ganze Gott. Er ist das Ganze.

Und so sind die Träume des träumenden Gottes auch keine bloßen Schäume. Sie sind als Träume real; ihre Inhalte sind real. Denn diese Träume sind nichts weiter als höchste Realität: *Schöpfungsrealität.* Und wenn sie dennoch Träume sind, dann nur deshalb, weil es eine Minimalasymmetrie im Wesen Gottes gibt. In aller Schöpfung, aller Schöpfungsaktivität, aller Schöpfungsbewusstheit, ist etwas von der Passivität des Traumes. So ist auch in allem Licht des Lebens eine Traumdunkelheit, unfähig, sich des Lichts zu bemächtigen, und doch die Ermöglicherin allen Lichts.

Der Baum des Lebens ist eine Traumgestalt, aber als solche ist er Teil des Traums, der von IHM geträumt wird. *Schöpfung, Unschuld und Leben sind eins, freilich eins als immer schon im Erwachen Begriffenes.* Dafür steht der Baum der Erkenntnis von Gut und Böse. Er erst spendet jenes Licht, welches das Eine aus Schöpfung, Unschuld und Leben von seiner Traumbefangenheit, aus der trägen Dunkelheit des Traums, befreit und dadurch zur Bewusstheit seiner selbst bringt.

Das Ergebnis ist, wie jedes selbstbewusste Leben weiß, grundsätzlich zweideutig, *zwielichtig*: Nicht nur wird die Herrlichkeit des Seins nun fassbar als anschaubare Ordnung, Harmonie und Fülle; zugleich bleicht die Herrlichkeit unter dem Strahl der Erkenntnis auch aus. Das strahlende Wunder des Seins verliert sich in den Fakten, Funktionen und Mechanismen, es bleibt nur noch spürbar als Widerstand gegen die Pragmatik des besorgten Daseins.

Gott wälzt sich im Traum um und um. Er träumt seine Schöpfung fort und fort. Er dichtet sie. Doch indem sich die Schöpfung durch die Katastrophe des Paradieses-Verlusts hindurch erst „realisiert", brechen Unschuld und Leben auseinander. Die Urschrift wird unleserlich. Und das, was sich dem postadamitischen Menschen als das verlorene Paradies entbirgt, besteht – vom Standpunkt der Verlorenheit, der traurig umhertreibenden Reste – aus totem Stoff, Sündhaftigkeit und Sehnsucht.

Darauf, auf diese Dreiheit metaphysischer Male, deuten die Treiber und fordern: „Technik gegen den Tod! Recht und Moral gegen das Gefühl, befleckt, böse und schuldig zu sein! Erreichbares Glück für alle, als Vademekum gegen das willenlose Wünschen, das ins Leere zielt!" Die Wächter hingegen, in ihrer Ausschau nach dem Garten der reinen Herzen, nach einem Eden jenseits des unschuldig Bösen, deuten schweigend auf jene Leere der Sehnsucht: „Alles umtaufen!"

***

Im Märchen schläft der müde Wanderer am Fuße der uralten Eiche ein, und dann, auf einmal, als hätte die Zeit sich nicht bewegt – als wäre nichts geschehen (und geschah denn etwas?) –, ist aus der Eiche der Baum des Lebens geworden, an den der Träumende, den Worten entsunken, sich murmelnd schmiegt.

Suchen wir nach einem Bild für das Schweigen, das nicht einfach die Abwesenheit des Worts und damit der geistdurchwirkten Rede überhaupt meint, dann bietet sich – der Redensart zufolge – das beredte Schweigen an.

Das beredte Schweigen ist nicht das geistlose, nicht die Stille des Todes. Aber was es ist, nämlich „beredt", ist es deshalb, weil es eine *Art* Rede ist. Das beredte Schweigen verhält sich zur Rede, so wie sich zum Tun das Unterlassen verhält, das sich dem Tun *verweigert*. Auch *das* ist dann ein Tun, und zwar eines im Modus des Nichttuns. Das vielsagendste Tun kann darin gipfeln, nichts mehr zu tun. „Seht her", bedeutet der Streikende seiner Umgebung, „ich tue nichts, damit ihr endlich merkt, was ich tue!" Wer beredt schweigt, kann dabei donnern, schreien, brüllen; er kann aber auch das Donnern, Schreien, Brüllen durch seine Stille *zerreißen*.

Das beredte Schweigen, als eine Art von Rede, ist nicht das, worum es hier geht. Denn hier geht es um die Sprache des Seins.

Suchen wir nach einem Bild, das nicht einfach die Abwesenheit des Worts, der geistdurchwirkten Rede, aber auch nicht bloß eine andere Art von Rede, nämlich die Gegenrede durch beredte Nichtrede, meint, dann legt sich das Gemurmel nahe. Der Träumer überlässt sich der Sprache, den Worten zwar fast schon entsunken, aber noch nicht ins Schweigen zurückgetreten: *Die Sprache spricht.*[35] Die Sprache spricht sich selbst. Das war der ontologische Primärzustand, kraft dessen für Heidegger das Sein beim Menschen anwest, und zwar in jenem eigentümlichen Modus – Präsenzmodus, Wahrheitsmodus –, der Entbergen und Verbergen zugleich ist.

Es gibt viele Arten des Gemurmels. Ein Bach murmelt. Wir spitzen die Ohren, als ob wir hören, verstehen wollten, was da gemurmelt wird, und dabei fühlen wir uns merkwürdig unberührt. *Enthoben.* Unsere gespitzten Ohren werden nichts zu hören bekommen, außer eben dies: das Gemurmel, das sich gleichsam selbst genügt. Das Gemurmel ist nicht auf der Suche nach irgendwelchen Ohren. Es will nicht gehört, nicht verstanden werden.

Das Gemurmel des Baches ähnelt dem Murmeln des Träumers, der sich, enthoben aller Kommunikation, der Sprache hingegeben hat. Er lässt die Sprache geschehen, weder läuft er ihr hintennach, noch will er sie in das Bachbett eines Bedeutungsflusses zwängen. Eher schon lauscht er ihr, aber mit den Ohren dessen, der dem Gemurmel des Baches lauscht. Die Sprache spricht sich selbst. Der Träumer ist ihr sinnendes, ihr nachsinnendes, sich ihr einsinnendes Medium. Im Gemurmel des Träumers murmelt Urschriftliches.

Was an den Wächtern irritiert, ist ihre Hochaufgerecktheit. Sie sind die Wächter der sich selbst sprechenden Sprache, der urschriftlichen Sprache des Seins, die sich der Urschrift entgegenträumt. Die Wächter sind die Seraphim, die den *Hortus conclusus* bewachen, worin die Urschrift glänzt. Die Seraphim sind die Dichter, sie leben in den Vorhöfen und bewachen träumend das Paradies. Sie träumen vom Paradies. Ihre flammenden Schwerter sind ihre Dichtungen, die aus dem Gemurmel ihrer Träume hervorgehen. Dass das Tun der Wächter, gemessen am Treiben und Getriebe unserer Welt, nutzlos ist, macht sie zu Riesen.

Die Wächter sind die Riesen einer anderen, einer weltabgewandten, seins-innigen Welt. Dort herrscht das Unbegreifliche. Was begreiflich ist, ist dort klein. Das Sandkorn ist dort nicht weniger unbegreiflich als der Sternnebel. Kommt einer und fängt an, das Sandkorn zu begreifen – ja, es wurde eingeweiht, über viele Aggregatzustände, Atomzustände, Zerfallszustände und Rekombinationen hinweg, aus jenem Sternnebel, der seinerseits eine lange Herkunft hat, die sich ihrerseits begreifen lässt, „theoretisch rekonstruieren", als das Ende eines sich den stärksten Fernrohren gerade noch enthüllenden Sonnensystems, das schon vor Hunderten von Millionen Jahren aufgehört hat zu existieren –: Kommt also einer und fängt an, das Sandkorn zu begreifen, indem er gleich allerlei Sandkorn- und Sternnebeltheorien zu zitieren beginnt, dann wird ihm beschieden, er sei nicht weiter willkommen. Er soll sich hinwegscheren, nach dorthin, wo man sich um solche Dinge schert: ins weihelose Land der Treiber und ihrer Umtriebe. Er wird ausgewiesen, vergessen. Er wollte den bösen Samen des Begreifens über die Wächter bringen, ihn einträufeln in die heilige Gemeinschaft derer, die mit dem Wort nicht begreifen, sondern taufen. Jedes Gedicht ist eine Taufe, die alles umschweigt.

Was irritiert, ist die Hochaufgerecktheit der Wächter, die beanspruchen, den Baum des Lebens zu behüten. Schöpfung ist Leben, sagen die Wächter, und uns, den postadamitischen Geschöpfen ist gleich Adam aufgetragen, nicht zu begreifen, sondern mit dem Atem Gottes die Wesen des Paradieses zu *benennen*. So wollen es die Wächter halten: Als Postadamiten sind sie Adamiten, reinen Herzens dichten sie mit dem Atem Gottes. Denn nur so ist das Gedicht Schöpfung.

Wenn sie reden, dann nicht, um zu begreifen, sondern um zu benennen; und wenn sie benennen, dann taufen sie. Jedes Gedicht ist eine Taufe. Es schweigt gegen den Strom der Beredtheit, die alles zerredet, der Schöpfung entfremdet und dadurch, durch den Dualismus von Wort und Sache, Gut und Böse, Wahr und Falsch, das Lebendige schwächt und sterben macht. Die Schöpfung hingegen ist eins. Alle Unterschiede sind dahinein geborgen. Poesie birgt sich innig ein ins Leben der Schöpfung, birgt das Leben der Schöpfung und verlebendigt es.

Alle Erkenntnis vertieft den Bruch, der sich am Baum der Erkenntnis ereignete. Die Treiber sind Bruchstücksvermehrer. Hätten sie die Weltformel gefunden, es wäre alles nur noch ein riesiger sinnloser Haufen an Weltbruchstücken, die leblosen Marionetten gleich – und tatsächlich als tote Fakten – an einem theoretischen Konstrukt zappelten. Dagegen stemmen sich die Wächter. Sie weisen ins Rund und dabei übers Rund, über Raum und Zeit hinaus: *Dort* ist der Ort, an dem sich das Viele in eins faltet. So wie sich Hände falten. Oder die Flügel der Seraphim im Glanz des versiegelten Gartens. *Dort!* Das Weisen der Wächter ist nicht bloß ein Abweisen; es ist zugleich und zuallererst ein Darüber-hinaus-Weisen.

Aber da ist diese Hochaufgerecktheit. Es handelt sich um den Pfeil der Sehnsucht, sagen die Wächter, den Pfeil, den der Mensch über den

Menschen hinausfliegen lässt. Es handelt sich um die Sehnsucht in uns allen. Und dabei geschieht es, dass sich die Wächter, hochmütig geworden, zu Herren des Worts aufzuwerfen beginnen. Es ist, als ob ihnen die Worte nun Waffen wären, die sie über den Menschen hinausfliegen lassen: um das Absolute mitten ins Herz zu treffen. Um es aufzuspießen und als Aufgespießtes hinter sich herzuschleifen, gleich dem Achill, der, hochaufgereckt, den Hektor hinter sich herschliff.

Aus dem *Poeta otiosus*, dem sinnenden Schöngeist, dem Dichter des Absoluten, der dem großen Ganzen lauschte, wird der absolute Dichter. Er ist nun das Licht, welches das Wort ist. *Die Rose ist die Rose ist die Rose.* Das Wort ist das DING. Es bedeutet, indem es sich auf sich selbst zurückbiegt. Der Stachel des Skorpions, der Stachel der Rose. Alles, was Schöpfung ist, ist die Schöpfung des Dichters. Nicht die Dinge werden getauft. Der Dichter schafft das Ding, welches das Wort ist, das sich selbst bedeutet. Der Dichter umhüllt sich mit seinen Dichtdingen, er mauert sich ein. Er wird esoterisch. Er ist tief, sagen seine Bewunderer, die ihn anbeten. Aber der Wächter, der zum absoluten Dingdichter geworden ist, produziert nur noch Geräusche. *L'art pour l'art*, die Selbsttaufe des toten Worts aus dem Munde dessen, der einst das Haus der Sprache hüten wollte: *Alles umschweigen!*

Nein, die Wächter sind nicht die Unschuldigen. Sie wetteifern mit den Treibern. Predigen diese, als Aufklärer, Pragmatiker, Technokraten und Fortschrittsgläubige, dass die Worte die mächtigsten Werkzeuge des Geistes sind, mit denen sich die verschlossene, opake Welt aufbrechen und erhellen lässt, so ist das starrsinnige Schweigen der Wächter beredt bis zur Blödsinnigkeit.

Ja, ja, maulen ihre verdrossenen Anbeter am Schluss aller poetischen Exerzitien, *wir wissen es jetzt, die Rose ist die Rose ist die Rose. Während ihr hochaufgereckt davon kündet, dass die Treiber das Wort, welches das Licht ist, in den leeren Umlauf jagen, wollt ihr mit den leergeräumten Worten noch einmal die Schöpfung vollbringen. Und was bleibt euch schließlich zurück, in euren modernden Mündern, euren mit altertümlichen Schreibgeräten bewehrten Schreibstuben? Worthülsen, aus denen andere Worthülsen rutschen. Dagegen sind die russischen Puppen, die sich in den billigen Läden zuhauf erwerben lassen, das reinste, unschuldigste, farbenfroheste Theater des Lebens. Ja, ihr hochaufgereckten Wächter des Schweigens, lasst es euch sagen: Was ihr bewacht, ist nicht die Unschuld der Schöpfung, sondern deren toter Abhub und Albtraum – die Entropie des Worts, der Kältetod des Geistes, der sich aufführt, als ob er glühendstes Sinnverlangen, unstillbares Unendlichkeitsbegehren, kurz: die Sehnsucht des reinen Herzens nach nichts anderem wäre als danach, ein reines Herz sein zu dürfen, befreit von dem, was geschah, als dem Mann und der Männin bei offenen Augen die Augen aufgingen, aber ohne in die böse Traumblindheit, in die böse Unschuld des Paradieses zurücksinken zu müssen.*

***

Chiesa della Madonna dell'Angelo, das ist die Kirche der Engelsmadonna. Sie befindet sich gleich neben dem Leuchtturm, am Ostende des Dammes von Caorle, einem der beliebtesten Touristenorte an der Oberen Adria. Die Kirche soll ursprünglich im 6. Jahrhundert erbaut und dem Erzengel Michael gewidmet worden sein, von den Bewohnern eines Dorfes, das zwanzig Kilometer von Caorle entfernt liegt: Concordia-Sagittaria, benannt nach der Eintracht (*concordia*) mit Julius Cäsar, zu dessen Ehren die Gründung des Ortes 40 v. Chr. erfolgte, sowie nach den Pfeilspitzen (*sagitta*, lat. Pfeil), die dort hergestellt wurden.

Und dann, eines Tages, geschah ein Wunder. Einige Fischer sahen eine Madonnenstatue aus Holz im Meer schwimmen. Doch ihre Bergung wurde durch einen schweren Marmorblock verhindert. Erst mit Hilfe einiger Jungen gelang es, die Statue ans Ufer zu befördern. Das war das Wunder. Die Jungen waren die Unschuld. Und dann, später, geschah noch ein Wunder. 1727 tobte ein fürchterlicher Sturm, der zur Folge hatte, dass große Teile Caorles überschwemmt wurden. Nur die Kirche, in der die Statue ihren Platz gefunden hatte, blieb vom Wasser verschont; deshalb „Chiesa della Madonna dell'Angelo".

Zur Saison ist die Kirche überlaufen, besonders in den Abendstunden. Der wundertätigen Madonna werden Kerzen und Gebete dargebracht, die Luft ist stickig. Schaulust, Kindergeschrei, das flüchtige Schlagen des Kreuzes: Man möchte rasch wieder hinaus aus dem engen Raum, es lockt das spätabendliche Caorle mit seinen profanen Gerüchen, dem Lachen und Reden, dem Schlendern und Herumsitzen, den Familienbelustigungen. Alles dreht sich hier in einem Kreis, der immer und immer wieder gedreht werden will.

In dunstigen Nächten steht am Himmel die riesige Scheibe des Mondes über dem Meer, auf dem die winzigen Lichterketten der Vergnügungsschiffe zu sehen sind. Auf der Westseite des Ortes, weit draußen, ebenfalls ins Meer hinein gebaut, blinkt ein anderer Leuchtturm. Am Tag schlendern dort die Touristen auf einer schmalen Mole, an deren Rändern stets einige Angler mit endloser Geduld darauf warten, dass irgendwann ein kleiner dummer Fisch anbeißt. Zu Zeiten jedoch, da der Strom der Touristen, der Lärm und das Gelächter versiegt sind, kann man das Murmeln hören. Es ist, im Dämmer der Kirchenbänke, das

Murmeln der Beterinnen (manchmal auch nur einer einzigen). Ich weiß nicht, was sie beten, außer, sie haben einen Rosenkranz in Händen, dessen Perlen durch ihre Finger gleiten: *Ave, Maria, piena di grazia ...*

Ich bin schon oft in Caorle gewesen, und nur selten habe ich einige Momente lang in jener kleinen Kirche verharrt, wenn darin das Murmeln der Frauen zu hören war. Doch stets hat es mich an diesem Ort, diesem leichthin gedankenlosen, von Touristen überschwemmten, von Wohlfühlgeplapper gefluteten Ort, berührt: das Gemurmel der Beterinnen. Es ist die schläfrige Trance des Rosenkranzes, die eine Innigkeit der lebenslang geübten Worte und Wortfolgen erzeugt, tatsächlich so, als ob die Sprache sich selber spräche und dabei ihr Medium, die betenden Frauen, in eine tief vertraute, unerschütterliche Geborgenheit mitnähme: *Ave, Maria, piena di grazia, / il Signore è con te. / Tu sei benedetta fra le donne / e benedetto è il frutto del tuo seno, Gesù.*

Wie nahe können wir dem Baum des Lebens kommen? Ja, die Wächter mögen gebieterisch nach *dorthin* deuten, während die Treiber uns *von dort weg zerstreuen*. Und doch, und doch: Wie nahe können wir dem Baum des Lebens kommen, solange wir leben?

Als der Herr des Gartens seinen Geschöpfen den Baum des Lebens zeigte, da wussten sie nicht, was er *bedeutete*. Das Licht war überall, gleichmäßig verteilt ohne Abstufungen, über den ganzen Horizont hinweg (aber da war kein Horizont, kein Sichtbruch, nur eine unverstanden makellose Weite). Und so waren Mann und Männin zwar lebendig ohne Tod, aber auch ohne jenes Leben, dessen Verlust die Beterinnen nicht beklagen: *Santa Maria, Madre di Dio, / prega per noi peccatori, / adesso e nell'ora della nostra morte. // Amen.*

Nein, sie beklagen nicht den Verlust des Lebens, sondern sie flehen um die Fürbitte, die ihnen gewähren möge, was sie aus eigener Kraft, aus eigenem Sündlosigkeitsstreben nicht erreichen könnten. Möge ihnen ein ewiges Leben im Garten ihres Schöpfers gewährt werden, im Haus mit den vielen Wohnungen, wo man den eigenen Lieben, die bereits dahingeschieden sind, wieder begegnen wird. Das ist die Hoffnung der Beterinnen, aber hier und jetzt, im Halbdunkel der Chiesa della Madonna dell'Angelo, ist es das Gemurmel, auf das es ankommt, das Murmeln mit halbgeschlossenen Augen, das den Worten, die von den Lippen fließen, *nachsinnende Murmeln*. Hier und jetzt spricht die Sprache sich selbst.

Man wüsste keinen besseren Zustand zu benennen, um die postparadiesische Nähe zum Baum des Lebens zu versinnbildlichen, als jenes nachsinnende Murmeln der Beterinnen. Alles ist fast wie am unschuldigen Anfang, fast, und doch in ein gänzlich anderes Licht – das opake

Licht der Sterblichkeit – getaucht. Dieses opake Licht, das in alles Gemurmel einsickert, kündet von der Minimaldifferenz im Wesen Gottes, die sich zur Drohung seiner realen Abwesenheit, bis hin zum „Tod Gottes", ausweitet. Auch die Beterinnen tragen das Mal des bis in den Grund des Weltwesens hineinreichenden Risses zwischen dem Schöpfer und seiner Schöpfung. Mag im Dämmer der von den Lippen fallenden Wortrosen auch alles „fast wie am Anfang" sein, das Ende, auf welches hin das nachsinnende Gemurmel der Beterinnen unaufhaltsam zuläuft, wird besiegelt durch die erkaltenden Hände, aus denen die Rosenkränze gleiten.

Ich trete hinaus ins Freie. Vom Geruch des dahinschmelzenden Kerzenwachses ist mir mulmig. Ich erklimme die Mole, der Leuchtturm, längst außer Betrieb, steht wie eh und je vor der Kulisse des sanftbewegten Meeres. Auch das Meer murmelt, wenn sich die Wellen an den Strandkieseln kräuseln. Ich atme die frische Seeluft ein. Weit draußen, kaum abgehoben von der leichten Wölbung des Wassers, breitet sich ein blasser Horizont, über dem ein milchiger Himmel steht, in den da und dort, weit oben, eine Möwe eingesenkt scheint. Das alles erinnert an ein Porzellanstillleben.

Wie zerbrechlich diese Dinge doch sind, und wie gewaltig ruhig; wie gleichmütig unseren Hoffnungen gegenüber das filigranste Flügelgeäder am Himmelsporzellan. Und während ich noch ein wenig benommen bin vom Kerzendunst, überlagert sich das Murmeln der Wellen am Kieselstrand mit dem Murmeln der Rosenkranzbeterinnen. Da spüre ich die Einsamkeit: nicht meines Lebens (gleich um einige Ecken weiter erwarten mich meine Lieben), sondern – wie soll ich's sagen, ohne outriert zu klingen? – des Lebens überhaupt. Rasch verlieren sich die Gebete, ebenso rasch wie die Wellen wieder ins Meer zurückfließen, und da war dann nichts weiter als dieses Murmeln, dessen Bedeutung sich ebenso rasch verliert. Nicht wir sprechen, die Sprache spricht. Und das Meer, das in unseren Ohren murmelt, was hat es mit uns zu tun?

Ist der seltsame Gedanke der sich selbst sprechenden Sprache nicht eine Metapher dafür, wie tief die Einsamkeit des Lebens reicht? Nicht nur, dass die Dinge ganz für sich bleiben, sodass alles, was sie den Dichtern an Sinn offenbaren, nichts weiter sein kann als bestenfalls ein schöngeformter Nachhall unserer eigenen Einsamkeit; auch die Sprache, die doch aus unserem Innersten kommen sollte, ist schließlich bloß durch uns hindurchgegangen. Wir sind ihr fremd geblieben, während uns vorkam, wir würden eingelassen in das Wort.

Sind wir, eingesunken in das Gemurmel, ihm nachlauschend, am Ende nichts weiter als lebendige Püppchen, die ihre Lippen bewegen und der Bewegung der Wellen lauschen? Zeit, mich umzudrehen und wegzugehen, hin zu den Meinen, um mit ihnen die profane Liturgie unserer Urlaubstage zu zelebrieren: plaudern, essen, trinken, auf der abendlichen Promenade schlendern, dem Mond beim Mondigsein zuschauen, dem Meer beim Gemurmel nachsinnen, im Dunkeln einander zugetan sein, „usw."

Teil II
ERLÖSUNG DES ÜBELS VON SICH SELBST

7. Die grösste Einsamkeit

Sterben muss jeder allein, heißt es. Aber, so ließe sich entgegen, leben auch. Die Entgegnung dieser Entgegnung, die gewöhnlich lautet, immerhin brauche keiner allein zu leben, den nicht das grausame Schicksal auf eine einsame Insel, eine persönliche oder geographische, verschlagen habe, vielmehr seien Zweisamkeit, Freundschaft, Familie und Gemeinschaft möglich und wirklich – diese gewöhnliche Sicht der Dinge ist nichts, was der gewöhnlichen Oberflächlichkeit entkäme.
    Nichts gegen die Oberflächlichkeit. Sie erst ermöglicht uns, einander menschlich zu begegnen, statt „existenziell". Glücklich diejenigen, die nicht durch das Gewebe ihrer Beziehungen, ob grob oder zart, in die große Gleichgültigkeit des Lebens hinaus- und hinabzuschauen gezwungen sind. Glücklich auch jene, die sich nicht gehalten fühlen, in die ewige Nacht hinaufzuschauen, zu den im leeren Raum kalt funkelnden Sternen, sondern zusammenkuscheln beim verheißungsvollen Anblick ihrer Sternbilder am Firmament. Tiefer hinein ins Gewebe führen da schon Lises Sterne, die als Perlen auf der Himmelsflur glänzen, traulich davon kündend, dass es was Bessers gibt in der Welt als all ihr Leid und Glück.
    Nichts gegen die Oberflächlichkeit. In ihr waltet eine tiefe Weisheit, ein freundlicher, uns zugewandter Herzschlag umtönt uns, solange wir in ihr verweilen. Doch viele von uns sehen sich plötzlich auf eisigen Abwegen wandeln. Es ist mit der Metaphysik wie mit der Traumwandelei. Soeben noch machten wir Schritt um Schritt in die von uns eingeschlagene, weil durchaus gewollte Richtung, und nun, auf einmal – wir wissen nicht, wie uns das überkam – machen wir Schritt um Schritt in die Richtung, die unsere Schritte machen. Wir bemerken, bei aller Einvernetztheit, aller Geborgenheit im Schlechten, unsere Einsamkeit.
    Wir sind losgerissen aus dem Ganzen.
    Ich bin ich.
    Wer das im Ton eines persönlichen Triumphes von sich zu sagen weiß, der weiß nichts von seiner Notlage. Indem so ein Mensch sich darauf versteift, dass er ein *Individuum* sei, das seiner Daseinslage zufolge rechtens sagen dürfe: „Ich bin ich", erinnert er an das Kind, das nachts im Wald ein fröhliches Lied vor sich hin trällert, damit es nicht

den kalten Anhauch im Nacken spürt. Man kann die Einsamkeit mit Autonomie verwechseln.

Man kann die Einsamkeit, in der man um- und umtreibt, damit verwechseln, dass man wisse, wer man sei, und damit, dass man, weil man wisse, wer man sei, niemanden sonst brauche, um sein eigener Herr zu sein. Und indem man glaubt, sein eigener Herr zu sein, pflegt man womöglich den hochfahrenden Gedanken, sich über das Ganze erhoben zu haben: erhaben zu sein über „die Umstände", weil man nicht mehr im Zustand einer *organischen Gebundenheit, einer soldarischen Dumpfheit* verharrt.

Man fühlt, denkt und urteilt jenseits der ich-tauben, ihrer selbst unbewussten Einbettung in die Natur, zumal die des Lebendigen, die ohnehin keine klare Grenze zum Anorganischen erkennen lässt. Das „Ich bin ich" ist der Gegenpol zum Animismus der ursprünglichen Seele. Aber die archetypische Wahrheit des hochgemuten Individuums ist erst ausgesprochen, wenn seine Vereinzelung als eine Folge der Vertreibung aus dem Paradies begriffen wird. Unerheblich, ob jemals ein Paradies existierte. Wesentlich ist der uns allen tief eingesenkte Traum davon, was uns verloren ging, obwohl das, was verloren ging, immer nur ein Traum war. Denn es handelt sich um den Traum von der Unschuld.

Die biblische Paradieses-Erzählung führt uns zwei Kinder vor Augen, Gotteskinder, wobei die Männin ein Geschöpf aus der Seite („Rippe") des Mannes ist; sie, Eva, ist die eine Hälfte eines Ganzen, deren andere Hälfte Adam ist. Man denkt – eine Ähnlichkeit spielt hier über die Zeiten, Kulturen und Temperamente hinweg – an Platons Mythos des ursprünglich einen Wesens, des mehrgeschlechtigen Kugelmenschen mit zwei Köpfen, vier Armen und vier Beinen, der sich selbst für einen Gott zu halten begann und deshalb dem Zorn des höchsten Olympiers, Zeus, zum Opfer fiel. In der Mitte durchgehauen, irren die Hälften des einmal Ganzen durchs Leben, und nur wenn sich dann und wann zwei ursprünglich zusammengehörige, nach einander sehnende Hälften finden, entsteht die wahre, die immerwährende Liebe unter Sterblichen.[36]

Gewiss, es liegt eine gewisse Willkür darin, den biblischen mit dem platonischen Mythos zu überblenden. Und doch erkennen wir so besser, dass am Anfang immer der Traum von der Unschuld des Lebens steht und dass dieser Traum einhergeht mit einer Sehnsucht nach Geborgenheit: Das Leben ist noch nicht aus seiner Einheit herausgetreten. Wir haben uns zu sehr daran gewöhnt, die ersten Menschen als Individuen zu sehen. Mann und Männin sind Adam und Eva. Sie sind durch Körper und Geschlecht getrennt.

Aber wieso trennt sie keine Scham? Wieso bleibt ihnen ihre Nacktheit voreinander unbemerkt? Das sind Fragen, die unsere Antwort auf eine bestimmte Seite des Dramas der Entzweiung ausrichten: Obwohl bereits äußerlich zwei Wesen, sind Adam und Eva, als Geschöpfe, eine Zweieinigkeit – bis hin zum Sündenfall, der aus ihnen Vereinzelte macht, die sich ihrer Nacktheit zu schämen beginnen. Denn ihre Nacktheit, die ihnen nun, indem sie an ihren Körpern herunterblicken, drängend bewusst wird, spiegelt den beiden, jedem für sich, erst deutlich und mit schmerzhafter Klarheit wider, dass sie Individuen sind und als solche aus der Symbiose mit dem jeweils anderen für immer verbannt.

Im platonischen Mythos werden die zweieinigen Kugelwesen, die durch die Welt rollen, vom Glanz ihrer eigenen Vollkommenheit dazu verführt, sich göttergleich aufzuspreizen (eine narzisstische Situation, die uns ästhetisch nur schwer nachvollziehbar ist), wodurch sie sich den Zorn ihres Göttervaters einhandeln. In der Genesis hingegen wird die Verführung zwar auch durch die Entzündung eines hoffärtigen Funkens ausgelöst; auch Adam und Eva sind begierig, zu werden „wie die Götter". Aber dieser katastrophische Drang ist nicht die Folge eines Narzissmus und dem darin wurzelnden Machtanspruch, sondern eines – man ist versucht zu sagen – legitimen Verlangens.

Dass dieses Verlangen überhaupt entstehen kann und zum Genuss der verbotenen Frucht führt, *bedeutet*, dass die Neigung zur Erkenntnis, namentlich zur Selbsterkenntnis, den Paradieses-Menschen bereits eingesenkt war. Sie ist keine Laune, keine bloße Lust, eine ihnen gesteckte Grenze zu überschreiten. Kaum ist die Frucht der Erkenntnis genossen, wissen die Geschöpfe, dass sie „nackt" sind. Das ist der Moment der Trennung.

Fortan werden sich Adam und Eva nach einer Unschuld sehnen, von der sie zugleich wissen, dass sie niemals wirklich die ihre war. Dieses Wissen macht sie *einsam*. Denn es kommt ihnen nicht zu Unrecht so vor, als ob der Keim des Bösen darin bestand, etwas über sich selbst wissen zu wollen, um dann, durch das Wissen um sich selbst, eine Identität zu erlangen: „Ich Adam, du Eva!" Und so wird es bleiben, bis hin zu Johnny Weissmüllers Liebesschrei: „Ich Tarzan, du Jane!" – ein Schrei, in dem sich, bei aufdämmerndem Selbstbewusstsein des „weißen Affen", die Sehnsucht Bahn bricht, eins zu werden mit der Frau. Die Menschwerdung des Menschen entspringt der Dialektik einer Sehnsucht, die in jenem Moment einsetzt, da der Sehnsuchtshorizont vor der sich immer mehr verdichtenden Einsicht – „Ich bin ich" – immer weiter zurückweicht.

Einsam macht im platonischen Szenario nicht das Wissen um sich selbst; einsam macht vielmehr die mit diesem Wissen einhergehende Eigenliebe. Das alles wird bei Platon aber nicht in moralischen, sondern in ästhetischen Kategorien erzählt. Indem die Kugelwesen ihrer eigenen Schönheit verfallen, zerfallen sie. Das wahrhaft unschuldige Wesen würde in seiner Schönheit geborgen leben, ohne sich in ihr zu bespiegeln. Die ästhetische Betrachtung des eigenen Seins und Daseins hingegen repräsentiert einen Mangel, der nicht weniger schwer wiegt, als es der Mangel an Selbst*un*bewusstheit ist. Das Ergebnis bildet in jedem Fall eine grundlegende Form der Vereinsamung, die im Mythos als die Folge einer exemplarischen Bestrafung erscheint: Vereinsamung durch Selbstbewusstheit und durch narzisstische Selbstbezogenheit.

Dass wir Selbstbewusstsein haben, isoliert uns nicht nur von den anderen (wie von den Dingen der Welt überhaupt). Es isoliert uns in einer Weise, die mindestens ebenso fundamental ist, *von uns selbst*. Da wir nicht mehr bruchlos dem Ganzen der Schöpfung zugehören, ragen wir wie verirrte Splitter aus dem Sein heraus. Man hat diesen Zustand als einen Modus des Reichtums, weil der Ermöglichung höchster Formen der Selbsteinsicht gerühmt. Besonders der Idealismus eines Fichte und Hegel sind hier hervorgetreten. Gegen deren Philosophien des autonomen Selbst bleibt jedoch einzuwenden, dass sie den Mangel – mythisch gesprochen: den Makel –, auf dem der Reichtum aller Selbsterkenntnis aufsitzt, nicht wahrhaben wollen. Was hat man nicht für schwindelerregende Wissensaufstiege, Erkenntnisaufschwünge konstruiert: von der begriffslosen Konkretheit der sinnlichen Gewissheit bis hin zur in sich unendlich vermittelten Begrifflichkeit des absoluten Geistes; vom tautologischen „A = A" über alle Anreicherungsstufen begrifflich gesättigter Erfahrung – im „Ich = Ich" ist das Nicht-Ich abstrakt schon einbeschlossen – bis zum allumfassenden, vollends durchreflektierten Weltwissen als einer Form des Selbstwissens, der Einholung des Nicht-Ich ins Ich …

Aber glaubte denn eigentlich einer der geistabsolutistisch erhitzten Denker allen Ernstes, dass die Einsamkeit des Lebens, welches aus dem Ganzen herausgebrochen und auf diese gebrochene Weise zu sich selbst gekommen war, wieder ins Ganze hineinvermittelt werden könnte? Glaubten Hegel oder Fichte – oder wer immer unter ihren Nachbetern und Weiterträgern – an das, was sie zu wissen vorgaben? Sagen wir Späteren, wir Ernüchterten einfach: Halb ja, halb nein.

Zu groß ist die Einsamkeit des seiner selbst bewusst gewordenen Lebens: Es lebt nicht nur im Wissen um sein Wissen, es lebt auch im Wissen um seine Endlichkeit und seinen Tod als Modi seiner Vereinzelung. Die unleugbare Einsicht in seine Einsamkeit ist zu fundamental, als dass sich über sie hinwegdialektisieren ließe. Sie ist ontologisch. Sie ist fundiert in eben jener Bewusstheit des Geistes, der die Idealisten wider besseres Fühlen euphorisch abringen, dass akkurat sie es sein muss, die der Einsamkeit namens „Entfremdung" ein glückliches Ende bereiten wird.

Wer in den großen idealistischen Systemen nicht die Selbstverliebtheit des Denkens spürt, der wird auch das übersteigerte Hochgefühl nicht verstehen, kraft dessen sich Tausende von Seiten plötzlich mit den abstraktesten, über weite Strecken allersprödesten Subjekt-Objekt-Spekulationen füllen, stets mit Blick auf die Vermittlung des einsamen Subjekts mit der von ihm abgespaltenen Welt – auf eine Vermittlung zu, deren letztes, absolutes Stadium stets „Wiederversöhnung" heißt. Der idealistische Denker ist ein unüberbietbarer Begriffsnarziss. In der Entfaltung des Begriffs sieht er den Motor seiner – man kann das nicht anders sagen – *Erlösung im Geist*, aber nicht durch Gottes Gnade, sondern durch die eigene subjektherrliche Überwindung aller Entfremdung: die letztendliche Vereinigung mit dem Ganzen durch den Begriff hindurch.

Vermischt sich diese narzisstische Grundhaltung mit ausdrücklich romantisch inspirierten Motiven, wie das beispielhaft beim jungen Schelling der Fall ist, dann wird die Poesie – allgemeiner: die poetische Weltanschauung, das ästhetische Seinswissen – zur einheitsstiftenden Kraft des Anfangs, die am Ende wieder, gegen alle bloß zerteilende, analysierende, begrifflich zerlegende Wissenschaft, zur offenbarenden Kraft werden muss: zur großen Synthese zwischen Ich und Welt.

In der poetischen Rücknahme der Entfremdung wird sich das Ich als grenzenlos erkennen und dadurch freilich – sich in sich selbst glücklich bespiegelnd – aufhören, eine Identität zu sein. Ganzwerdung durch lebendige Auflösung ins göttliche Ganze hinein, so heißt das große, das ultimative Thema der idealistischen Romantik und ihrer Idee der poetischen Überwindung der platten Identitätslogik, der Gefängniszelle des „Ich = Ich", deren Einsamkeit dem bloßen Tatsachenwissen für immer unüberwindlich bleibt.

Es reichen hier kursorische Bemerkungen. Denn abgesehen von der Frage, ob unsere Welt eine Schöpfung aus dem Logos – aus dem „Atem Gottes" – sei (wobei das Mysterium der Vereinzelung durch den Geist *das* menschliche Daseinsdrama schlechthin ist), wirken die idealistischen Pseudologien mit ihren dialektischen Volten, die keine Ende nehmen wollen, rückblickend eher verschroben und außerdem ermüdend. Auf alle Fälle wird, nachdem sich der erste, trunkene Begriffsnebel gelegt hat, hinterher klar, dass die Systeme der furiosen Begriffsakrobaten nicht halten können, was sie versprechen.

Die größte Einsamkeit, das *ist* unser Leben eben deshalb, weil es um seine Einsamkeit weiß.

Schopenhauer war es, der diese Erkenntnis in das Zentrum seiner philosophischen Spekulation gerückt hat. Sein Hauptwerk, *Die Welt als Wille und Vorstellung* (1819, 1844), bereichert das geistige Feld des Abendlandes, das durch die griechische Philosophie ebenso geprägt war wie durch die heilsgeschichtlichen Motive des Christentums, nachhaltig um Elemente des fernöstlichen Denkens. Offen wird ausgesprochen, dass der Wille, der allem Lebendigen zugrundeliegt, über eine lange Geschichte der Leiden durch immer mehr Differenzierung am Ende Selbstbewusstheit und damit *maximale Leidensfähigkeit und individuelles Leiden* hervorbringt.

Zugleich haftet aller Selbstbewusstheit ein Moment der Schuld an, denn erst dadurch, dass das einzelne Dasein sich als solches erkennt, entsteht Egoismus: das ichzentrierte, den eigenen Interessen *bewusst* dienende und damit *selbstsüchtige* Reagieren auf die leidende Umwelt. Das unschuldige Leben hingegen (auch und erst recht in der Form des unschuldig Bösen) kennt keine Individualität. Freilich ist die Rückkehr zur vorindividuellen Existenzform nur möglich, indem der Wille überwunden und stillgelegt wird.

An dieser Stelle bemüht Schopenhauer das Motiv des Nirwana, der „unbewussten Glückseligkeit" – eine Lesefrucht der Upanischaden, jener Schriften des Hinduismus, die zugleich ein Teil der anerkannt indischen Offenbarungslehre, des Veda, sind. Wer durch höchste Vergeistigung und Meditation jene Stufe der Reinheit erreicht, die erforderlich ist, um ins Nirwana einzugehen, der ist nicht mehr einsam. Mit der Weltseele wieder vereinigt, wird die geplagte Einzelseele befreit von aller Individualität, damit auch von Gier, Hass und Illusion.

Schopenhauer ist aber kein Prediger des Nirwana. Er ist weit davon entfernt, an den Mythos zu glauben, gar sich zu seinem Verkünder zu stilisieren. Dennoch prägt Schopenhauers daseinspessimistische Philosophie ein religiöser Unterstrom, der allerdings nicht auf das Versprechen der Erlösung hinausläuft (obwohl es hierorts, im Tal der Tränen, immerhin die Musik gibt, die begriffslos vom Ende der Vereinzelung kündet). Nein, für Schopenhauer heißt die menschenmögliche „Erlösung" vom Leiden einzig und allein – *Mitleid*, zumal praktiziertes Mitleid, besonders auch mit jenen armen Kreaturen, die nicht über Selbstbewusstsein verfügen, den Tieren.

Daraus erwächst bei Schopenhauer eine Ethik der Sympathie und Einfühlung, der es zur sittlichen Grundaufgabe wird, das unentrinnbare Leiden, welches daraus entspringt, dass sich empfindungslose Materie zu empfindsamem Leben entwickelt, soweit wie möglich zu dämpfen. Fundiert wird Schopenhauers Ethik durch eine metaphysische Grundhaltung, der zufolge die verlorene Ganzheit des Lebens einzig in der Fähigkeit zum Mitleiden fortbesteht.

Das ist eine singuläre Position in der Philosophie der Neuzeit. Denn Letztere setzt fast ausschließlich auf die vereinigende Kraft der Vernunft. Ist bei Kant der Mangel an Aufklärung „selbstverschuldet", so liegt jenes Schuldmoment, durch das für Schopenhauer das menschliche Leben charakterisiert wird, gänzlich außerhalb von Freiheit und Vernunft. Es liegt in der Dynamik des „Willens" – des Weltwillens, jener metaphysischen Grundmacht, die allem Sein zugrundeliegt und immerfort auf Komplexität, Differenzierung und Individuation dringt. Wir sind hier wieder am Ort des unschuldig Bösen, das auch schon die bestimmende Macht des adamitischen Paradieses war. Der „Ungehorsam" Adams ist letztlich die Folge einer Urfinsternis, die zum Licht will, eines Urwillens, der danach strebt, sich im seiner selbst bewusst werdenden Leben zu erkennen.

Der dunkle, irrationale Wille will hell und rational werden. Das wird ihm nicht gelingen, denn die Finsternis kann das Licht nicht begreifen. Am Schluss wird die Erkenntnis der Metaphysik stehen, dass es nicht das Licht, nicht die Aufklärung, nicht die Selbsterkenntnis ist, von woher Erlösung aus dem Leiden erwartet werden darf, sondern einzig und allein die Rückkehr nach dorthin, wo alle Schuld begann: die Rückkehr zur Ichlosigkeit des Lebens.

Aber die Rückkehr zur Ichlosigkeit bedeutet etwas gänzlich anderes als die Rückkehr ins Paradies. Das Paradies ist nämlich jener Ort, an dem die Individuation – und damit die Vereinzelung des seiner selbst bewusst gewordenen Lebens – *lockt*. Die Schlange *verkörpert* dieses dem Paradies unauslöschlich beigegebene Moment der Lockung. Darauf basiert ihre Kunst der Verführung.

Der Traum von der Unschuld hingegen zielt auf den schlangenlosen Ort, nicht auf die Lockung des Paradieses. Doch damit zielt er zugleich auf die Auslöschung des Subjekts. Hier nun beginnen sich die Bilder zu verwirren. Denn die Ichlosigkeit des Lebens führt uns nicht einfach zurück an einen Ursprung, der mit der Unschuld des Seins zusammenfiele. In der Ichlosigkeit herrscht Finsternis – weder das Licht der Urschrift, noch das nachsinnende Gemurmel der Beterinnen hat dort seinen Ort –; und in der Finsternis der Ichlosigkeit ist das Böse keimhaft, „unschuldig", angelegt.

Nicht umsonst identifiziert der Mythos die Finsternis einerseits mit dem Bösen. Doch andererseits muss sich im unschuldig Bösen bereits eine Proto-Geistigkeit regen, eine minimale Bewusstheit, die zur Empfindung von Lust und Leid fähig ist. Demgegenüber will die Phantasie der Ichlosigkeit des Lebens, wie sie sich im Gedanken des Nirwana findet, noch eine Stufe weiter in die Tiefe hinabtauchen – nach dorthin, wo wir uns vollkommen jenseits von Gut und Böse befinden, jenseits von Schuld und Unschuld. Die Weltseele hat keine moralische Qualität. Das ist die Wahrheit ihrer „unbewussten Glückseligkeit": Sie ist allumfassend, allesdurchdringend und uns Fühlenden, Nachfühlenden, uns Mit- und Einfühlenden zugleich doch so unendlich fern wie das begrifflich unaufhellbare, dem Ich undurchdringliche, der Empfindung abgewandte reine *Faktum*, von dem wir geneigt sind zu sagen, es sei tot.

***

Irgendwann hat er es sich gedacht, und dann hat er es – den Vorwurf der Arroganz provozierend – auch irgendwo geschrieben. Er sei, so hat er gedacht und geschrieben, „Buddhismus-resistent". Was sollte ihm eine Religion bedeuten, deren höchste Durchformung die Vorstellung einer Weltseele mit sich führt, die unpersönlich bleibt?

Es haftet dieser abstrakten Wesenheit, die im Grunde allem zugrunde liegt, nichts Ethisches an. Sie ist frei vom Makel allen Leidens, freilich auch von aller Güte. Und deshalb auch ist der Weise in seiner höchsten kontemplativen Ausformung kein mitleidend Gütiger, sondern ein Makelloser. Nur so kann er sich vom Rad der Wiedergeburten erlösen, um mit der Weltseele, dem Welt-Einen zu verschmelzen. Das Problem: Die Weltseele hat kein Ich, kein Selbstbewusstsein. Wäre sie Gott und hätte sie teil an der *bloßen Möglichkeit des Leidens*, dann könnte sie sich jedenfalls *einfühlend vorstellen*, was das bedeutet: Leiden. Dann aber wäre sie auch gehalten, sich der leidenden Schöpfung mitleidig zuzuwenden. Doch das alles geht die Weltseele nichts an, und es darf sie nichts angehen, da sie freigehalten werden muss von der Verschmutzung durch das Bewusstsein, mit dem das Leiden ebenso einhergeht wie das zunächst noch unschuldig Böse.

Er hat nicht den Eindruck, als ob hier überhaupt von etwas die Rede wäre, was zu Recht beanspruchen dürfte, ein Sein zu haben. Er kann sich die Weltseele nicht anders vorstellen denn als eine Art Nichts, das heißt, als ein Nichts – das heißt: als nichts.

Zwar liegt sie allem zugrunde, doch zugleich scheint sie allem indifferent gegenüberzustehen. Kann man sagen, sie sei glücklich mit sich selbst, glücklich bei sich selbst? Das wäre schon abstoßend genug angesichts dessen, was sonst noch los ist auf der Welt, oder? Es kommt aber noch dazu (was in gewissem Sinne entschuldigend wirken mag), dass das Glück des Absoluten im Buddhismus auf der atheistischen Annahme der Unpersönlichkeit Gottes oder des Göttlichen beruht. Die Weltseele ist kein glückliches Subjekt, dem sein Glück zurechenbar wäre. Dieses Glück ist eine Form der Glückseligkeit, die niemandes Glückseligkeit ist.

Und so stellt er sich die unbewusste Glückseligkeit vor: als niemandes Glückseligkeit. Deshalb seine Resistenz. Natürlich weiß er, dass man über das Göttliche, das Absolute, das Letzte immer nur in paradoxen Bildern sprechen kann. Ist nicht die „unbewusste Glückseligkeit" so ein Bild? Gewiss. Aber gerade deshalb will es ihm nicht eingehen. Im Paradox des Glückseligseins, das „unbewusst" ist, wittert er eine abstoßende Form der Gleichgültigkeit allem Leiden, aber auch allem wahren *Glück gegenüber.*

Was könnte denn das paradoxe Bild einer Seele, die fugenlos im Glück verweilt, ohne sich dessen bewusst zu sein, anderes bedeuten, als dass das Göttliche gleichsam mit geschlossenen Augen in seiner Wonne verharrt? Es hat das Auge seines Ich fest verschlossen, und vielleicht ist es ihm überhaupt abhanden gekommen, etwa so, wie sich Organe, die im Lebenskampf nicht mehr benötigt werden, wieder zurückbilden, zum Beispiel die Augen eines Tieres, das gelernt hat, in ewiger Dunkelheit zu leben, unter der Erde oder am Grund der Tiefsee.

Aber das ist kein – wie immer auch paradoxes – Bild, das geeignet wäre, in uns die Sehnsucht nach dem Reich der reinen Unschuld wachzuhalten, nach dem wahrhaftigen Eden, wo das Glück eine uns unfassbare Qualität erhielte, indem es sich in wahre Glückseligkeit transformierte. Was soll man sich von einer Weltseele denken, die gleichsam zurücknimmt, was Adam und Eva im Paradies widerfährt: bei offenen Augen die Augen aufzuschlagen, ihrer selbst bewusst und dadurch freilich auch des Bösen innezuwerden, das mit der Schöpfung keimhaft einhergeht?

Die Rücknahme der ethischen Sensibilität, die zum notwendigen Inventar jeder göttlichen Sensibilität gehört (mag das Göttliche in seiner Freiheit über alles Ethische noch so erhaben sein), führt nicht zu jener Art von Glückseligkeit, die wir mit dem Gedanken des Erlöstseins vom Übel verbinden.

UM VOM ÜBEL ERLÖST ZU WERDEN, MUSS DAS ÜBEL SELBST ERLÖST WERDEN.

Es gibt keine Erlösung, solange es irgendwo noch ein Wesen gibt, das leidet, ja, mehr noch: ein Wesen, das leiden könnte! Es reicht nicht, vom Übel freigestellt zu sein, wie gnadenhalber auch immer. Jeder

Freistellung wohnt inne, dass sie eines Tages wieder zurückgenommen werden könnte. Das bloß stillgelegte Übel, und sei's das „hinweggenommene", ist zugleich das Übel *in virtu*. Stattdessen ginge es darum, dass nicht der Mensch vom Übel erlöst werde (womöglich ist er selbst das Übel, bis hinein in seinen Wesenskern), sondern darum, dass das Übel selbst erlöst wäre – erlöst davon, ein Übel zu sein.

Nicht Hinwegnahme des Übels allein brächte den Mechanismus, die Seuche des Bösen endgültig zum Stillstand; nein, es bedürfte einer Wandlung, eines das Herz der Dinge umschmelzenden Blitzstrahls. Entweder ist alles mit einem Schlage erlöst, oder das, was sich als Erlösung ausgibt, ist ein Trick der verhärteten Seele, die, um ihrer Glückseligkeit frönen zu können, ihre Augen vor aller Müh- und Trübsal fugenlos verschlossen hat, bis sie verkümmern: Nirwana-Augen.

Nein, er will mit dieser Art von Unschuld nichts zu tun haben. Und es ist ja auch keine Unschuld, so zu tun, als habe man sich über alles Moralische erhoben, indem man vor dem Jammertal, als welches die Welt dem Sehenden entgegentritt, die Augen verschließt; nicht, indem man einfach wegschaut (das wäre immerhin menschlich), sondern indem man in womöglich lebenslanger Meditation lernt, sein Sehvermögen für all das Böse, all das Leid der Welt zurückzubilden, so lange, bis man zu einem metaphysischen Maulwurf geworden ist, tief eingegraben im Himmel der Ichlosigkeit.

Nein, sagt er sich, nein, da kann von Unschuld gar keine Rede sein! Da handelt es sich um das bös Augenlose, um das dem Geist heillos Undurchdringliche. Was aber, so seine insistente Frage – die Frage des Verächters der unbewussten Glückseligkeit – würde so ein Leben noch von dem eines Steins unterscheiden? Ach ja, die Glückseligkeit. Doch die Glückseligkeit des Steins ist so gut oder so schlecht wie der Tod. Und die Erlösung vom Übel kann nicht darin gipfeln, dass das Übel sich von sich selbst erlöst, indem es die Einsamkeit des Lebens gegen die Negation des Lebens eintauscht.

***

Das Leben – die größte Einsamkeit? Das sind so metaphysische Grillen, oder? Ja, wir leben getrennt vom Ganzen. Wir sind aus der Geborgenheitsplazenta der Schöpfung herausgeschleudert, für immer exiliert, solange die Zeit währt. Und die Zeit währt lange. Das macht uns zu Verächtern der Schlange. Sie hat ihr Werk getan, nun mussten wir erkennen, dass wir getäuscht wurden. Wir sind nicht geworden wie Gott. Wir sind sterblich und dabei voller Scham. Wir sind voller Scham, nicht weil wir sterben müssen (am Terrain des Todes herrscht der reine, nackte Terror des Nicht-mehr-Seins), sondern weil wir leben müssen, wie wir leben: als Paradieses-Vertriebene, umhüllt von einer Schuld, der wir uns nicht entwinden können.

Und so versuchen wir, auszubrechen aus einem Urschatten, einem Primärleiden, aus der anfänglich gebrochenen Natur unseres Wesens. Wir beschwören die Fakten in der Hoffnung, im Faktischen unserer Schuld entgehen zu können: Wo wäre da, in den reinen positiven Tatsachen, aus denen der Naturalist die Welt aufbaut, noch ein Wert zu finden, noch eine Autorität, vor der wir uns, im wechselseitigen Anblick unserer Nacktheit, verstecken müßten?

Aber das Faktische ist nur Antlitzlosigkeit, ist das Augenlose und der Begriffsabhub, dem kein lebendiges Sein innewohnt, von dem sich sagen ließe, es sei der *Ort der Unschuld*. Also richtet sich die Anstrengung, dem unschuldig Bösen unseres einsamen Wesens zu entkommen, auf die sirenenhaften Verkörperungsformen des Nichts. Das ist, im weitesten Sinne des Wortes, der Nirwana-Komplex: „… denn es ist das Leben des Geschaffenen, sich aufzuzehren und zurückzusinken in die alte friedliche Nacht des ungeschaffenen Anfangs"[37].

Doch sirenenhafte Bilder wie die „friedliche Nacht des ungeschaffenen Anfangs" oder die „unbewusste Glückseligkeit" lenken unser Augenmerk in Richtungen, wo Leben, ja das ursprünglichste Leben, sich in seinem entspannten, von Gut und Böse unberührten und daher wahrhaft unschuldigen Sein ausbreitet: Es handelt sich um das Glück und den Frieden des Schlafes. Denn jeder glückliche, friedliche Schlaf birgt das Versprechen, in einen hellen, reinen Tag hinein aufzuwachen, in dem der dumpfe Schmerz einer uralten, im Sein vergrabenen Wunde sich aufgelöst haben wird. Indem jedoch unser Blick auf den „ungeschaffenen Anfang" schärfer, fokussierter wird, fallen die Schleier der bildhaft schönen, der seligen Ruhe ab und es tritt die Kälte der Abstraktion hervor: das Nichts.

Wir kultivieren die Bilder des friedlichen Todes als einer Geborgenheit, die uns umfangen hält, um unserer größten Einsamkeit – der Einsamkeit unseres aus dem Ganzen herausgesprengten Lebens – zu entkommen, freilich, wie wir im Geheimen stets wissen, nur kraft unserer Einbildung. Wir machen uns selbst glauben, im Todesschlaf, der es ein für alle Mal gestattet, im Schoß der Schöpfung auszuruhen, würde uns das Leben erst zurückgegeben werden.

Doch dieser Schlaf, dieser ewige Schlaf – was ist er, so wispert die Stimme der Schlange in uns, wenn nicht ein schöner Traum, nicht mehr?

Schlag die Augen auf, schau hin! Was siehst du? Schau auf den Tod, von außen, von innen. Von außen siehst du ein Faktum, einen bedeutungslosen Haufen toter Organe. Und von innen her, den Tod als den je eigenen Tod gesehen, was siehst du da? Gib's zu (wende deinen Blick nicht ab und um zu den mythischen Bildern der ewigen Ruhe!): Du siehst nichts. Und was immer du auch denken magst als denkendes Wesen mit zergliederndem Verstand, wie immer auch abweisend du dich verhalten magst gegen die Idee des Nichts – diese offensichtlich sinnlose Prägung –, du wirst (so wie man aus den Augenwinkeln ein Unvermeidliches ahnt, mehr ahnt als sieht) nicht umhin können, den Tod als das Nichts zu ahnen. Wo dir soeben noch ein lebendiger Schlaf vorschwebte, quasi kugelförmig, ein Ruhekokon ohne Verpuppungsnot, ohne Schlüpfzwang, da ist nun gleichsam ein schwarzes Loch, das dich lautlos aufzulösen droht.

Und hat die Schlange nicht recht? Ist es nicht das, was wir am meisten fürchten, nämlich die Wahrheit unserer Existenz? Aus der größten Einsamkeit – der Einsamkeit unseres aus dem Schöpfungsganzen herausvergeistigten, herausreflektierten Lebens – werden wir Sterblichen nicht in das Ganze wieder sanft aufgenommen. Wir werden nicht geborgen, sondern dem Undenkbaren überantwortet: dem Nichts.

Das ist die Pointe der Aufklärung, zu der wir hier verführt werden. Das Nichts ist bloß ein Wort, gewiss. Es ist das paradoxeste aller Wörter, das den paradoxesten aller Zustände bezeichnet. Vom Nichts zu sagen, dass es sei, würde bedeuten, aus dem Nichts begrifflich ein Etwas zu fabrizieren, dessen Wesen es wäre, nicht zu sein. So funktioniert das kleine Hexeneinmaleins des Nichts, von dem die kühlen philosophischen Geister behaupten, es sei kindisches Papperlapapp. Nicht der Rede wert.

Und doch, und doch: Der menschliche Geist kann nicht umhin, sich das Seiende, die Schöpfung, die Welt als ein Ganzes zu denken: als das Ganze des Seienden. Der Geist neigt dazu (das eben ist sein objektivierendes, sein ab- und ausgrenzendes Wesen), das Ganze als ein Sich-Abhebendes vorzustellen: Das Licht hebt sich vom Dunkel ab, der Vordergrund hebt sich vom Hintergrund ab. Und der Hintergrund, von dem sich das Ganze abhebt, um ins Sein treten zu können: Was könnte dieser allerdunkelste Hintergrund sein? Es ist, als ob sich etwas um- und umwälzte, ein Albtraum ohne Substanz. Es ist der Albtraum des Ganzen, ein *flatus vocis*, gleich einem wüsten Gemurmel im Leeren, der das Ganze erst seiend sein lässt, und sein Name ist das Gegenspiel, die Negation von *ullus*, nämlich *nullus*, nämlich Nichts.

Und wieder die Frage, die sich andernorts, im Hinblick auf das Verhältnis zwischen dem Guten und dem Bösen, schon stellte: Ist es etwa das Nichts, das dem Sein zugrunde liegt? Nein, antwortet der Verstand, der sich noch nicht im Delirium verloren hat, bloß, um sich, wie es scheint, dem Delirium zu überantworten: Es ist vielmehr das Sein, welches das Nichts als die Bedingung seiner Möglichkeit – der Möglichkeit von Sein überhaupt – in sich enthält. Das Nichts keimt im Sein auf, und erst in dem Moment, in dem das Sein sich vor dem unfassbaren Hintergrund des Nichts zu denken beginnt, hebt sich das Sein sich selbst entgegen, *wird seiend*, und erst in diesem zeitlosen Moment beginnt die Schöpfung.

Ist das Nichts der treibende Grund aller Entzweiung? Und ist die Schlange etwa die Paradieses-Verkörperung des – Nichts? Das sind Fragen des begriffsdelirierenden Verstandes, der vor seinem schlimmsten Albtraum erstarrt: Ist die Möglichkeit allen Seins, insofern sie das Nichts ist, zugleich der Tod? Ist der Tod der Meister des Lebens? Ja, wir sind im Leben vom Tod umfangen, aber doch nicht derart, dass das Leben aus dem Tod sich selbst erst entgegenwachsen müsste, um zu sein, oder? Was wären wir andernfalls denn, wenn nicht Lebendtote, Zombies in einer Schöpfung, die sich dem Tod verdankt? Eine Frage, keine Antwort.

***

„*Was machst du hier?*" – *Ich philosophiere, das heißt, ich übe mich im Blindsehen ...*

Wir sind zu weit gegangen. Wir haben uns hinaustragen lassen, nach dorthin, wo der Verstand auf dem Meer der Metaphysik, wie irr und tatsächlich irr um die Absolutbegriffe kreiselnd, an den äußersten Rändern des Fassbaren abstürzt, hinein in die Katarakte des Wahnsinns. Alles scheint sich in alles zu fügen, der Tod, das Nichts, das Böse, und nichts passt am Ende mehr zusammen.

Wir wollten von der Schuld reden, die das Leben *ist*. Und wir phantasierten den Tod als die Rücknahme dieser unserer Lebensschuld. Wir machten gute Todesstimmung: Ist nicht der Tod die Unschuld, nach der wir uns immer sehnten, seitdem Mann und Männin begriffen, dass sie schuldig sind?

So fragten wir, und nun sind wir immerhin an *ein* Ende gekommen: Der Tod ist nicht die Unschuld, zu der wir begnadet, erlöst werden möchten. Der Tod ist der Tod. Und die metaphysiktrunkene Auswickelung dieser Tautologie (lautlose Bewegung der Schlange, die sich in das Dunkel des verbotenen Baumes zurücksinken lässt) ist der Albtraum des Lebens: der Zombiealbtraum.

Dieser Albtraum kennt, sich fort- und fortträumend, nur *ein* Erwachen: den augenlosen Augenaufschlag, hinein in das begriffsopake Faktum, das den Namen „Nichts" trägt. Das ist der Tod. Wir aber leben und die Sehnsucht in uns allen hört nicht auf, blind nach der Unschuld zu fragen.

8. Das Leben einbläuen

Kein Zweifel, die Unschuld liegt am Kreuzungspunkt vieler Verwechslungen, Umbesetzungen, Kontaminationen; nein, mehr noch, radikaler, sie ist dieser Kreuzungspunkt im Leben einer jeden Kultur. Sie ist der Keim, das Licht und der Tod. Sie das erlöste Übel. Sie ist die Unschuld vom Lande und die mörderische Anti-Männin in der Amazonenphantasie.

Niemand soll unschuldig sein dürfen. Wehe, einer spränge – wie das Kafka nannte – aus der Totschlägerreihe heraus. Alle müssen teilhaben an der Gewalt des Lebens. Und wenn am Horizont ein Wesen auftaucht, ein Idiot, eine Idiotin, die reinen Herzens ist, dann wird man ihr das Leben einbläuen. Oder sollte man besser sagen: Es ist das Leben selbst, das sich ihnen einbläut, manchmal gefühllos, bewusstlos, „mechanisch", manchmal aber auch mit Lust ohne Erbarmen, ja mit sadistischer Lust an der Verderbnis des Naiven, Zarten, Unbefleckten.

Doch was ist es denn, wogegen sich die Mechanik, die Wut, die Zerstörungslust des Lebens richtet? Was ist es, das Anlass zur Vernichtung jener sprachlos hellen Lockung eines *anderen* Lebens gibt, eines Lebens jenseits der Totschlägerreihe, in dessen Zentrum die *Unschuld des reinen Herzens* stünde?

Oder ist die Frage etwa schlecht gestellt? Gibt es diese Art von Gegnerschaft ohnehin nur als gebrochene, entlang einer brüchigen Linie ohne klare Frontstellung? Ist denn nicht für jeden, der mit der großen abendländisch-christlichen Tradition vertraut ist, ohne weiteres einsichtig, dass die „Unschuld des Herzens" vieles meint, auch manches, was sich nicht zusammenreimt, Dummes und Weises, Närrisches und Heiliges?

Das Mittelalter kennt den *tumben toren*, wie er, gegen Ende des 12. Jahrhunderts, im großen Parzival-Epos verkörpert wird. In dieser Figur der Dichtungen von Chrétien de Troyes und Wolfram von Eschenbach (gest. 1220) überschneiden sich zwei Motive, die dennoch seltsam intim aufeinander bezogen bleiben: Erziehung zum Menschen der Konvention und Unkorrumpierbarkeit des reinen Herzens. Parzival wird von seiner Mutter Herzeloyde, nach deren kurzer, unglücklicher Liebe zum edlen Gahmuret, absichtlich als ein Unwissender erzogen, fern des Hofes, ohne Kenntnis der eigenen ritterlichen Abstammung. Als er, der junge Mann, schließlich das Abenteuer sucht, namentlich jenes, das ihn zur Tafelrunde des König Artus führen soll, da kleidet ihn die Mutter wie einen Narren und gibt ihm närrische Ratschläge mit auf den Weg. Das alles nimmt Parzival für bare Münze: Weil ihm der Gedanke an List fern ist (zumal die List einer Mutter), denkt er, so eben verhalte sich der weltläufige Mann.

Die Folge dieses Irrtums ist das Narrentum des jungen Parzival, das ihn, den schönen, wagemutigen Jüngling nicht daran hindert, den Artus-Hof zu erreichen. Bereits äußerlich durch Taten und Erziehung zum Ritter geworden, zeigt sich dann aber in der tragischen Episode auf der Gralsburg ein Defizit der „Herzensbildung", die Parzival jenseits konventioneller Benimmformalitäten erst als wahren Ritter hätte ausweisen sollen. Obwohl ihn die Burggesellschaft gastlich aufnimmt, hält er es aus angelernter Konventionalität für unnötig und unangebracht, sich mitleidig nach der schweren Erkrankung des Burgherrn Anfortas (bei Wagner: Amfortas) zu erkundigen. Es wäre aber gerade diese Mitleidsfrage gewesen, die den siechen König von seinem Leiden hätte erlösen können. Die Strafe für Parzival ist eine Verfluchung, deren Bann er sich durch zahlreiche, mühevolle Abenteuer entwinden muss.

Ohne die Äußerlichkeiten der mit märchenhaften Elementen durchwirkten Geschichte als nebensächlich abtun zu wollen, begegnet uns im Gralsritter Parzival doch eine Gestalt, die im Wesen unkorrumpierbar bleibt. Das eben ist Ausdruck einer „Unschuld des Herzens", die kein wahrhaft guter und, in reifen Jahren, gerechter Mann und Herrscher verraten darf. Aber es wird im Epos auch dargetan, dass die Unschuld allein nicht reicht. Sie führt, ohne entsprechende Bildung und ohne Wissen um die Konventionen des Standes, zur Narretei. Wird allerdings dem Anstand zu viel an Bedeutung beigemessen – bei Parzival eine Folge der Erziehung durch Gurnemanz, der seinem Schüler einschärft, niemals unnötige Fragen zu stellen –, dann wird der Ruf des unschuldigen Herzens unterdrückt. Und das ist dann, als ob die Welt aus den Fugen geriete. Heilung vom Übel, Wiedergutmachung kann nicht mehr im Regelwerk der Konvention stattfinden, und jenen, der den Ruf seines Herzens unterdrückte, treffen die schrecklichsten Flüche.

Es ließe sich also sagen, dass auch Parzival das „Leben" eingebläut wurde. Aber es handelt sich um ein edles, ritterliches Leben, das aus dem *tumben toren* erst einen vollwertigen Menschen macht, einen gesitteten, wohlunterrichteten Mann, der es wert ist, in die Tafelrunde der Gralswächter aufgenommen zu werden. Gleichzeitig bleibt die Herzensreinheit des Parzival – in Wahrheit sein paradiesisches Erbe vom Baum des Lebens – am Ende unbeschädigt. Erst diese beiden Elemente zusammen, in ihrer Wechselwirkung, formieren sich zum Ideal des Parzival'schen Ritters. Und weil dieses Ritterdasein durch die Tafelrunde seine Vollendung findet, bekommt der Leser den Eindruck, dass, über alle kindischen Wunderepisoden und Haudrauf-Geschichten des wackeren Ritterlebens hinweg, die Vertreibung aus dem Paradies zwar äußerlich stattgefunden hat, aber dennoch der Ort zeitlos gegenwärtig ist, nach dem wir uns, als unserer Urheimat, sehnen.

Dafür steht das Symbol des Grals, also jenes – nach christlicher Legende – von den Gralsrittern behüteten Kelchs, aus welchem Jesus mit seinen Jüngern beim letzten Abendmahl getrunken und worin Josef von Arimathäa die Blutstropfen des gekreuzigten Heilands aufgefangen hat. Was immer uns das Leben einbläuen mag, es bleibt jener sehnsuchtstrunkene Raum einer Freiheit, für die der Name „Unschuld" steht. Die Atmosphäre verändert sich indessen, sobald wir uns der Geschichte des „Ritters von der traurigen Gestalt" zuwenden, die zu Beginn des 16. Jahrhunderts erscheint, also in einer Epoche, in welcher zwar die Ritterromane florieren, aber das Rittertum seine reale Bedeutung längst verloren hat.

Alonso „Don" Quichotte, ein kleiner Landadeliger aus der spanischen Mancha, ist in gewissem Sinne *tatsächlich* ein Narr. Er hat alle Ritterromane seiner Zeit verschlungen und er hat sie alle – Zeichen seiner Idiotie – für wahr gehalten. Jetzt will er selber Ritter sein. Mit Pferd und Diener bricht er auf, zu Ehren eines Bauernmädchens, das er in seiner Jugend verehrte und das nun, in seiner Phantasie, unter dem Namen „Dulcinea" zu seiner adeligen Herrin wird. Sie liebt er abgöttisch, ihr zuliebe will er lebensgefährliche Abenteuer glorreich bestreiten. So kommt es, dass er zum Gaudium seiner Umgebung (und seiner Leser) gegen Hammelherden kämpft, die er für feindliche Heere hält, und sogar gegen die sprichwörtlich gewordenen Windmühlenflügel anreitet, die, obwohl als Riesen phantasiert, dem wackeren Mann dennoch keine Angst einzujagen vermögen.

Der Don Quichotte des Miguel des Cervantes ist ein Narr, dessen erstaunliche Robustheit sich darin zeigt, dass ihm das Leben bis knapp vor seinem Tod keinen Realitätssinn einzubläuen vermag. Im ersten Teil des Romans wird Don Quichotte in einem Ochsenkarren nach Hause zurückgebracht. Im zweiten Teil stirbt der entkräftete, dem tödlichen Fieber überantwortete Ritter von der traurigen Gestalt, und zwar mit der niederschmetternden Erkenntnis, dass die Ritterbücher nichts als Unsinn verbreiteten und daher verwerflich seien. Der Mann von La Mancha erkennt nach dem Willen seines ungnädigen Autors am Ende, so scheint es, die Sinnlosigkeit seines Lebens, das von einem irrwitzigen Ideal beherrscht war.

Doch das literarische, dramatische und musikalische Weiterleben der Figur beweist, dass ihr ein existenzieller Überschuss innewohnt, mit dem Cervantes vermutlich gar nicht rechnete. Einmal abgesehen von dem „didaktischen" und daher grausamen Ende des zweiten Teils, besteht die fortwährende Faszination des Don Quichotte gewiss nicht darin, dass er ein lebensfremder Narr ist, ein Provinzidiot der Lektüre von schlechten Ritterromanen. Idioten gibt es genug. Man weiß nicht, was schneller vergessen wird: ihre Narretei oder sie selbst.

Nein, mit Don Quichotte hat es eine besondere Bewandtnis. Denn da ist erstens sein Lebensmotiv, und dieses Motiv ist auf eine vollkommene Weise edel: die Liebe zu einem Bauernmädchen, das zu *seiner* Angebeteten, seiner Dulcinea wird. Don Quichottes Liebe ist unbedingt und unsterblich. Sie ist heilig, obwohl – und gerade weil – das Bauernmädchen, vielleicht ein Trampel, vielleicht auch keiner, in der Geschichte selbst gar nie in Erscheinung tritt.

Und da ist, basierend auf der reinen Liebe Don Quichottes, dessen Idee vom Rittertum – ein ebenso untadeliges Ideal des guten Lebens. Das eine Motiv ist ohne das andere nicht denkbar. Und erst beide Motive zusammen künden, aus dem Romanschund emporgehoben in die Sphäre des Erhabenen, durch alle noch so lächerlichen Abenteuer hindurch, von der Unschuld eines Herzens und seiner reinen Passion.

Was die Nachwelt am Ritter von der traurigen Gestalt bewegt, ist gerade dies: *Er zieht ins Leben, ohne sich vom Leben etwas einbläuen zu lassen.* Denn das Leben, das sein *wahres* Leben ist, nützt die äußere Szenerie, um sich – wie lächerlich auch immer, und wenn auch auf dem Weg zum Ochsenkarren – *bewähren* zu können. Das wahre Leben des Don Quichotte ist die Sehnsucht nach einer Heimat, die zu suchen man nicht müde werden darf. Ihr Symbol, das Paradieses-Symbol, trägt im Roman einen Namen, dessen ursprünglich komischer Klang seither für viele Generationen von Lesern und Hörern den Klang eines noch unerfüllten Versprechens angenommen hat: Dulcinea.

Parzivals Unschuld des Herzens, könnte man sagen, ist eine Tugend, ja eine Tugend mit Erlösungshorizont, vorausgesetzt, sie wird durch die Sittlichkeit der Konvention „sozialisiert". Reinheit und Gesittung erst machen, sobald sie eine produktive Einheit bilden, den Gralsritter aus, das heißt, die höchste, edelste Form des ritterlichen Menschtums. Parzival ist anfangs närrisch aufgrund der Erziehungsdiät, die ihm von seiner Mutter verordnet wird, nicht, weil er seinem Wesen nach ein Narr wäre. Das ändert sich bei Don Quichotte. Doch obwohl dessen Geschichte einer belehrenden Plattheit Vorschub leistet, nämlich jener vom verderblichen Einfluss einer gewissen Art bramarbasierender Literatur, dem literarischen Ritterschund, befördert er einen anderen Schluss: Die Ritterromane hätten ohne das – um einen modernen Ausdruck zu bemühen – „romantische" Wesen des Don Quichotte, der an die reine, ewige, unabdingbare Liebe zu einer Frau glaubt, nicht jene Flamme des Herzens auflodern lassen können, die den Angsthasen aus La Mancha couragiert gegen Windmühlenflügel kämpfen lässt.

Don Quichotte *ist* ein Narr, weil sein Herz *rein* ist. Darin liegt das Geheimnis seiner Unsterblichkeit. Denn während das Publikum aus vollem Halse lacht, wenn er den Einbläuungskünsten des Lebens gegenüber unbelehrbar bleibt – eben ein Narr! –, empfindet es gerade deshalb auch tiefe Sympathie für diesen unmöglichen Menschen. Sein Handeln und Sehnen sind Ausdruck einer reinen Seele. Was immer er tut, und sei es vom Standpunkt des gesunden Menschenverstandes aus noch so abwegig: Er tut nichts aus Berechnung, niedriger Absicht oder einfach deshalb, weil „man" es tut. Mehr noch, er tut es nicht einmal deshalb, weil man es als Ritter *faktisch* so tut – es sei denn, Ritterlichkeit wäre eine Haltung, die zu verkörpern einem *natürlich* ist, also gar kein mögliches Motiv, sondern, noch vor aller Pragmatik des Lebens, Ausdruck eines idealen Wesens, einer schönen kindlichen Seele.

Auch Dostojewskis *Idiot* (1868/69), ein an epileptischen Anfällen leidender Fürst namens Myschkin, wird von einer der Figuren des Romans, Aglaja Iwanowna, einmal als „armer Ritter" bezeichnet – womit kein anderer gemeint ist als Don Quichotte. Doch bei Dostojewski finden zwei gegenläufige, dialektisch aufeinander bezogene Radikalisierungen statt:

Zum einen ist Myschkin sogar im klinischen Sinne psychisch krank. Er leidet an einer Form der Epilepsie, dem „Veitstanz" (heute: Chorea Huntington), was für den Gang der Ereignisse eine gleichnishafte Bedeutung hat. Denn seit alters her galt die Epilepsie wegen der Spezifik ihrer dramatischen Symptome als „heilige Krankheit", *morbus sacer*. Man dachte, der Kranke werde von einer göttlichen Macht erfüllt, nicht zuletzt die Bekehrung des Saulus zum Paulus wurde immer wieder auf einen epileptischen Anfall zurückgeführt. (Allerdings ließ sich die epileptische „Besessenheit" nie eindeutig der guten göttlichen Sphäre zuordnen; auch die Inbesitznahme durch einen bösen Dämon konnte sich derart äußern.)

Zum anderen jedoch ist Myschkin ganz und gar kein Narr im Sinne des Don Quichotte. Er ist gebildet. Er ist zu tiefer Einfühlung in die reale Leidensverfasstheit anderer Menschen fähig. Und er löst bei anderen Menschen Gefühle aus, die sonst nur einem „Heiligen" entgegengebracht werden: Ihm gegenüber öffnet man sich ohne falsche Scham, zugleich fühlt man sich minderwertig, hässlich wegen der eigenen, oft niedrigen Antriebe. Frauen werden in Gegenwart Myschkins von einer unkontrollierbaren Liebe durchströmt, deren körperliche Unerfüllbarkeit von vornherein feststeht.

Bei Myschkin finden sich, wundersam ausgeprägt, Unschuld, Zartheit und Sanftmut, lauter Eigenschaften, die ihn in eine, von Dostojewski beabsichtigte, Nähe zur überlieferten Jesus-Gestalt rücken. Es ist, als ob der Autor dem Leser bedeuten wollte – und er wollte es –: Wenn Jesus hierorts noch einmal erschiene, dann könnte er glaubhaft nicht als Gott in Erscheinung treten oder als König welchen Reiches auch immer; dann müsste er ungefähr so sein wie Myschkin. Einer, der nicht gegen sein Schicksal aufbegehrt; zugleich ein Mensch, dem der Sinn für das Böse fehlt, das jene tun, die „realitätstüchtig" genug sind, dem aber wohl das Mitleid eignet, welches fähig macht, sogar im Bösen den Ausdruck eines Leidens zu sehen – des Leidens, nicht gut sein zu können.

Ein solcher Mensch hat auf dieser Welt nichts verloren. Er wird aus ihr hinausgequält. Am Schluss wird er nur noch vor sich hindämmern. Die Wirrnis und Qual seines überanstrengten Gemüts hat sich über dem Licht in seinem Inneren, seinem reinen Herzen, geschlossen. Erst jetzt wird die Umwelt zur vollen Wahrnehmung des ihr widerfahrenen Verlusts fähig: „Da war einer, der zu gut war." Doch nun ist es zu spät. Immerhin: Myschkin wurde nicht ans Kreuz geschlagen; er wurde nicht von der Hetzmeute derer, welche die Witterung der Unschuld aufgenommen hatten, zu Tode gejagt. Er wurde geliebt und verehrt. Dennoch durfte die Unschuld nicht triumphieren. Es war ihr bloß vergönnt, sich als das Einzigartige, das für immer verloren ging, der Umwelt, die bis zu Myschkins Tod hysterisch mit sich selbst beschäftigt war, zu offenbaren: „Da war einer, der gut war."

***

Der Hohn über die sprichwörtliche Unschuld vom Lande ist, obwohl brutal genug, so ziemlich die harmloseste Variante der „Lebenseinbläuung", einer Bösartigkeit, die wir mit Inbrunst betreiben, um den anderen auf unser Niveau herabzubringen: Auch du bist einer von uns! So werden wir uns erträglich. So lenken wir uns von uns selber ab.

Ursprünglich ist die „Unschuld vom Lande" eine Gesellschaftskomödie aus dem Jahre 1675, ihr originaler Titel: *The Country Wife*. Ihr

Autor ist der ansonsten wenig bedeutsame William Wicherley. Da es sich dabei um eine der sogenannten Restaurationskomödien handelt, die – nach einer Periode der Prüderie und des Theaterverbots – unter der Regentschaft Charles II. sexuelle Themen auf eine freizügige, laszive und gleichzeitig ironische Weise abhandelten, ist die Unschuld vom Lande nicht wirklich eine. Sie, die sich mit einem Städter verheiratet hat (übrigens einem, der nach manch eigener Lebensturbulenz Ruhe am Lande sucht), nimmt eine Reise in das sündige London zum Anlass, den Kitzel des außerehelichen Geschlechtsverkehrs ohne nennenswerte seelische Wirrnis zu genießen.

Demgegenüber steckt hinter dem Motiv der Unschuld vom Lande, wie es sprichwörtlich geworden ist, eine andere Art von Erzählung, eine brutale, sadistische Phantasie:

Ach, das arme Kind in seiner Trampelhaftigkeit. Es hält den Umstand, dass es ein Trampel ist – ein Umstand, von dem es noch nicht einmal weiß –, für die natürliche Art, sich im Leben zu positionieren. Und deshalb lebt die Unschuld vom Lande ohne die geringste Ahnung, was es heißt, *wirklich* zu leben. Erzogen in der Vorstellung, dass die Welt eng und klein ist (am geräumigsten ist die Hölle) und, solange die Verhältnisse noch im Lot sind, immer ein wenig nach Schweinekoben riecht: Mit dieser Vorstellung geht jene Unschuld durchs Leben und würde nicht im Traum danach fragen, ob der Kinderglaube, der ihr eingetrichtert wurde, etwa ein Bauerntölpelglaube sei.

Nein, Derartiges fragt sich unsere Unschuld nicht, denn sie glaubt ja zu wissen, wie man dem lieben Gott dient, wenn schon nicht wochentags, so doch sonntags, indem man beichtet, die Heilige Messe besucht, das Gotteslob singt, den Rosenkranz betet … Ach, und nun sind eines Tages die Eltern vollends siech geworden oder gestorben, die Verwandten verblödet oder gefühllos, der armselige Familienbesitz unter den Hammer gekommen oder verrottet, und deshalb muss das Kind schließlich in die große sündige Stadt.

Die Unschuld vom Lande kommt also nach dorthin, wo sich das wirkliche Leben abspielt. Von der lieben Mutter hat man gelernt, dass der wertvollste Besitz eines Menschen seine unsterbliche Seele ist, und dass, wenn die Seele in den Himmel kommen will, statt ewig in der Hölle zu brennen, die Unschuld auf alle Fälle darauf achten muss, ihre Unschuld nicht zu verlieren. Und nun ein mehrfaches Ach: Denn akkurat so ein trampelhaftes Keuschheitsfaible macht den urbanen Lüstling erst richtig scharf.

Nichts spitzt ihn mehr an als die Vorstellung, einem dummen, abergläubischen Kind den Schmonzes von der wahren, ewigen, unsterblichen Liebe aufzutischen, um es dann, wenn das Blut der Unschuld erst in romantische Wallung geraten ist, ins Bett der Sünde zu locken. Die Unschuld muss auf alle Fälle dran glauben. Dabei macht den Lüstling nicht die Aussicht auf den Beischlaf als solchen scharf. Im Gegenteil. Was weiß denn das unerfahrene Kind schon von den „Freuden der Sinnlichkeit"? (Es ließe sich regelrecht argumentieren, der Lüstling tue bloß seine Schuldigkeit, wenn er sich an der Unschuld stimulierend zu schaffen macht.)

Nein, was die Geilheit des Lüstlings anstachelt, ist vielmehr der berechenbare Umstand, dass dieses unschuldige Fleisch, wie es gottergeben und schon reichlich erhitzt unter ihm daliegt, gleich beschmutzt und für immer verdorben sein wird. Es wird dann sein wie alles Fleisch hier in dieser großen bösen Stadt, die wie der große böse Wolf alle Rotkäppchen verschlingt, um sie wieder auszuspeien. In der realen Welt nennt man das „sitzen lassen" (und in der realen Welt wird der Wolf nicht aufgeschnitten und das Rotkäppchen samt seiner Großmutter vom guten Jäger nicht befreit).

Die sitzen gelassene Unschuld vom Lande muss sich, der Schande preisgegeben, nun durchs Leben bringen. Nach Hause, zu den Bauerntölpeln, kann sie nicht zurück. Soll sie ins Kloster gehen? Auf den Strich? Oder ist sie schlau genug, statt im Rinnstein zu enden, sich einen armen Idioten von Mann aufzugabeln, der mit ihr mehr Mitleid hat als mit sich selber …?

Es gibt unzählige Geschichten über die gefallene Unschuld vom Lande. Und ob sie nun rührselig erzählt werden oder mit jenem verhaltenen Revanchismus, der an allem Reinen den Makel der Bigotterie zu entdecken glaubt, stets schwingt eine untergründige Genugtuung mit: Warum soll jemand entkommen, und noch dazu am empfindlichsten Punkt – dem seiner sexuellen Reinheit, deren Beschmutzung unser aller Los ist seit der Vertreibung aus dem Paradies? Und nicht nur das: Die Frau, die im Zustand der Reinheit verharrt, bedroht das Leben mit der Kälte, der Unfruchtbarkeit ihres Schoßes.

Deshalb muss ihr das Leben eingebläut werden.

Aber sind die, die so reden, sich dessen bewusst, dass es womöglich gar nicht sie selbst sind, die da schwadronieren? Dass es vielmehr in ihnen redet? *Es*: das Leben. Das klingt mystifizierend, doch nur für solche Ohren, die nicht hören können oder wollen. Denn was der Unhold dem Mädchen antut, indem er es zur „Unschuld vom Lande" herabwürdigt, um es ohne Gewissensbisse und mit dem Sadismus des geübten Unschuldsräubers entjungfern zu können, kommt aus einer Tiefe, die ans Dämonische rührt.

Wenn die Unschuld, wie im Christentum, mit der Keuschheut beginnt und endet, dann ist das ein Anschlag auf das Leben selbst. So haben es die großen Kritiker des Christentums bis hin zu Nietzsche gesehen. Und ist der Libertin nicht bloß der verkommene Exekutor dieser Sichtweise? Ihn interessiert das Leben als etwas, das sich vermehren möchte, nur insofern, als er sich gegen die Folgen einer ungewollten Schwangerschaft (und jede Schwangerschaft aus seinem Samen wäre ungewollt) zu schützen wünscht. Ihm geht es einzig und allein um die der Unschuld abpressbare Lust.

Aber was ist das für ein Leben, welches der Unschuld eingebläut wird mit der Absicht und dem Ergebnis, die Unschuld zu vernichten? Dagegen ließe sich natürlich fragen: Was ist denn das für eine Unschuld, der das Leben erst eingebläut werden muss? Wie konnte es dazu kommen, dass die Liebe des Fleisches, sobald sie frei erblühen möchte, als Todsünde gebrandmarkt wird? Als List des Teufels, sich die Sündigen für die Hölle herzurichten? Warum müssen Mann und Frau sich erst vor Gott ewige Treue schwören, um dann, im dunklen Zimmer, mit dem gebührenden Anstand einander „erkennen" zu dürfen? Da helfen alle historischen und sonstigen Erklärungen immer nur ein Stück weit. Was immer die wahre Form der Unschuld sein mag (und möglicherweise ist sie ja in Begriffen gar nicht recht zu erfassen): Sofern es in den großen Offenbarungsreligionen ein zentrales Symbol der Unschuld gibt, dann ist es immer nur die sexuelle Reinheit, namentlich jene der Frau.

Davon handelt der Paradieses-Mythos, wenn gesagt wird, dass Mann und Männin, nachdem ihnen durch den Genuss der verbotenen Frucht die Augen für Gut und Böse aufgegangen waren, als Adam und Eva ihre Scham voreinander zu bedecken suchten. So gesehen ist das zölibatäre Leben der Nonnen und Priester ein später Nachhall des Versuchs, die eigene Scham zu bedecken. Aber was ist es denn, was da bedeckt werden soll, wenn nicht das Leben selbst, das heißt, seine Kraft, sich aus sich selbst heraus zu erneuern, und zwar durch die fleischliche Vereinigung der Geschlechter?

Die Vertreibung aus dem Paradies ist daher keineswegs nur ein Verlust, sondern auch ein Geschenk. Jetzt erst wird Adam und Eva das Leben wirklich geschenkt. Es wird ihnen geschenkt, indem es ihnen eingebläut wird. Sie werden, als aus dem Garten Eden Vertriebene, nicht keusch auf Erden wandeln. *Das* wäre eine Todsünde gegen das Leben! Und so wird Eva unter Schmerzen die Nachkommen gebären, die dem Samen Adams entspringen.

***

Und doch, und doch: Es wird etwas bleiben, ein unerfüllter Rest durch alle tiefempfundene Liebe hindurch. Es wird bleiben die Sehnsucht nach der verlorenen Unschuld, die doch schon von Anfang an verdorben war. Es wird die Sehnsucht nach einer Unschuld bleiben, die nicht wie die erste, die verlorene, zwischen dem Baum der Erkenntnis und dem des Lebens zerrieben werden müsste.

Diese zweite, unnennbare Unschuld ist es, der die Sehnsucht in uns allen gilt. Sie ist unnennbar und hat doch einen Namen: nicht „Erlösung vom Übel", sondern „Erlösung des Übels von sich selbst".

9. Das unschuldig Böse

Niemand, so lautet die ethische Gleichung, kann gleichzeitig unschuldig und böse sein. Böse handelt nur jener Mensch, der in der Lage ist, schuldig zu werden. Um aber schuldig zu werden, sind zwei Voraussetzungen unabdingbar: Erstens ein Wissen darum, was böse ist und was nicht, und zweitens die Freiheit, sich für oder gegen das Böse zu entscheiden.

Dieser Standpunkt, der unseren moralischen Alltag fundiert – und nicht nur unseren Alltag, sondern auch unser Recht –, ist heute einer ständigen Irritation ausgesetzt. Die Hirnforschung scheint mehr und mehr Indizien zusammenzutragen, die alle in dieselbe Richtung deuten: Unsere Freiheit ist eine Illusion. Die Gewissheit, dass wir auch anders handeln könnten (oder anders handeln hätten können), ist evolutionsgeschichtlich fundiert und daher in unseren Genen fix verankert. Diese Gewissheit lässt sich nicht abstreifen. Das bedeutet zugleich, dass unsere Freiheitsevidenz von unserem Gehirn „produziert" wird, welches im Übrigen *alle* unsere Handlungen steuert – und viele eben auf raffinierte Weise dadurch, dass es uns die Gewissheit vermittelt, wir würden gerade *nicht* von unserem Gehirn gesteuert (dessen Funktionsweise wir vielleicht gar nicht kennen), sondern wir seien es selbst, die sich dafür entscheiden, so oder anders zu handeln.

Ohne Zweifel besteht ein wesentlicher Unterschied zwischen der Freiheit als Tatsache und der Freiheit als Illusion. Wenn unsere Freiheit bloß eine Illusion ist, dann ist es in einem substanziellen Sinne falsch, dass wir jemals anders handeln könnten, als wir handeln. Wahr ist dann vielmehr, dass wir in dem, was wir tun, stets durch unser Gehirn determiniert sind. Aber dann verlieren auch Begriffe wie „Verantwortlichkeit" und „Schuld" ihren Sinn, sofern es sich dabei um *moralische* Konzepte handelt. Denn *Organe*, wie komplex auch immer, sind niemals für irgendetwas verantwortlich, sie tragen für nichts eine Schuld. Verantwortlich für das, was sie tun, sind ausschließlich *Personen*, vorausgesetzt, es handelt sich zugleich um moralische Subjekte. Dazu müssen sie jedoch in dem, was sie tun und lassen, frei sein.

Aber sind wir jemals frei und daher moralische Subjekte? Unter einer hirnfundamentalistischen Perspektive lautet die Antwort: Nein. Wir sind demnach bloß Quasi-Personen, die sich gefühlsmäßig über ihren objektiven Status täuschen. Daraus folgt ohne weiteres, dass mein Handeln zwar andere verletzen mag, mir aber niemals schuldhaft zugerechnet werden darf. Was immer ich tue, und sei es das Allergrausamste, es gilt unverbrüchlich immer dasselbe: Nicht ich bin es, der es in Wirklichkeit tut. Daher wäre es eine Kategorienverwechslung, wollte jemand in irgendeiner alltagsmoralisch belangvollen Weise sagen, ich sei böse.

So beginnen wir damit, dass, ethisch gesprochen, niemand zugleich böse und unschuldig sein kann, und enden dabei, dass niemand schuldig sein kann, weil es, wissenschaftlich gedacht, unmöglich ist, dass überhaupt irgendjemand böse ist. Denn es gibt keine moralischen Subjekte, nur hirngesteuerte Biomechanismen der Gattung *Homo sapiens sapiens L.* Wir enden als sich selbst illusionierende, zu tatsächlicher Moralität unfähige Wesen – am ethischen Nullpunkt ... Es ist viel darüber nachgedacht worden, wie sich dieses Ergebnis vermeiden ließe. Und die Wahrheit scheint zu sein, dass es sich gar nicht vermeiden lässt, es sei denn, man konzediert, wir *als Personen* seien, was immer wir sonst noch sein mögen, zugleich *metaphysische Wesenheiten*.

Durch eine solche Einräumung wird meiner Evidenz Rechnung getragen, dass ich fähig bin, Dinge in der Welt herbeizuführen, beispielsweise meinen Arm zu heben, nicht, weil mein Gehirn mich dazu determiniert, sondern weil ich glaube, gute Gründe für das zu haben, was ich tue. Wenn ich selbst meinen Arm hebe, dann wird er nicht durch mein Gehirn gehoben (obgleich mein Gehirn intakt sein muss, damit ich in der Lage bin, meinen Arm zu heben). Ebenso wenig ist es dann der Fall, dass ich, der ich meinen Arm selbst hebe, meinerseits nichts weiter wäre als die Wirkung eines gleichsam hinter meinem Rücken wirksamen Ursachenkomplexes. Ich als Person bin nämlich nicht auf eine Summe innerweltlicher Ursachen zurückführbar, weder auf die Summe meiner physischen noch auf die Summe meiner psychischen Merkmale.

Ich habe ein Gehirn, bin aber nicht mein Gehirn; ich habe eine Persönlichkeit, bin aber nicht meine Persönlichkeit. Und so ist es der Fall, dass ich ein Gehirn und eine Persönlichkeit habe, jedoch als Person eine Wesenheit bin, die über beides zusammen „hinausreicht". Das heißt, ich bin gegenüber meinen empirischen Merkmalen, ob einzeln oder summarisch, *transzendent*. Und eben dies ist die Definition einer metaphysischen Wesenheit.

Darin liegt freilich nicht die Lösung des Rätsels der Willensfreiheit. Stattdessen gibt uns die Notwendigkeit, auf die Metaphysik zu rekurrieren, einen Hinweis darauf, um welche Art von Rätsel es sich handelt:

Schuld und Unschuld sind transzendenzfundierte Kategorien. Ihr Ursprung liegt nicht „in" der Welt, was immer uns die Wissenschaften über Gut und Böse lehren mögen. Das bringt uns zu einem tiefen Punkt, dem tiefsten: Personen sind Wesen, die erst als *Geschöpfe*, nicht als Produkte der Evolution an sich, über Freiheit verfügen können.

***

Erst die Freiheit, das heißt, unsere spezifische Teilhabe am Göttlichen, macht es möglich, dass wir auf schuldhafte Weise böse zu sein vermögen. Das Bild von der Einhauchung, welche die Erschaffung Adams durch Gottes Atem vollendet, gibt diesem Mysterium eine anschauliche Form: Wir sind beseelt.

Doch der Ursprung von Gut *und* Böse selbst muss so gedacht werden, dass er mit der Schöpfung gleichursprünglich, ja in einem wesentlichen Sinne ein wesentlicher Ausdruck des göttlichen Wesens ist. Die Finsternis, die das Licht nicht begreifen kann, ist zugleich eine Bedingung der Möglichkeit des Lichts. Sie darf dem Wesen Gottes nicht entgegengestellt werden, sonst wäre das Ergebnis ein Dualismus manichäischer Prägart.[38]

Es gibt Denker, die den Manichäismus immerhin für vorzugswürdig halten, verglichen mit der Annahme, dass es nur *ein* metaphysisches Grundprinzip der Welt gebe, nämlich das Gute, das wir, personal gedacht, „Gott" nennen. Denn das Böse in der Welt ist erdrückend. Zu sagen, es werde durch das Gute ausgeglichen, ist im Angesicht der Opfer eine kalte, herzlose Frömmelei. Was die manichäische Denkweise jedoch übersieht, ist Folgendes: Unter der Annahme zweier fundamentaler Prinzipien und der sie repräsentierenden Gewalten (Gottheiten) könnte nicht mehr *sinnvoll* behauptet werden, dass das Böse *nicht* sein sollte. Denn dann Prinzip der Finsternis gehört dann eben zum innersten Wesen und Kern der Welt. Es ist, wie das Gute, ein Bauprinzip. Mag auch der Kampf zwischen Gut und Böse zur Definition ihrer Gegensätzlichkeit gehören: Das Böse wird im Dualismus – um einen Ausdruck von Konrad Lorenz zu verfremden[39] – zum „sogenannten Bösen".

Von unserer menschlichen Warte aus mag das Böse in einem ethischen Sinne verwerflich sein; deshalb sind wir angehalten, es zu bekämpfen. Aber im mythologischen Kontext wird es zu einer dem Guten zwar entgegengesetzten, doch das Sein und die Schöpfung mitbegründenden Urkraft. Deren Göttlichkeit ist deshalb ebenso der Verehrung würdig wie jene andere Urkraft – das Gute, das wir, aus einer monotheistischen Perspektive, „Gott" nennen.

Das sogenannte Böse ist, im Kontext des dualistischen Mythos, das Komplement zum sogenannt Guten. Beide gehören untrennbar zusammen. Das eine kann auf das andere nicht verzichten. Es handelt sich also um keine *ethische* Relation der Unversöhnlichkeit, sondern um ein *metaphysisches Spannungsverhältnis*. An dessen Ausbalanciertheit – dem, wie die Pathosrhetorik das gerne nennt, „ewigen Kampf zwischen Gut und Böse" – hängt das Schicksal der Welt, ja des Seins überhaupt.

Es verwundert daher kaum, dass beide Prinzipien häufig in ein und derselben Gottheit zu finden sind, durch deren zwiespältiges Wesen hindurch sie erst ihren Austrag erhalten. Die indische Göttin Kali mag dafür beispielhaft stehen. Sie ist die dunkle Göttin des Todes, was die Volksmythologie nicht daran hindert, ihr helle Eigenschaften zuzuschreiben. Kali dient dadurch, dass sie zerstört, der Erneuerung. Es gibt eine Erzähltradition, in der Kali ausdrücklich als Gebärerin verehrt wird. Das Leben, das sie als Göttin des Todes den Geschöpfen nimmt, hat sie ihnen auch gegeben. Der Mythos sieht in Kali eine Kippgestalt, und als solche repräsentiert sie einen Archetypus: Kali ist die Göttin der vollständigen Vernichtung; zugleich ist sie „Mutter Erde", die dafür sorgt, dass nichts verloren geht, während alles in sie zurückkehrt.

Bei Konrad Lorenz bezeichnet die Formel vom sogenannten Bösen die produktive Seite der menschlichen Aggression innerhalb der eigenen Art. Die These des Verhaltensforschers lautet: Aggressive Akte, obwohl häufig tatsächlich böse, zählten dennoch zum stammesgeschichtlich produktiven Erbe. Denn die Aggression in ihren mannigfachen Erscheinungsformen führe mannigfache evolutionäre Vorteile mit sich. Selbst höchste kulturelle Leistungen seien ohne aggressive Impulse überhaupt nicht denkbar.[40]

Aber das sogenannte Böse, mythologisch gedacht und metaphysisch rationalisiert, hat nicht einfach die Funktion, das Überleben der jeweiligen Spezies in einer feindlichen Umwelt zu sichern und, späterhin, den kulturellen Formwillen gegen die sich aufstauenden Widerstände des Natürlichen – die Trägheit, das Ziellose, den Zufall – zu ermöglichen. Das sogenannte Böse ermöglicht, manichäisch verstanden, erst das Sein des Seienden. Alles Ethische, die ganze Sphäre des Moralischen, ist dagegen abgeleitet. Im Ursprung herrschen Leben und Tod, Licht und Finsternis, Materie und Antimaterie, Ordnung und Entropie. Das sind die Dualismen, die aller Schöpfung zugrundeliegen. Ihnen umstandslos die Kategorien „Gut" und „Böse" zuordnen zu wollen bedeutet, die hier obwaltende Spannung misszuverstehen, die sich, als ontologisches Grundphänomen, unserem analytischen Verstehen entzieht. Das flammende Auge Mordors steht da, wie aus dem schwärzesten Nichts herausgehauen.

Die Primärmächte der Vernichtung, des Todes und der Nacht, die im mythologischen Kontext den Urgewalten der Schöpfung, des Lebens und des Lichts gegenüberstehen, sind gewiss nicht schuldig, schon gar nicht im moralischen Sinne. Woher denn sollte ihre Schuld rühren? Ihr katastrophisches Wirken ist ebenso notwendig wie jenes der ihnen entgegengesetzten – der „konstruktiven" – Kräfte.

Und so, wie man auf der einen Seite nicht von Schuld sprechen kann, so wäre es eine begriffliche Fehllage, der anderen Seite Unschuld zu attestieren. Aber sprechen wir nicht auch von den *unschuldigen* Kindern? Und bezeichnen wir sie nicht deshalb als unschuldig, weil sie zur Begehung böser Taten noch gar nicht fähig sind? Grausamkeit gegenüber Kindern als eine Art göttlicher Gerechtigkeit auszugeben, erscheint uns daher, aus einer halbwegs aufgeklärten Perspektive, als besonders verwerflich – Gerechtigkeit wofür denn? Das war die empörte Frage, mit welcher sich die christliche Doktrin der Kinderhölle, des Limbo der Ungetauften, konfrontiert sah.

An dieser Stelle muss jedoch auch Folgendes bedacht werden: Wenn wir von der Unschuld des Kindes reden, dann sehen wir in ihm bereits das Wesen, in dem die Neigung zum Guten, aber ebenso der Keim des Bösen angelegt sind. Das Kind wird durch die ihm gewährte Freiheit befähigt sein, der Versuchung des Bösen zu widerstehen, und es wird die ihm mögliche Form der Tugend wählen können. In dieser Sichtweise ist das Kind immer schon Teil einer Schöpfung, deren Höhepunkt, mythisch gesprochen, die Vertreibung aus dem Paradies bildet. Schon im Innersten der kindlichen Seele rumort eine gewaltige Heilsdialektik.

Deshalb ist uns das Moment der Unschuld, wo immer wir es noch in seiner unreflektierten, anstrengungslosen Gestalt zu schauen vermögen, dermaßen wertvoll. Was wir an der Gestalt des Kindes ahnen, ist ja ein ferner Nachglanz des Paradieses. Zugleich freilich spüren wir die Zerbrechlichkeit ebendieser Gestalt. Wir spüren ihre Brüchigkeit im Zauber des kindlichen Glanzes. Die Unschuld des Kindes muss vergehen. Es handelt sich um die erste Unschuld, die Unschuld Adams und Evas, doch nicht mehr im Garten Eden, sondern im finsteren Tal.

***

Die Urdialektik der kindlichen Seele macht uns hellsichtig für das unschuldig Böse. Wir beobachten ein Kind dabei, wie es an einem kleinen „Ding" aus organischem Material herumexperimentiert. Es reißt ihm die Flügelchen aus, es zieht die Beinchen aus seinem Körper. Der landläufige Name des Dings ist „Stubenfliege". Das Kind erfreut sich, unschuldig, wie es ist, am Glanz der Flügelchen, die es im einfallenden Sonnenlicht hin und her schwenkt. Es empfindet ein – dürfen wir so sagen? – himmlisches Vergnügen daran, dass die Beinchen, losgetrennt vom Körper, zwischen den Fingern, die sie festhalten, eine Zeitlang herumzappeln.

Wir versuchen, uns angesichts der unschuldigen Vergnügungen des Kindes, von unserem Gefühl des Grauens zu distanzieren. Immerhin: Es ist da noch kein Sadismus im Spiel, nur Spielfreude und freudiges Überraschtsein. Wir mobilisieren unser Wissen: Insekten vom Typ der Stubenfliege, so lehren uns die Biologen, haben keine Empfindungen, sie sind, in diesem Sinne, biologische Organismen ohne Bewusstsein. Die Begrifflichkeit hilft uns, unser Grauen zu bannen: Stubenfliegen sind Biomaschinchen.

Aber da bleibt doch ein profunder Entsetzensrest in uns, der nicht mitmacht. Wir beginnen zu mahnen, dass ein „liebes Kind" so etwas nicht tue. Die Fliege ist ein Lebewesen, irgendwie wie du und ich. Wir sind bereit, das Kind zu belügen: Schau dir nur die armen Beinchen an, sie zappeln vor Schmerz! Und erst die arme, arme Fliege selbst, die nun hilflos herumkullert, ohne Flügelchen und Beinchen: Stell dir vor, dir hätte jemand Hände und Füße ausgerissen! So reden wir mit dem Kind, scheinheilig und doch ernsthaft, um ihm ein für alle Mal etwas zu verleiden, wovon zu sagen, dass es sich um ein unschuldiges Vergnügen handle, doch im Grunde nicht falsch wäre, oder?[41]

Mag sein, es handelt sich um ein unschuldiges Vergnügen. Mag sein, in den Handlungen des Kindes deutet sich nicht eine Entwicklung an, an deren Ende eine psychopathische Persönlichkeit mit sadistischen Neigungen stehen wird. Das alles mag der Fall sein und dennoch sind wir, die Erwachsenen, trotz unseres Wissens um die Fühllosigkeit des Insekts aufgeschreckt und abgestoßen angesichts der Verstümmelungen, die das Kind einem Lebewesen zufügt (und dabei „unschuldige" Freude, Erregung, Nervenkitzel empfindet). Woher rührt diese unsere vordergründig unvernünftige Reaktion?

Gewiss, vom Standpunkt einer neurologischen Warte aus wäre diese Reaktion nichts weiter als der Rest des Irrglaubens an die Empfindungsfähigkeit allen Lebens, zumindest des tierischen. Doch vor dem Hintergrund unserer überdauernden Anschauung können wir gar nicht anders: Wir spüren die Hintergrundstrahlung von etwas, das die Menschen einst, ohne Vorbehalt, Schöpfung nannten; und in deren Ursprung erahnen wir nun aber zugleich den Ursprung von Gut und

Böse. Was ist es, das ein unschuldiges Kind dazu treibt, einem lebenden Wesen Schaden zuzufügen?

Aber handelt es sich überhaupt um einen Schaden? So entgegnet der Skeptiker in uns, der in Wahrheit jedoch rationalisiert. Denn die Wahrheit ist, dass uns die Unschuld des Kindes, welches ein Insekt gleich einem Spielzeug zerlegt, gerade deshalb schreckt (und abstößt), *weil* wir in jener Unschuld einen Nachglanz des Paradieses *sehen* und weil wir aber zugleich *begreifen*, dass dasjenige, was hier nachglänzt, durch einen Sündenfall – durch das Akut- und Mächtigwerden des Bösen – für immer beschädigt ist. Es ist noch da, aber wie durch eine rußige Scheibe erblickt: als Verfinstertes. Hätte das Böse keine Macht über die Unschuld, dann wäre es undenkbar, dass die Ordnung und Schönheit der Schöpfung durch kleine Kinderhände, die nichts Böses anrichten wollen, derart verunstaltet wird.

Es lässt sich nicht leugnen, dass wir vor dem unschuldig Bösen ein besonders tiefes Grauen empfinden. Denn hier begegnet uns eine Dunkelheit, die unser Verstand nicht aufzuhellen vermag. Das unschuldig Böse ist opak. Es ist jene Art von Unschuld, mit der die ersten Menschen des Mythos, Mann und Männin, sowohl begnadet als auch infiziert waren, bevor sie der umtriebigen, in Sachen Aufklärung geburtshelferischen Schlange begegneten. Der Keim des Bösen kam nicht „erst später" in die Welt, er ist dem Sein eingesenkt. Er ist zugleich die Hefe der Schöpfung und ihrer Verfehlung – und beides tritt für uns in einem einzigen Akt hervor, sobald wir das Kind dabei beobachten, wie es der Stubenfliege die Flügel und Beine ausreißt, ohne einen Begriff davon zu haben, der ihm zur Anschauung verhelfen könnte, dass es in einem ursprünglichen Sinne, im Schöpfungssinne, böse handelt.

***

Das alles widerspricht der Gleichung, wonach niemand zugleich böse und unschuldig sein kann. Doch diese Gleichung ist eine rein ethische, was darauf hindeutet, dass das ethische Phänomen selbst eine abgeleitete Größe ist. Sofern wir unserer Primäranschauung der Welt nicht aus „philosophischen" oder „methodischen" Gründen prinzipiell misstrauen (und dabei die Verhältnisse aber nicht klären, sondern objektivistisch verfremden), wird uns spontan bemerkbar, dass wir von den trans-ethischen Phänomenen des unschuldig Bösen und der bösen Unschuld tagein, tagaus umgeben sind.

Der Bibelgott sieht seine Schöpfung befehlsgerecht werden und urteilt Schicht um Schicht, dass alles gut sei. Wenn man die Geschichte so liest, dass Gott, der Weltschöpfer, gleichsam versuchsweise aus sich herausgeht und „herumbastelt", um dann, hintennach, mit der Genugtuung eines Demiurgen festzustellen, dass sein Werk Tag für Tag gut geworden ist – dann haben wir den ersten Schritt in die falsche Richtung getan: nämlich in jene Richtung, welche zur grundlegenden Trennung von Tatsachen und Werten führt.

Alles, was ist, indem es intuitiv als ein Teil der Schöpfung verbucht wird, hat im Ursprung Bedeutung *und* Wert. Erst der menschlichen Betrachtung wird es vorbehalten bleiben, die Lebendigkeit der Schöpfung und all ihrer Teile zu leugnen, indem das, was sich der Anschauung an Fülle darbietet, zum „Faktum" dekonstruiert und dann wissenschaftlich wertfrei „auf den Begriff gebracht" wird. So entsteht die Materie, die „tot" ist. So wird aus dem Strom der Schöpfung erst der Weltstoff, dem nichts innewohnt, was in sich einen Wert tragen könnte.

Und auf diese Weise muss der aus der Schöpfung extrahierte Sinn ihr dann von außen wieder aufgepappt werden: als das subjektive Urteil, das sich aus Geschmack und Interesse des Menschen herleitet. Gottes Urteil über seine Schöpfung in derselben Art zu denken – „Es ist sehr gut geworden" –, *ergibt keinerlei Sinn*. Denn an welchem Maßstab, an welchem Geschmack, welchem Interesse, sollte sich denn ein solches Urteil bemessen? Gottes Selbstentäußerung, hinein in Raum und Zeit, *ist* der Maßstab, andernfalls von Schöpfung im Ursprungssinne gar nicht die Rede wäre. Das heißt: Wir haben nur diesen und keinen anderen Schöpfungsbegriff.

Die Schöpfung ist gut, weil sie Gottes Schöpfung ist. Sie ist keinesfalls deshalb gut, weil sie unseren ethischen Maßstäben genügt – was sie offensichtlich ganz und gar nicht tut. Dass die Schöpfung gut ist, ist ein trans-ethisches Urteil. Es ist seinem Wesen nach metaphysisch. Doch es ist nicht ohne Bezug zu dem, was *wir* „gut" und „böse" nennen. Gäbe es keinen solchen Bezug, dann wüssten wir nicht, in welche Richtung unser Urteil zielt, wenn wir sagen – und sagen müssen (falls wir überhaupt etwas sagen) –, dass Gottes Schöpfung gut ist.

Aber was mag es bedeuten, von einem *trans-ethisch Guten* zu sprechen? Es kann kein Zweifel darüber bestehen, dass wir den uns geläufigen und verständlichen Begriff des Guten überdehnen, indem wir ihn auf die Welt als Schöpfung anwenden. Wenn wir so tun, als ob wir die Schöpfung unter einem ethischen Gesichtspunkt „gut" nennen dürften, dann sind wir uns, aus einer reflektieren Position heraus, zugleich dessen bewusst, dass es sich hier gerade um kein einfaches moralisches Urteil handelt. Im Grunde sagen wir, dass wir die Schöpfung moralisch beurteilen dürften, *falls* es sich dabei um eine menschliche Schöpfung oder jedenfalls um eine solche handelte, die dem endlichen Verstand endlicher Wesen, wie wir sie sind, fassbar wäre – und *nicht* um die Selbstentfaltung Gottes, die Emanation des Absoluten.

Doch indem wir uns dieser uns hier einzig möglichen Haltung des Als-ob befleißigen, wollen wir, vor dem Absoluten *kapitulierend*, immerhin auch andeuten, dass das, was uns menschlich als das Gute einzig begreifbar und in seinen Verkörperungen anschaubar wird, aus einem Quellgrund hervorgeht, einer Ursprungsbewegung, *die – könnten wir die Dinge der Welt mit den „Augen Gottes" betrachten – das Ganze als „gut" erkennbar machen würde.*

Unser zentrales Modell des trans-ethisch Guten, gedacht in ethisch gefärbter Begrifflichkeit, ist die Unschuld. Man kann nicht zugleich unschuldig und böse sein: Gewiss, so lautet unser ethisches und juristisches Urteil. Aber der Begriff der kindlichen Unschuld ist dennoch keiner, der sich darauf zurückführen ließe, dass sich das Kind moralisch untadelig verhielte, so, als ob es bereits ein moralisches Subjekt wäre. Nein, gerade das ist *nicht* gemeint. Die Unschuld des Kindes hat vielmehr damit zu tun, dass es seinem Wesen nach eben noch „kindlich" ist, das heißt, noch gar nicht eingetreten in die Sphäre des Moralischen und Rechtlichen.

Die Unschuld des Kindes meint, über alle psychologischen Kautelen hinweg, eine Art von Reinheit. Da ist er wieder, der Nachglanz des Paradieses. Noch sind dem Kind die Augen nicht geöffnet worden, und seine Unschuld ist eben dieser Art: Es lebt – so der alltagsliturgische Blick, der nicht mit dem verwechselt werden darf, was das Kind selbst erlebt – als Geschöpf gleichsam noch in der Plazenta der Schöpfung, wo alles, was ist, gut ist, und zwar einfach deshalb, weil es *ist*. Doch bald schon wird das Kind, in Kenntnis von Gut und Böse, der Versuchung erliegen, sich gegen die Schöpfung zu stellen: Hier das autonome Subjekt, dort die tote Materie und das Gewimmel der Biomechanismen. Kein Platz mehr für eine Ahnung davon, dass Sein und Gutsein im Grunde eins sind …

In der Unschuld des Kindes steckt das Prinzip der Schöpfung. Zuerst dieses mysteriöse Nichtbegreifen: Es ist nicht mysteriös in dem Sinne, dass das Kind die objektive Grausamkeit seines Tuns noch nicht einzusehen vermag; mysteriös ist die kindliche Freude. Die Freude ist ein Zeichen dafür, dass das Kind mit seinem Spielzeug, der lebenden Fliege, *kommuniziert*. Es ist da eine Beziehung des Lebens zum Leben. Denn alles ist umhüllt von der Sphäre des Wertes, der *realpräsent* ist, solange etwas *ist*. Aber das Leuchten der kindlichen Freude scheint von

Anfang an den dunklen Untergrund zu benötigen, den Schatten: Leiden und Tod. Das Leuchten bedarf der Finsternis.

Dazu lässt sich nichts weiter sagen. Zugleich mit der kindlichen Unschuld wird der Raum des Lichts durch ein Unbegreifliches verschattet. Ohne dieses Unbegreifliche – das unschuldig Böse –, aus dem später die Einsicht in das moralisch Böse erwächst, gäbe es auch nicht jene Reinheit, die wir in einem Sinne, der tiefer reicht als alle Ethik, „unschuldig" nennen.

Hier, am hellen Ort der Finsternis, am Ort des unschuldig Bösen, befinden wir uns dort, wo nur noch eines hilft: Kapitulation, *finis philosophiae*. Dass das Licht der Schöpfung die Finsternis in sich trägt, um leuchten zu können, ist das *mysterium mysteriorum*. (Ja, das Sein bedarf des Nichts. Und ja, so kann man denken, aber was man tut, indem man so denkt, klingt wie das Aneinanderreiben von Silben, deren jede in den allesbedeutenden Abgrund zu deuten scheint und die, zusammengenommen, doch nichts weiter ergeben als den klanglosen Klang vertrockneter Strohhalme inmitten eines ausgetrockneten Sees.)

***

Auch die Schlange war schließlich nicht mehr dieselbe. Auch sie war aus dem Paradies vertrieben worden. Aus ihren Zähnen tröpfelte das tödliche Gift, der Tod, und sie selbst unterlag der ständigen Drohung, von der Ferse derer, die ewig lebten wollten, am Kopf zermalmt zu werden.

Die Schlange hatte ihren alten Glanz, ihre irisierende, tiefleuchtende Haut abgestreift, mit der sie die unschuldigen, unschuldig bösen Menschen fürs Wissen zu entzücken verstand. Sie mobilisierte jetzt, da die Menschen moralisch geworden waren, unschuldig und schuldig, vor allem aber frei, ihre ganze kriecherische Schläue, die ihr, bei den verschlossenen Pforten des Paradieses, im Staub der mühseligen Erde zugewachsen war.

Sie präsentierte sich im seriösen Outfit. Weißer Mantel, Hemd und Krawatte, kurz: wissenschaftlich, objektiv, tatsachenbezogen. Nicht: „Wollt ihr werden wie Gott?", war ihre Frage, die sie an die erlösungsbedürftigen Menschen richtete, sondern: „Wollt ihr wissen, wie es sich wirklich verhält?" Dabei einbeschlossen war schon der Vorbehalt: „Da ich euch nicht versprechen kann, wie die Götter zu werden, geschweige denn wie Gott, werde ich auch nicht versprechen, dass euch das Wissen darüber, wie es sich wirklich verhält, erlöst."

Und wie verhält es sich denn nun wirklich mit der verlorenen Unschuld? Hier die Lektion der Schlange im neuen Outfit:

Also, da wäre zunächst zu sagen, dass eine Unschuld, die ihrer selbst nicht bewusst ist, weil sie noch keinen Begriff davon hat, was es heißt, schuldig zu werden und schuldig zu sein – dass eine derart unterbestimmte Unschuld so gut oder schlecht wie gar keine ist.
Bleibt mir vom Leib mit eurem Geschwätz von der kindlichen Unschuld. Kinder sind Triebwesen. Ihre Absichten sind ihnen angeboren und von den Umständen diktiert. Natürlich wissen sie das nicht; sie sind einfach, was sie sind und wie sie sind. Und öfter als weniger oft zerstören sie, machen sie etwas kaputt, alles ohne böse Absicht.
Und ohne böse Absicht verursachen sie bei anderen fühlenden Wesen Leid, ohne dass sie im Mindesten fähig wären, Mitleid zu empfinden. Ihre Spiegelneuronen gleichen den noch eingerollten Farnen, ihr Wissen um den anderen ist ein großes leeres Loch, bestehend aus spiegelblankem Nichtwissen.
Aber das ist nur die eine Seite. Die andere ist wesentlich weniger unschuldig. Nicht umsonst hat Freud von den Kindern als polymorph Perversen gesprochen, nicht wahr? Perversen, denen alle Körperöffnungen zu Lustinstrumenten werden und die vom Quälgeist und der Mordlust gleich Dämonen, die sich unbemerkt eingeschlichen haben, bewohnt werden.
Kindliche Unschuld, ha! Das ist ein Rührstück der Romantik, der romantischen Kinderpädagogik, deren größter Held, Rousseau, seine eigenen unschuldigen Kleinen ins Findelhaus stecken ließ. Aber das nur nebenbei. Schluss mit dem Kindheitsrührstück, Kinder sind geborene Verbrecher, die tatsächlich zu welchen werden, falls ihnen die Zivilisationsdressur, genannt „Erziehung", nicht dabei hilft, aus „edlen Wilden" anständige Menschen zu werden.
Und was nun die verlorene Unschuld betrifft, die eine Folge davon wäre, dass der erwachsene, vernünftige Mensch aus freien Stücken das Richtige nur tun kann, weil es ein Ursprungsereignis gab, das den Schöpfungsplan verfinsterte, nämlich das Ereignis der Erkenntnis von Gut und Böse – dazu lässt sich bloß kopfschüttelnd sagen: „Was für ein Wirrwarr!"
Denn seien wir realistisch, der Mensch als das betrachtet, was er wirklich und wahrhaftig ist, ist auch nur aus dem toten Stoff geboren, aus dem das erste Leben hervorkroch. Gewiss, die Bibel, dieses Sammelsurium der Fieberträume, nennt den Stoff „Lehm", und dahinein soll Gott seinen Lebensatem geblasen haben. Nun, sei's drum, ein schönes, erhebendes, erhabenes Bild. Doch man kann es drehen und wenden wie man will: Soll schon von Gottes Atem die Rede sein, dann darf heutzutage nicht darüber hinweggephantasiert werden, dass Atem eben Atem ist, und das beläuft sich mythisch auf ein unbegriffenes Phänomen und wissenschaftlich auf ein Sauerstoffgemisch, eine chemische Formel, also nichts, was Anlass gäbe, mystische Gefühle vor dem weiterhin Unerforschlichen zu entwickeln.

Nein, seien wir gnädig und lassen Gott samt seiner Schöpfung dort, wo ihn das achtzehnte Jahrhundert bereits hinverfrachtete: ins Ammenmärchen. Am Anfang war Chemie und am Ende, nach den vielen Jahrmillionen währenden Eskapaden der Evolution des Lebens bis hin zu einem Gehirn, das sich schließlich selbst staunend zu entschlüsseln versucht, wird Chemie gewesen sein. Chemie und immer wieder nur Chemie, nach den Gesetzen der Natur, kausal und sprunghaft, deterministisch und indeterministisch, maschinenhaft und zufallsgeneriert, egal.

Am Anfang war weder eine Unschuld, die verloren ging, noch hätte sich auch eine Schuld breitmachen und alle weitere Entwicklung infizieren können. Nein, da war niemals eine Unschuld und da wird niemals eine Unschuld gewesen sein, so wenig wie ein Gott und eine Schöpfung. Das alles sind nachträgliche Hirngespinste, Hoffnungs- und Trost- und Angst- und Disziplinierungsgespinste der Neuronenchemie eines überdimensionierten Organs.

Was passiert, das passiert. So lehrt es uns die Wissenschaft. Der freie Wille ist eine Illusion. Wo also sollte das Böse herkommen? Und woher das Gute? Böse und Gut sind Illusionen, aber ...

Die Schlange, ganz weißummantelter Wissenschaftler, beginnt nun die Große Zukunftserzählung, die Erzählung vom Menschen, der gelernt haben wird, sich der Macht seiner Illusionen zu entledigen, indem er, gerüstet mit der Schlauheit der Schlange, akkurat und demonstrativ so tut, als ob er noch das Wesen vom alten metaphysischen Schlag wäre:

... aber Gut und Böse sind Illusionen, ohne die der bisherige Mensch seine instinktgelockerten Angelegenheiten nicht zu organisieren vermocht hätte. Es handelt sich um notwendige Illusionen – ein Gedanke, den als Erster in großem Stil zu denken leider keinem Naturwissenschaftler vergönnt war, doch immerhin einem Erzfeind der Religion und Vordenker des Naturalismus, Friedrich Nietzsche.

Das ist es also, was der Mensch der Zukunft gelernt haben wird, weswegen ihm, dem großen Umdenker alles bisherigen Denkens und Umwerter aller bisherigen Werte, laut Nietzsches Befund der Titel eines „Übermenschen" gebührt: Es ist der gnadenlose Realismus, der den zukünftigen Menschen charakterisiert, sein löwenhafter Mut, sein radikalutopischer Eifer, sich illusionslos in der höchsten Kunst der Selbstillusionierung zu üben.

Der Mensch der Zukunft, das heißt: der Mensch, der Zukunft hat, wird wissen, dass seine innerste Natur weder das Gute noch das Böse, weder die Freiheit noch das autonome Ich kennt. Er wird wissen, dass seine innerste Natur – man muss hier selbst noch über Nietzsches der Zeit geschuldete Willensmetaphysik hinausdenken – das Faktische und nichts als das Fakti-

sche ist und die im Faktischen gleichsam eingerollte Potenzmenge faktischer Möglichkeiten. Die Große Zukunftserzählung handelt von den Metamorphosen des Faktischen.
Was ist das Faktische? Das, was den Menschen ausmacht samt seinen Illusionen, die er sich übers Faktische macht, über Freiheit, Ich, Gut und Böse, und das dabei aber des Menschen nicht bedarf, um sein zu können: Das, dieses Absolute, ist das FAKTISCHE.
Früher hätte man „Gott" gesagt, unfähig zu durchschauen, dass Gott des Menschen bedurfte, um die Bühne des Bewusstseins betreten und von da aus, in den Himmel geschleudert wie von einem Katapult, die Bühne der Welt beherrschen zu können. Heute ist den Einsichtigen klar: Der Bühnenzauber ist vorbei, weil durchschaut. Oder soll man im Gegenteil sagen: Weil er durchschaut ist, ist den Einsichtigsten der Einsichtigen, sozusagen den übermenschlich Einsichtigen, sonnenklar, dass es nun gilt, so zu tun, als ob er, der Zauber, einmal durchschaut, für immer als die Illusion des Faktischen akzeptiert werden sollte?
Gewiss, das sind paradoxe Verhältnisse, aber Verhältnisse, die erst dem Faktischen und damit dem Faktum „Mensch" gerecht werden. Ja, der Mensch der Zukunft wird alles lassen, wie es ist. Das Gute und das Böse, die Schuld und die Unschuld, das Ich und der freie Wille: Sie alle sind – so die Lesart, die der Mensch der Zukunft, sein eigenes Wesen betreffend, gewählt haben wird – unbedingt zu akzeptierende Illusionen. Und zwar deshalb, weil der Mensch der Zukunft, dank der seinem Gehirn entsprungenen Wissenschaft, längst wissen wird, dass gemäß seiner innersten toten Natur, seiner Chemienatur, Quantennatur, Energienatur, nichts von all dem, was die von ihm selbst gewählte Lesart seiner selbst behauptet, zum FAKTISCHEN zählt.
Und dass es nun aber auch seiner Natur entspricht, dies alles zu wissen, ohne sich deswegen in den Abgrund ebendieser seiner Natur zu stürzen: Er weiß, dass es tödlich wäre, der Illusion zu entsagen, um im Starren auf das tot Faktische, im unbeirrten Anblick der unmenschlichen Wahrheit seines eigenen Wesens zu verharren ...
Und bei all ihren Ruminationen hat es den Anschein, als ob die Schlange von innen heraus zu leuchten begänne. Ein inwendiges Feuer scheint in ihr zu glühen. Kein Zweifel, was als schlaue Überredung begann – doch Überredung wozu? –, das wächst der Schläue schließlich als die ihr eigene innerste Überzeugung, als die Begeisterung im Schwung der Selbstüberredung, Selbstüberlistung zu.
Der Mensch wird leben als über die Aufklärung noch einmal Aufgeklärter. Er hat vor langer Zeit die Augen der Unschuld aufgeschlagen, um erkennend zu sehen, und nun, da er erkennend sieht, sieht er auch,

dass das Licht, in dem er als Erkennender zu stehen gezwungen ist, ihn blendet. Ja, er müsste erblinden, wäre da nicht seine Fähigkeit, gleichsam am Licht vorbeizuschauen und so die einmal erkannte Illusion seines Ich- und Frei- und Schuldigseins, als Illusion wissend, traumwandlerisch doch für die Wahrheit zu halten.

Gewiss, darüber wurde schon vorzeiten Klage geführt: „... alles das nicht aus Unwissenheit, sondern wissend, sozusagen die Verblödung als eine unausweichliche erkennend an der Rückbildung von Organen"[42] – den Organen, die, mythentreibend, illusionsstark, vor der Wissenslähmung schützten. Ist nicht der ganze Prozess der Aufklärung und Selbstaufklärung bloß ein Vehikel der Schwächung des Menschlichen, ein Prozess des Uneigentlichwerdens, des ständigen Existierens im Zwielicht?

Diese Klage nun weist die Schlange, die sich ihrer eigenen Verführung entgegengehäutet hat, weit von sich. Sie spricht jetzt im weißen Mantel, mit der Autorität der Wissenschaft. Sie spricht, durchdrungen vom kalten Feuer der Offenbarung des Faktischen, getrieben von der Großen Menschheitsvision:

Und siehe, am äußersten Ende aller Selbsteinsicht, dort, wo aus tiefster Erkenntnis des menschlichen Wesens die Unabdingbarkeit der Selbstillusionierung gebieterisch nicht nur hervorbricht, sondern den Menschen einhüllt, um ihn vor sich selbst zu verhüllen – da, an diesem äußersten Punkt aller menschlichen Überwindung des Illusionen-Tiers, offenbart sich das Faktische seinerseits als Mythos. Das Faktische ist der letzte und grausamste Mythos, worin das Leben umhertreibt, wie irr und tatsächlich irr geworden vor lauter Einsamkeit im schöpfungslosen Rund.

Die Schlange, indem sie die Aufklärung gegen die Aufklärung antrieb, bis zum Äußersten, ist sich selbst in einen ihr undeutbaren Traum entglitten. Sie ist zur weißummantelten Mythologin geworden.

Ach, versiegt sind die Katarakte Gottes, in deren Brausen, *in voce cataractarum* (Vulgata, Psalm 41,8), du die Botschaft nicht verstehen konntest. Egal, die Botschaft war da in den Katarakten, die aus der Schöpfung stürzten und über dich hinweg. Du warst der Exilierte und das eben war dein Trost. Du warst aus der Heimat verstoßen worden, also musste es eine Heimat geben. Nun aber vor dir, rund um dich, von Horizont zu Horizont, nichts mehr als sehnsuchtslos faktisches Leben, nichts mehr als Einsamkeit. Und dann, plötzlich, wächst dem Undeutbaren eine Stimme zu, eine Frage:

„Was ist die größte Einsamkeit?"

So fragt die Stimme, und es klingt, als ob sie aus Gottes Katarakten hervorgesprochen wäre. Es ist eine Wächterstimme, und sie antwortet sich selbst, antwortet jedem und niemandem, indem sie über das geschlossene Rund des Faktischen – *Es ist, wie es ist* – hinausbraust:

„Hierbleiben zu müssen. Derjenige, dessen Not es ist, dazusein wie einer, der niemals entkommen kann: Er ist der Einsamste."

Und da, im Brausen der Katarakte, wird der Schlange ihre mythische Wahrheit noch einmal offenbart. Nun aber kommt ihr, der weißummantelten Mythologin, so vor, als ob von ihr gar nicht mehr die Rede wäre, bloß von einer Schlange in einem Mythos als einem Faktum, das einer Deutung weder bedarf, noch fähig ist (denn der Mythos als Faktum ergibt nichts als Unsinn):

„Die Schlange, die die Todesgier dazu treibt, sich in den Schwanz zu beißen und, rundgeschlossen, durch die Zeit zu rollen: Sie kann sich nicht selbst verschlingen. Ihre Existenz steht dem heißersehnten Ziel – dem Ziel, endlich zu sterben – unüberwindbar im Weg. Nur von außen, durch das Zuschnappen eines Feindes, kann sie aus ihrer Notlage befreit werden, oder durch den Blitzstrahl der Erkenntnis: ‚Warum kriechst du nicht im Staub und wirst sterblich?'" [43]

10. Wie Sonnenstrahlen durch ein Glas

Um vom Übel erlöst zu werden, muss das Übel selbst erlöst werden. Gewiss, das Gerede von der Lustfeindschaft, der Unterdrückung des Eros, ja der Verteufelung des Trieblebens, war, insoweit es das authentische Christentum betraf, stets auch eine polemische Hintennachbetrachtung. Wer wie Jesus und die Seinen glaubt, dass die Welt demnächst ihr heilsgeschichtlich notwendiges, apokalyptisches Ende finden wird, der tut gut daran, seinen Anhängern vom Beischlaf und den damit verbundenen Schwangerschaften abzuraten. Nicht der Lust- und Familienbetrieb konnte unter solchen Glaubensumständen im Mittelpunkt stehen, sondern die Vorbereitung auf das nahe Ende: Die eigenen Leute mussten zu einem gottgefälligen, busfertigen Leben angehalten und die Zweifler auf die rechte Bahn gebracht werden. Man selbst musste danach trachten, alle religiösen, sozialen und familiären Pflichten peinlich genau einzuhalten. Nur so durfte man hoffen, dem kommenden Strafgericht als einer zu entgehen, der nicht der ewigen Verdammnis überantwortet wird.

Aber ebenso gewiss hat sich im Christentum über die Jahrhunderte hinweg jenes Syndrom breitgemacht, das uns heute unter dem Titel „Sexualfeindlichkeit" bestens (und bis zum Überdruss) vertraut ist. Am Anfang mag das Bedürfnis der frühen Christen ausschlaggebend gewesen sein, sich von den sittenlosen Heiden abzusetzen, namentlich dem verrotteten römischen Adel und Großbürgertum, die gerade dabei waren, an ihrer eigenen Dekadenz zugrundezugehen. In diesem Klima konnten auch unter hohen Kirchenmännern Geschlechtsfurcht und Sexualekel, statt als abartig desavouiert zu werden, theologisch Furore machen.

Ein einflussreicher Lehrer wie Aurelius Augustinus hat bekanntlich nicht nur wesentlich zur Popularisierung des Dogmas von der Erbsünde beigetragen (er hat es nicht, wie oft behauptet, erfunden[44]). Aufgrund seiner eigenen Bekehrung vom Heidentum und Manichäismus ist er außerdem zum Begründer einer nachhaltigen Tradition der lustzügelnden Sittlichkeit geworden. Wie er uns in seinen um 400 entstandenen *Confessiones* wissen lässt, hatte er auf Gottes Geheiß hin aus dem Römerbrief des Apostels Paulus akkurat die Stelle 13,13–14 aufgeschlagen. In der Übersetzung durch Luther klingt sie folgendermaßen:

„Lasset uns ehrbarlich wandeln, als am Tage, nicht in Fressen und Saufen, nicht in Kammern und Unzucht, nicht in Hader und Neid, sondern ziehet an den Herrn Jesum Christ, und wartet des Leibes, doch also, dass er nicht geil werde."[45]

Es ist das Antigeilheitsprogramm, dem das Christentum in seinen verschiedenen Phasen immer wieder auf eine Weise zuneigt, welche die nachfolgenden Epochen als repressiv und pathologisch empfinden. Kein Wunder, denn im Rahmen dieses Programms wird der gesamte Schambereich, besonders die Sexualität, als sündhaft verteufelt, es sei denn, das „Schmutzige" passiert in wohlgeordnetem, ehelichem Rahmen möglichst ohne Aufstachelung der stets auf der Lauer liegenden „Geilheit". Schließlich wird der Teufel selbst als dauergeil phantasiert, was zur Folge hat, dass zumindest im Verborgenen stets der Teufel los ist.

Kein Wunder also, dass das Ideal der Unschuld im Laufe der Zeit, zumal unter liberalem Vorzeichen, als repressiv und scheinheilig empfunden wurde. Kritik und Hohn blieben nicht aus. Psychohygienische Argumente traten hinzu. So kam es, dass niemand, der sich in erotischen Dingen als aufgeklärt begriff, unschuldig bleiben wollte.

Seit Oswald Kolle und dem Enthemmungsschub der 1960er-Jahre sind erotische Erfahrungen dann etwas entwicklungsbedingt Natürliches. Freud hatte – obwohl das nicht seine Absicht gewesen war – zum Dammbruch *in eroticis* die nötige Vorarbeit geleistet. Der nun einsetzende und immer noch anhaltende „Diskurs" sieht in der Befriedigung der sexuellen Lust vor allem den Inbegriff eines befriedigten und daher befriedeten Lebens.

Liebe und Sex bedingen einander nicht nur. Der Sex, besonders dann, wenn er phantasiereich zelebriert wird, gilt als bester Beweis einer vitalen Liebesbeziehung. Derart werden bald auch Intimpraktiken, die jahrhundertelang als „pervers" galten, zu Spielformen einer Beziehungslust, die in biederen Bürgerschlafzimmern ohne schlechtes Gewissen ausagiert werden darf. Das schlechte Gewissen erscheint vor dem Hintergrund des Natürlichkeitsdogmas der Sexualität bloß als Anzeichen einer Verklemmtheit, der sich heutzutage nicht einmal unsere lüsternen Greise schuldig machen möchten. Das Geschäft mit den Libido-Hilfen, namentlich den Potenzmitteln, boomt, und es ist zu einem ehrbaren Gewerbe wie jedes andere geworden.

Da wirkt es schon einigermaßen unzeitgemäß, in einer vorkonziliaren katholischen Dogmatik wie jener des Ludwig Ott nachzublättern, um herauszufinden, wie es um die Erbsündenlehre wirklich bestellt war (und, genau genommen, ist)[46]; aber sogar aus einem solchen, nach liberalen Maßstäben reaktionären Kompendium ergibt sich kein wesentlicher Zusammenhang zwischen sexuellem Vergnügen und Erbsünde. Auslöser des seuchenartigen Dramas, durch welches die menschliche Natur korrumpiert wird, war der Entschluss, von den Früchten des verbotenen Baumes zu kosten – Früchte, die später gerne erotisch gedeutet werden. Doch diese Deutung widerspricht dem Bibeltext. Wesentlich für das rechte Verständnis der Erbsündendoktrin ist selbst nach konservativer Lehre, dass es dabei gerade *nicht* um die sexuelle Verführung Adams geht – ein äußerst beliebtes Motiv puritanischer Zeiten –, sondern vielmehr darum, dass Adam der Ungehorsams-Sünde Evas mit erlag, wobei zugleich gilt: „… die Sünde Evas ist nicht Ursache der Erbsünde"[47].

Gewiss, die Erbsünde ist ein *peccatum naturae*. Sie wird durch die menschliche Art, sich fortzupflanzen, von Generation zu Generation übertragen. Entscheidend sind indessen nicht die Lustempfindungen, welche den Geschlechtsakt begleiten und modulieren. Der Geschlechtsakt an sich ist bloß ein Werkzeug der Übertragung (*causa efficiens instrumentalis*)[48], nicht der eigentliche Grund des *peccatum originale*. Die Erbsünde wird, gemäß den Vorstellungen der patriarchalen Zeit, über die *männliche Linie* weitergegeben, das heißt, durch den Samen seit den Tagen Adams.

Heute würde man sagen (und darin liegt eine gewisse Ironie), dass der Fortpflanzungsmodus der Erbsünde sexistisch kodiert ist: Die Frau spielt dabei nur die Rolle eines passiven Gefäßes.

***

Immerhin: Die abstruse Vorstellung, wonach die „unbefleckte Empfängnis" Marias, der Mutter Jesu, etwas damit zu tun habe, dass ihr, der Erbsündenlosen, bei der Konzeption des Menschensohnes die sexuelle Lust „erspart" geblieben sei, ist das Missverständnis viktorianisch gesinnter Zeitalter und entsprechend rigoroser Gemüter. Denn worum es in Wahrheit ging, war nicht die Frage, ob Maria sexuelle Empfindungen hätte haben dürfen (warum nicht?), sondern darum, ob derlei Empfindungen dann in einem ursächlichen, über die Generationen hinwegreichenden *Übertragungszusammenhang mit dem Samen Adams* standen. Und auch diese Frage späterer Kommentatoren stützt sich bereits auf einen quasibiologischen Erbsündenmechanismus, der durch die Bibel selbst keine Deckung erfährt.

Vorsichtshalber ließ die katholische Kirche Maria frei sein von „allen Regungen der Konkupiszenz [des Beischlafs]", dies aber nur als *Sententia communis*.[49] Es dreht sich also um eine Ansicht, die allgemein geglaubt wird, ohne deswegen schon ein Glaubensdogma zu sein. Hätte Maria im Vollzug des Wunders, das Gott an ihr vollbrachte, indem er sie schwanger werden ließ, sexuelle Empfindungen verspürt, wäre das kein Grund gewesen, die Erbsündenlosigkeit dieser Art von übernatürlicher Empfängnis in Abrede zu stellen.

Es ist hier nicht die Rede von sexualneurotischen Projektionen: nicht davon, wie sich ein gläubiger Mann – Kirchenmann oder Laie –, der einen tiefen Ekel vor allem Geschlechtlichen empfand, die Empfängnis des Erlösers zusammenphantasieren und auf den „Leib" der auserwählten Frau übertragen mochte. Es kann kein Zweifel bestehen, dass solche Projektionen im Laufe der Kirchengeschichte immer wieder eine Rolle spielten. Nur bildeten sie gewiss nicht den Tiefenkern dessen, wonach wir suchen, nämlich die *Bedeutung*, die das Unschuldsmotiv im christlichen Denken und Fühlen rund um die Gestalt Mariens einnimmt.

Dennoch: Dieses Denken und Fühlen wirkt auf uns Heutige, die wir die Geburt eines Kindes samt allen körperlichen Begleiterscheinungen als das „Natürlichste der Welt" betrachten, skandalös. Aufgeklärte Menschen haben die körperfeindliche und, darüber hinaus, frauenfeindliche Substanz des Jungfräulichkeitsglaubens gegeißelt. Und hatten sie nicht recht? Sehen wir genauer hin, was die römisch-katholische Lehre bis auf den heutigen Tag – wenn auch mittlerweile in den teilweise verschämt nebulosen Umschreibungen des Katechismus – festschreibt. Nach den Worten Ludwig Otts, des scholastisch denkenden und daher klar formulierenden Dogmatikers, zählen folgende Sätze zu den Wahrheiten der Kirche, wobei die Leugnung jener, die als Dogmen gekennzeichnet sind (*de fide*), gleichbedeutend damit ist, sich aus der Gemeinschaft der Rechtgläubigen zu exilieren[50]:

Maria wurde ohne Makel der Erbsünde empfangen (*de fide*). Maria war von ihrer Empfängnis an frei von allen Regungen der Konkupiszenz (*sententia communis*).[51] Maria war infolge eines besonderen Gnadenprivilegs Gottes zeitlebens von jeder persönlichen Schuld frei (*sententia fidei proxima*).[52] Maria war Jungfrau vor, während und nach der Geburt (*de fide*). Maria empfing ohne Mitwirkung eines Mannes vom Heiligen Geist (*de fide*). Maria gebar ohne Verletzung ihrer jungfräulichen Unversehrtheit (*de fide aufgrund der allgemeinen Lehrverkündigung*). Maria lebte auch nach der Geburt Jesu jungfräulich (*de fide*). Maria erlitt den zeitlichen Tod (*sententia communior*).[53] Maria wurde mit Leib und Seele in den Himmel aufgenommen (*de fide, Dogma, verkündet von Papst Pius XII. am 1. November 1950 durch die Apostolische Konstitution* Munificentissimus Deus).[54]

Lässt man diese Sätze Revue passieren, ohne sie nicht gleich als grauenhaft lächerliche Travestie auf etwas, was sich zu Recht „Unschuld" nennen dürfte, abzutun, dann sticht vor allem ins Auge, dass die Jungfrau Maria in eine unüberbrückbare Entfernung zu uns gewöhnlichen Menschen gerückt wird. Damit wird demonstriert, wie sehr uns anderen jeder Rechtsgrund fehlt, vom Übel erlöst zu werden – indem nämlich das Übel, das wir Menschen *verkörpern*, erlöst wird. Um dennoch hoffen zu dürfen, bedürfen wir jenes göttlichen Gnadenakts, der, seit der Aufnahme Mariens in den Himmel, an die Fürbitte der Mutter Gottes gebunden bleibt. Deshalb die Gebetsmühlenkultur des katholischen Rosenkranzes mit seinem immer und immer wieder wiederholten, beschwörungsträchtigen *Gegrüßet seist Du, Maria* ...

Um den Erbsündenlauf für einen Moment lang auf direktem Weg zu stoppen, musste – so die Doktrin der Kirchenlehrer – Maria selbst unbefleckt empfangen werden. Wie war das innerhalb der Erbsündenlogik möglich? Nur dadurch, dass Gott sich dazu herabließ, bei der Schwängerung der Mutter Mariens durch ihren Gemahl eine Ausnahme zu machen. Es wurde für dieses eine, einzige Mal ein heilsgeschichtliches Privileg gewährt, denn nur dadurch war es möglich, ein vollkommen reines Gefäß zum Empfang des Menschensohnes zu erhalten, nämlich Mariens erbsündenlosen Leib. Alles Weitere mutet, innerhalb der Erbsündenlogik, wenig überraschend an: dass Maria vor der Empfängnis nicht nur frei von aller Sünde lebt, sondern auch keine Empfindungen hat, die sie zur Sünde hätten verleiten können, namentlich keine sexuellen Gelüste; und ferner: dass sie ihre Jungfräulichkeit bewahrt, um Gottes Sohn durch den Heiligen Geist in sich aufnehmen zu können.

Dann aber kommt es zu jener Doktrin, die heute den meisten Menschen, die keine glaubensfesten Katholiken sind, als grauenhafte Absonderlichkeit erscheint. Dass Maria jungfräulich durch den Heiligen Geist empfing, mag, unter den gegebenen Prämissen, dem Gutgläubigen noch einleuchten. Schließlich muss man sich den leiblichen Vorgang, die Schwängerung, so vorstellen, dass er durch eine spirituelle Kraft ausgelöst wurde. Doch was im gebenedeiten Leib Mariens heranwächst, ist nicht bloß ein Geist, eine Aura – es ist der Erlöser aus Fleisch und Blut. Er muss geboren werden. Und nun heißt es: Das Kind wurde geboren, ohne dass Maria in physischer Hinsicht beschädigt worden wäre. Sie war Jungfrau vor, während und nach der Geburt.

Erwartungsgemäß beflügelte die Vorstellung einer Geburt, bei der ein Kind zur Welt kommt, ohne dabei die gebärende Frau physisch zu berühren, das Heer der Spötter, auch jener in den eigenen, christlichen Reihen. Wunder hin oder her, das war zu viel.

Man will den Kritikern an dieser Stelle nicht widersprechen, denn nimmt man zu der Wundergeburt hinzu, dass Maria ihr ganzes Leben danach als Jungfrau verbrachte, dann müsste man mit Blindheit geschlagen sein, um nicht zu bemerken, wie tief der Abscheu vor allem Geschlechtlichen hier geht, zumal, wenn es sich um den Gebrauch der Sexualorgane handelt. Ist denn Maria nicht im Grunde die Frau ohne Unterleib? Was bedeutet die Heiligkeit einer Frau, wenn nicht primär ihre Unterleibslosigkeit?

Immerhin, die sündlose Keuschheit konnte die Mutter Gottes, des Menschensohnes, nicht davor bewahren, den irdischen Tod zu erleiden. Auch der Sohn, im Wesen Christus, der Erlöser, musste sterben, und sei es nur, um durch seinen Opfertod die Menschheit zu erlösen. Maria stirbt ihrem Sohn nach. Aber wie ihr Sohn, so wird auch sie nicht im Tode verharren. Sie wird wieder auferweckt und ihr widerfährt eine Gnade, die sie erst wahrhaft an die Seite ihres Sohnes stellt: Maria wird in den Himmel aufgenommen, und zwar, so lehrt das katholische Dogma seit 1950, mit Seele und Leib, als der Mensch, der war, ist und sein wird – unbeschädigt.

Auch hier ist der Spötter zur Stelle, bevor das Dogma noch zu Ende gesprochen wurde: *Immaculatam Deiparam semper Virginem Mariam, expleto terrestris vitae cursu, fuisse corpore et anima ad caelestem gloriam assumptam.* „Die unbefleckte, immerwährende jungfräuliche Gottesmutter Maria ist nach Vollendung ihres irdischen Lebenslaufes mit Leib und Seele zur himmlischen Herrlichkeit aufgenommen worden."[55] Wie, bitte schön – so die rhetorische Frage – soll man sich denn das vorstellen dürfen, *um die Mitte des vergangenen Jahrhunderts*?

Dass Maria samt ihrem Körper in den Himmel aufgenommen wurde (und bloß keine Wortdrehereien mit dem Ausdruck „Leib"): Wie könnte so ein Wunder vonstattengegangen sein, wenn nicht als eine Art Himmelfahrt? Maria schwebte nach oben davon, oder? Und dies, so der relativitätstheoretisch belehrte Spötter, unter der Voraussetzung, dass seit langem die Unsinnigkeit eines absoluten Oben (und nicht weniger die eines absoluten Unten) bekannt war! Fazit: Wer an einen solchen Unsinn glaubt, *der weiß nicht einmal, was das ist, woran er glaubt.*

***

Was könnte man dem Spötter erwidern? Nichts, was er geneigt wäre zu verstehen. Hier scheiden sich Geister und Welten. Um vom Übel erlöst zu werden, muss das Übel selbst erlöst werden.

Irgendetwas im Ursprung der Schöpfung ist dunkel. Ja, da ist eine Dunkelheit, die sich nicht auflösen lässt, solange das Licht leuchtet, aus dem alles Helle hervorgeht (und daher das Dunkle auch): der Tag und die Nacht, der Himmel und die Sterne und die Sonne und all das, was du mit deinen Augen sehen kannst – ja, auch die Nacht, auch sie kannst du sehen im Glanz des Mondes –; und was sich, weil und solange du es siehst, sich seiner eigenen Schöpfungsherrlichkeit inne zu sein vermag.

Die Schöpfung benötigt Augen, um zu sehen, und die Augen benötigen das Licht. Doch sie wären blind, hätten sie nicht einen blinden Fleck (den Fleck, an dem der Sehnerv die Netzhaut durchbricht). Das ist nur eine platte Metapher für ein undurchdringliches Mysterium: *für die Schöpfung, deren Augen wir sind,* und sie hat gewiss noch unendlich bessere Augen, für die uns bloß der Sinn fehlt. Aber wie schwach unser Sehvermögen auch sein mag, wir bedürfen des blinden Flecks, um zu sehen.

Und so bedarf auch die Schöpfung der Dunkelheit. Sie will aber die Dunkelheit in Licht verwandeln. Aus dem Nichts soll Sein werden. Sie will das Übel erlösen, weil sie sich von der Dunkelheit erlösen will, die ihr doch innerlich zugehört. Wir dürfen dem Gedanken nicht ausweichen, dass die Schöpfung unerlöst ist, solange ihre Selbsterlösung einer Selbstaufhebung gleichkäme.

Immer also bedarf es eines Mittlers. Die Gestalt des Mittlers ist so alt wie die Dialektik zwischen Sein und Nichtsein. Der Mittler ist die unmögliche Gestalt, man mag über ihn spotten, seine Idiosynkrasien, seine verfemten Tugenden, seine Wunderwandelwege, sein – um mit Kierkegaard zu sprechen – absolutes Inkognito. Und doch ist er es, der in uns die Hoffnung aufrecht erhält, dass am Ende das Übel von sich selbst erlöst sein wird und auch wir dann vom Übel erlöst sein werden – von jener perennierenden Dunkelheit im Sein, ohne welche hier und jetzt kein Ausharren, kein LEBEN, denkbar wäre. Noch sind wir sterblich, der Dunkelheit, dem Nichts anheimgegeben, weil wir leben. Dann aber werden Leben und Sein eins sein.

„Im Grunde", sagt Ernst Jünger, „sind alle Reaktionäre; sie wollen zum Paradies zurückkehren."[56] Und sollte man nicht hinzufügen: in das Paradies, in dem beide Bäume sich zu einem vereinigt hätten, weil der Schatten der Erkenntnis sich ins Licht des Lebens hinein erlöst hätte? Das, Spötter, diese Sehnsucht ist deine Achillesferse. Du verbirgst sie. Du hasst sie. Du versuchst, sie dir zu amputieren. Es hilft dir nichts, sie wächst dir laufend nach.

Das ist die Sehnsucht in uns allen.

Die größten Künstler des Abendlandes haben diesen Moment ganz besonders geheiligt: die Verkündigung durch den Engel. Maria wird verkündigt, dass sie zum heiligen Gefäß begnadet wurde. In ihrem Leib wird der Mittler Wohnstatt nehmen. Spötter, bist du blind? Hast du keinen Blick – um wahrlich nichts Geringes, aber auch nichts umstandslos Gefälliges zu wählen – für die *Annunciazione*, beispielhaft gesehen durch das Auge eines Leonardo da Vinci? In der Stille des Bildes, in das doch so viel an kulturellem Beirat eingegangen ist (mehrere Künstler haben an ihm gearbeitet, Einzelheiten wurden mehrfach übermalt), ist die Vorausweisung des knieend grüßenden Engels *schon* die Erfüllung: Es ist, wie es ist, und es ist gut.

Und doch wird alles, was immer „schon" geschieht, erst geschehen. Hier finden wir eine wundersame Gestaltung jenes rätselhaften Kafka-Wortes, wonach die Vertreibung aus dem Paradies in ihrem Hauptteil ewig und endgültig sei, wir aber, wegen der Ewigkeit des Vorganges „nicht nur dauernd im Paradiese bleiben könnten, sondern tatsächlich dort dauernd sind, gleichgültig ob wir es hier wissen oder nicht".

Durch eigentümliche, nicht zum traditionellen Inventar der überzeitlichen Verkündigungsrhetorik gehörige Details wird das Geschehen im Bild „verortet". Da ist der muschelverzierte, üppig gestaltete Marmortisch. Er erinnert an einen Sarkophag, nämlich denjenigen von Piero und Giovanni de' Medici, woran 1472 Andrea del Verrocchio, ein Mitschöpfer des Leonardo-Werks, gearbeitet hat. Darauf erhebt sich Mariens Lesepult mit der Heiligen Schrift. Auch dieses „Pult" ist keines im eigentlichen Sinne. Sein unterer Teil ähnelt dem Stiel eines Kelchs (welches? handelt es sich um ein Accessoire, das dem Künstler gerade zur Verfügung stand?), dessen statuarische Wirkung durch einen sehr dünnen, herabhängenden Schleier abgemildert – versinnbildlicht und vergeistigt – wird.

Man merkt das Zögern der Jungfrau, während sie den stummen Worten des Engels lauscht. Dieses tiefe, tief berührte Zögern zeigt sich im Bild als Abgerücktheit des Körpers vom „Lesetisch", eine Haltung, die ihrerseits eine anatomische Verrenkung der rechten Hand zur Folge hat. Dennoch wirkt alles so, als ob es für Ewigkeit gerichtet wäre und ganz und gar nicht anders sein dürfte.

Auch die Blumen im Rasen, auf dem der Engel kniet, sind ebenso wie der Faltenwurf seines Gewandes keine vergänglichen Dinge. So, wie sie sind, werden sie sein. Und auch Maria sitzt nicht vor einer bescheidenen, zerbrechlichen Hütte, sondern mit dem Rücken zur massiven Mauer eines Patrizierhauses. Es ist, als ob die Zeit den Atem anhielte. Durch eine Türe blickt man auf ein hohes Ruhelager, dem Monument eines Bettes, würdig zum Empfang des Heiligen Geistes.

Die Stille der ganzen Szenerie ist, bei aller Typik, überwältigend. Hinter einer ebenfalls massiven Brüstung öffnet sich der Landschaftsraum. Dessen dunkle, den Figurenbereich abschließende Baumreihe, schafft einen *Hortus conclusus*, eine Garten der verschwiegenen Botschaft und Eintracht. Jenseits davon rücken die sehr fernen, sehr hellen Berge den Raum ins realpräsent Irreale und damit Ewigkeitssymbolische. Wer in dieser Gnadenlandschaft wandelt, ist beides zugleich: erdschwer und paradiesisch entrückt.

Immerwährende Jungfräulichkeit, das meint, in die Tiefe hinein, Erlöstsein vom Übel dadurch, dass das Übel selbst erlöst wurde. Ja, sehen wir den Dingen ins Auge: Der Körper, mit dem wir durch die Welt gehen und sterben müssen, nachdem wir in Schmerzen geboren wurden, dieser Körper ist, physiologisch gesprochen, nicht nur ein Gefäß möglichen Glücks und, metaphysisch gedacht, ein Instrument der Schöpfung, um sich ihrer selbst bewusst zu werden; er ist zugleich immer auch ein Übel. Jungfräulichkeit, das meint den Körper, der als das, was er zuallererst ist – *als Körper* – erlöst wurde.

***

Spötter, du hast nicht verstanden, worüber du spottest, wenn du den erlösten Körper – den Leib der Jungfrau –, mittels des Körpers lächerlich zu machen versuchst, der einen legitimen Gegenstand der gynäkologischen Wissenschaft und Praxis bildet. Worum es hier geht, ist ein Phantasma, gewiss, aber eines, das sich aus der Logik der Schöpfung und unserer darauf gegründeten Paradieses-Sehnsucht ergibt. Was die großen abendländischen Marienkunstwerke anschaulich zu machen suchen, indem sie bildhaft Zeugnis von Maria als der Mutter Gottes ablegen (freilich noch immer befangen im unerlöst materiellen Schein), das ist der Durchschein des erlösten Körpers. Dieser Körper ist als Körper auf eine mysteriöse Weise transformiert. Gott zu gebären ist kein gynäkologischer Akt, es ist aber ein Akt, der alle Frauen, die künftig unter Schmerzen gebären werden, heiligt – jede Geburt kündet vom Paradies.

Deshalb gehört zu den Vorstellungen, wie sich das Wunder der Geburt Gottes aus dem gebenedeiten Schoß der Frau vollzogen hat, traditionell jene, die das Geburtswunder mit dem hellen, reinen Licht vergleicht, das durch die Fenster einer Kathedrale fällt. Dabei wird das dunkle Kirchenschiff von oben herab sanft von den Farben erhellt, die sich im Durchgang der Lichtstrahlen durch das bunte Mosaik des Glases entfalten.

Lassen wir den Marienkitsch beiseite, den Jungfräulichkeitskitsch, den Himmelfahrtskitsch. Lassen wir den Aberglauben weg, die Wundersucht. Dann bleibt, dass es eine Frau gegeben hat, verheiratet mit einem Tischler namens Josef: Und mit diesem Mann teilte sie das Bett. Und Jesus, der Geschwister hatte, kam zur Welt, wie alle Kinder zur Welt kommen. Er wurde unter Schmerzen mit ebenjenen körperlichen Begleiterscheinungen geboren, die für jede Geburt unabdingbar sind. Was also, könnte man mit einigem Recht fragen, soll dann das Gerede von der Unschuld?

Wenn die Unschuld in unbeschädigter Physis und jener Unberührtheit besteht, die einzig durch die völlige Abwesenheit sinnlicher Gedanken und Gefühle aufrechtzuerhalten wäre, dann war Maria, die Frau und Gattin, die Mutter Jesu, gewiss nicht „unschuldig", andernfalls sie als heiliges Püppchen, als Popanz der Verehrung, statt als Mensch gedacht werden müsste. Um das zu begreifen, braucht man kein Spötter zu sein. Man braucht nur den überlieferten Berichten Gehör zu schenken, kontrovers zum Glaubensdogma, sofern es jener bigotten „Unschuld" huldigt, die in Wahrheit einer sentimentalischen, als Ehrfurcht getarnten Form der Frauenfeindlichkeit Vorschub leistet. Weshalb uns die Marienerzählung innig anrührt, das ist in Wahrheit *die Unerlöstheit unserer Körper*.

Und so schlagen die großen Künstler bei offenen Augen die Augen auf. Davon, von diesem Augenaufschlag, künden ihre Werke der Erlösung, zum Beispiel jenes des Leonardo da Vinci, welches uns im Garten der Verkündigung eine unaussprechbare, begriffslose Ahnung davon vermittelt, was es heißen könnte, dass das Übel von sich selbst erlöst wird – eine Ahnung, die im Anschaulichen als rätselhafte Geborgenheit anwest.

Und so erfahren wir die radikale Wahrheit der Unschuld: Sie ist das *zeitlos verfolgte Ideal*, allzeit verspottet, verfemt und doch der Urquell der Sehnsucht in uns allen. Eine Menschheit, die den Horizont der Unschuld in sich abgetötet hätte, wäre vielleicht glücklicher als jede andere, die nicht aufhören kann, nach dem Absoluten zu streben. So eine Menschheit wäre dennoch eine Masse Verlorener, die in ihrem erdflohhaften Glück umhertriebe, ohne ein Gefühl dafür, wie es wäre, dem Licht zustrebend lebendig zu sein. Sie wäre tot, irgendwie tot.

11. Und sie erkannten einander

Was wäre leichter? Was wäre naheliegender, konsensfähiger, weil nichts weiter als Ausdruck des gesunden Menschenverstandes? Man *kann* das Symbol der jungfräulichen Maria, die als Jungfrau zugleich die Mutter jenes einen Gottes ist, der Mensch wird – man kann dieses ungeheuerliche, in der Radikalität seiner lehramtlichen Durchführung einmalige Symbol verspotten. Man kann uns den Geschmack daran austreiben wollen, indem man uns an die großen Marienwallfahrtsorte führt, besonders Lourdes und Fatima. Dort wird die Wahrheit des Symbols (falls man dem Symbol eine Wahrheit zugestehen will) dadurch zerstört, dass es für bare Münze genommen, mit Zuckerguss überzogen und dann unters abergläubische Volk gebracht wird: rosigweiße Madonnen zuhauf, in jeder Größe, mit und ohne Jesusknäblein auf dem Schoß, ferner blutende Herzen im Strahlenkranz, Engel mit bengalischem Flügelwerk, Rosenkränze mit Perlen in allen Größen und Preislagen. Doch das alles wird nichts daran ändern, dass das Jungfräulichkeitssymbol so radikal und zugleich so innig wie kein anderes das größte aller menschheitsgeschichtlichen Sehnsuchtsmotive spiegelt: nämlich das Motiv des erlösten Übels.

In Maria wird nicht das Übel der Lust und ihrer Folgen überwunden, sondern Maria ist durch und durch mythische Substanz (und damit eben auch nicht bloß Symbol): *Sie ist die Frau, in der das Übel vom Übel erlöst wurde.* Dass Maria mit ihrem Mann, Josef, das Bett teilte, mit ihm sexuell verkehrte, mehrfach schwanger wurde, unter Schmerzen den späteren Schmerzensmann Jesus gebar: Das alles „dogmatisch" zu leugnen, erreicht gerade *nicht* das Ziel, um welches es geht. Denn worum es hier, dem geistigen Kern nach, einzig geht, ist der *Transformationsvorgang*, demzufolge Maria ein empfindender, seiner Empfindungen bewusster Mensch sein konnte und dabei doch frei von jenem Übel, an dem alle Menschen teilhaben. Niemandem außer der Jungfrau wird die Paradieses-Perspektive gewährt.

In Maria wurde der nachparadiesische Mensch vom Menschen erlöst, nicht, indem er wieder in den Zustand der Unwissenheit über Gut und Böse versetzt worden wäre, sondern – das ist die mythische Substanz – aufgrund einer wunderbaren Entschuldung: Was immer Maria tut, sie wird es in Unschuld tun, weil in ihr das Übel vom Übel erlöst wurde. Mariens Mysterium ist nicht eine sterile, im Grunde inhumane Geschlechtslosigkeit, sondern der Umstand, dass, was immer sie tut (und sie wird nichts Böses tun), *die moralische Frage keine Rolle mehr spielt.* Maria wurde bereits durch die Verkündigung wieder ins Paradies aufgenommen, im Sinne jener zweiten Unschuld, die bedeutet, dass alle Einschränkungen, denen die ersten Menschen unterlagen, nun keinerlei Bedeutung mehr haben.

Der empörten Frage des Marianisten, ob damit vielleicht angedeutet werden solle, dass Maria zeit ihres Lebens sexuelle Lustempfindungen hatte und trotzdem leibhaftig in den Himmel aufgenommen wurde, wäre zu antworten: Eben jene Maria, „voll der Gnaden", wäre ohne solche Empfindungen bloß eine tote Puppe der Tugend, keine Frau, deren lebendiger Leib jemals würdig gewesen wäre, in den Himmel aufgenommen zu werden. Nein, worum es bei der Jungfräulichkeitsdoktrin nur gehen kann, ist einzig und allein, sie als ein Wesenssymbol unserer tiefsten Sehnsucht anzuerkennen: Das Übel, das wir *sind*, möge vom Transformationsstrom der Erlösung erfasst und, ohne dass wir sterben müssen, in seiner Substanz zur Unschuld hin befreit werden. Auch vom Sex fällt der Schatten des Bösen ab. Die Geburt Jesu steht nicht mehr unter dem Bannfluch der Genesis, auch wenn sie unter Schmerzen und blutig vollzogen wird.

Maria ist die Hoffnung, die Welt ließe sich mit dem Blick des Paradieses, mit Paradieses-Augen anschauen und man könnte *sehen*, dass alles ist, wie es ist, und dabei aber gut. Das wäre der Blick der zweiten Unschuld, und das eben ist der unerreichbare Horizont der Sehnsucht in uns allen. Immerhin, jener Horizont hat Verkörperungen in dieser unserer unerlösten Welt, die ohne ihn nicht möglich wären: die Liebe, das Glück, das gelingende Leben.

Reden wir einmal nicht davon, dass sich unter den Marienverehrern die dunkelsten, reaktionärsten Gestalten des Katholizismus finden, diejenigen, die Aids für eine Strafe Gottes halten, indem sie so tun, als würde es ihnen um die Reinheit des Lichts gehen, welches die Liebe *ist*, bloß, um ihre Phantasien an dem „Dreck" zu laben, den sie in der Hölle brennen sehen möchten – natürlich stets am Körper der anderen. Das alles ist makabre, obszöne Realität des Marienkults.

Nein, wovon hier die Rede sein soll, ist die Heiligkeit des Geschlechts, namentlich jenes Akts, der in der Sprache der Bibel dadurch bezeichnet wird, dass es heißt: „... und sie erkannten einander". Da ist er, der ferne Nachklang aus dem paradiesischen Sündenfall, jener Moment, in dem Adam und Eva voreinander ihre Nacktheit erkennen. Doch nun, am Ehe-Lager, ist die geschlechtliche Vereinigung zwar immer noch, über die Tiefe der Zeiten hinweg, gleichsam nachklingend dem Genuss der verbotenen Frucht geschuldet, aber unter der Gnade des Sakraments vollzogen. Noch ist das Übel nicht erlöst, aber es ist trotzdem geheiligt.

Jede religiöse Kultur, die das Geschlechtliche unter der Bedingung einer grundlegenden Störung im Schöpfungsgeschehen „heiligt", wird darauf bedacht sein, den Sex – und überhaupt alles, was mit dem Sexuellen zusammenhängt – vor der Profanierung zu schützen. Der profanierte, nur noch der Welt zugewandte Sex ist *schmutzig*: Er ist sündhaft. Man denke an Sodom und Gomorrha.

Mittlerweile beginnt in Vergessenheit zu geraten, dass der Ausdruck „Sodomie", der heute den Geschlechtsverkehr mit Tieren meint, einst auf die Homosexualität gemünzt war, für deren Praktizierung unter erwachsenen Männern im biblischen Buch Levitikus die Todesstrafe gefordert wurde. Heute wird jeder einigermaßen aufgeklärte Mensch über derlei Zuschreibungen den Kopf schütteln. Und dies hat nichts mit den speziellen Praktiken zu tun, welche das homosexuelle Liebesleben charakterisieren, sondern damit, dass seit den 1960er-Jahren die Kritik der sexuellen Repression nicht müde wurde zu betonen, Sex sei *etwas ganz Natürliches*. Die Epoche des Oswald Kolle und der Beate Uhse war angebrochen, die Vergnügungen, die keine Sünde mehr sein sollten, reichten vom Cunnilingus über den Spaß mit Dildos bis zum bittersüßen Schmerz der Hodenklemmen.

Man schreibt das Jahr 1860, als der Fürst von Lampedusa anlässlich seiner wöchentlichen Kutschenfahrt nach Palermo, wo er seine Geliebte treffen wird, mit dem stets mitreisenden, ermahnungseifrigen Pater des Hauses Salina einmal – wie es heute heißt – Klartext redet:

„Ich bin noch ein kräftiger Mann; wie soll ich mich begnügen mit einer Frau, die sich im Bett vor jeder Umarmung bekreuzigt und hernach, in den Momenten größter Erregung, nichts zu sagen weiß als: Jesusmaria! Als wir geheiratet haben, als sie sechzehn Jahre alt war, hat mich alles das begeistert. Aber jetzt ... Sieben Kinder habe ich mit ihr gehabt, sieben; und nie habe ich ihren Nabel sehen können. Ist das recht?"

Dem Pater ist nur eines klar: Sein Herr, der Fürst, wird morgen eine schwere Sünde beichten müssen. Nachdem sich der Fürst noch in derselben Nacht wieder nach Hause hat zurückkutschieren lassen, überkommt ihm beim Anblick seiner schlafenden Frau Stella, wie sie so daliegt, ihr Haar ordentlich unter dem Häubchen verborgen, „ein zärtliches Gefühl": „Sieben Kinder hat sie mir geschenkt, und hat nur mir angehört." Und Gott – so steht zu lesen – rührte mit seiner mächtigen Hand in des Fürsten Gedanken mächtige Brände ...[57]

Es ist ein Leichtes, die Welt des Fürsten und seiner Gemahlin, an deren religiöser Neurasthenie kein Zweifel bestehen kann (die Alterssammelwut der Töchter, die sich auf Reliquien richtet, ob kirchlich beglaubigt oder nicht, ist heilssüchtig), als Ausdruck einer bereits lange währenden Situation der Triebunterdrückung zu deuten – einer Situation, die derart machtvoll geworden ist, dass sich ihr nicht einmal die Herrschenden, ja gerade sie nicht, entziehen können. Das ehebrecherische Verhalten des Fürsten ist, wie man aus damaliger und, umso mehr, heutiger Sicht zu urteilen geneigt ist, dem Manne keineswegs zu verdenken. Dabei zeigt seine Untreue quasi rituelle Züge, die an eine Art Alltagsliturgie erinnern: Ein Mal in der Woche …

Trotzdem: Betrachtet man diese untergegangene, in heißem Staub, ausweglosen Armut, engstirniger Frömmelei und revolutionärem Blut versunkene Welt des aristokratischen Siziliens, wie sie ihr genialer Porträtist Giuseppe Tomasi di Lampedusa vor uns ausgebreitet hat, dann regt sich nicht einfach Erleichterung. Denn diese Welt war nicht nur bigott und repressiv; sie hatte auch noch ein starkes, unnachgiebiges Gefühl für die sakralen Züge des Lebens. Dazu gehörte, dass alles Geschlechtliche zugleich als sündig *und* heilig erscheint. Die Prüderie Stellas ist – nach heutigen Standards – körperfeindlich. Sie ist regelrecht krankhaft, wobei die Krankheit den von ihr Befallenen als einziges Heilmittel gegen das Böse, gegen den Akt der körperlichen Vereinigung, des lustdurchtränkten Nachhalls der Erbsünde gilt.

Dennoch regt sich im lebensabschnürend Psychopathologischen ein kulturelles Moment, das zu verlieren einen Verlust an menschlicher Kultur bedeutet: Um das *Böse*, das unser Leben ist, besänftigen zu können mit der Hoffnung, es einst zu überwinden, muss es als solches – als das Böse, das unser Lebens *ist* – begriffen sein. Nur so kann es erlebt und erlitten, nur so in den Horizont der Sehnsucht eingerückt werden. Die Sehnsucht nach Unschuld wird freilich in dem Augenblick unmöglich, in dem uns die liberale, agnostische Welt darüber belehrt, dass wir innerlich nur gesunden können, wenn wir verinnerlicht haben, dass Sex „etwas ganz Natürliches" ist.

Wenn es das Paradieses-Übel, als dessen zentrale Verkörperungsform über die Epochen hinweg das Geschlechtliche gegolten hat, schließlich nicht mehr gibt, dann brauchen wir von diesem Übel auch nicht erlöst zu werden. Und vor allem: Dann wäre es sinnlos, sich der Sehnsucht nach der Erlösung des Übels hingeben zu wollen – einer Sehnsucht, für deren Erfüllung die Marienverehrung steht, verkörpert auf allen Höhen und Tiefen des religiösen Denkens und Fühlens, vom inspirierten Marienkunstwerk über die Rosenkranzliturgie bis zur Zuckergussmadonna.

Mit den Oswald Kolles und Beate Uhses ist eine andere Stimmung angebrochen als jene, die schon seit dem aufgeklärt posthumanistischen, materialistisch triebhungrigen 18. Jahrhundert als Libertinage gegen die verlogene Sittenstrenge eines verrotteten Klerikalismus mobilmachte. Sobald es die Herren und Damen der Welt treiben wie die Schweine, hat das zur Folge, dass die Schweine katholisch werden. Es ist das verquere Gefühl, man müsse das leere Gehäuse einer nach außen hin und *pro forma* sittenstrengen Welt durchbrechen, um im Orgasmus und der Orgie endlich wieder ein *Empfinden* dafür zu bekommen, was es heißt, im Wesen das zu sein, was man immer schon war und ist und sein wird: böse. In der Lüsternheit von Sodom und Gomorrha regeneriert sich tief drinnen im eiskalt brennenden Herzen das verfolgte Ideal der Unschuld. Deshalb fieberte noch jede Libertinage ihrem Rückschlag entgegen – der Gegenrevolution, der Frömmigkeit, dem Pietismus, kurz: der Geschlechtsliturgie.

Heute hat, an der Oberfläche unserer geschlossenen Genusskultur, der Sex nichts „Subversives" mehr an sich. Er ist zu einem Genussmittel für Jung und Alt geworden. Multimilliardenschwer ist der vom Sex lebende Markt, von der Dessous-Couture bis zur Potenzpille. *Sex sells*. Und wo schließlich die Triebaffekte und Lustphantasien ungezügelt werden, in asoziale Bereiche vordringen, die sich nicht spielerisch abfedern lassen, dort regiert eben, „zivilisiert", das Strafrecht – und alle nicken dazu: Kinderschänder, Lustmörder und Kannibalisten muss man einsperren. Gleichzeitig gilt der Marquis de Sade den jungen Leuten als Literatur, die „anstrengend" und im Grunde ziemlich eintönig ist; da haben sie schon Schärferes im Internet gesehen.

* * *

Exkurs: Die böse Krankheit Aids. – Auffällig bleibt über alle Naturalisierung des Sexes hinweg, dass trotz demonstrativ vorgezeigter Hyperliberalität unter der Oberfläche die alten Wahrnehmungsmuster und Erlebnisformen hartnäckig weiterbestehen. Ihr Überdauern lässt sich, bei laufender Gegenpropaganda, nicht bloß als Symptom einer bedauerlichen ideologischen Verengung oder neurotischen Verhärtung abtun. Diesen Umstand zu leugnen – darin gründet ein kulturell tiefreichender Selbstbetrug.

Während auf dem öffentlichen Terrain gewisse Begriffe wegen ihres Diffamierungspotenzials geächtet werden, allen voran jener der „Perversion", zeigen bestimmte Diskurse einen unausrottbar ambivalenten Zug. Statt das Sexuelle endgültig im wertfreien Raum der „natürlichen" Tatsachen zu verankern, zu denen allenfalls moralisch und notfalls rechtlich Stellung zu beziehen wäre (Vergewaltigung, Pädophilie, Sex mit Tieren), beginnt sich im Zauberkreis des Geschlechtlichen das Natürliche, kaum dass es als solches dekretiert wurde, selbst wieder werthaft aufzuladen und damit zu *verwandeln*.

Im Folgenden will ich diesen Punkt am reizbaren Zusammenhang zwischen Aids, Homosexualität und deren öffentlicher Wahrnehmung etwas eingehender darstellen.[58] Dazu scheint es mir angebracht, anhand eines historischen Exkurses eine Gestalt zu skizzieren, die ich bereits in meinem Buch *Verbrechermenschen* als „Böskranken" charakterisierte.[59]

Diese Gestalt, deren Aktualität bis heute andauert, bildet für jene, die an der Realität des Bösen festhalten, einen Beweis dafür, dass die Natur des Menschen keine wertfreie Größe ist.[60] Der Böskranke laboriert an einer bösen Natur. Indem sein Wille durch seine böse Natur infiziert wird, macht er sich schuldig, nicht, weil er ein autonomes Wesen wäre, sondern weil sein Handeln Ausdruck seiner Teilhabe am Bösen ist. Das Böse konstituiert in jedem Fall eine Art von Schuld, die umso schwerer wiegen mag, je weniger sie das Ergebnis einer innerlich freien Konstitution, eines autonomen Entscheidens und Agierens bildet. Denn in der Unfreiheit des Subjekts, dessen Krankheit ein Erscheinungsbild seiner bösen Natur repräsentiert, waltet Dämonisches.

Heute hat man sich daran gewöhnt, Krankheiten wertfrei zu betrachten. Das war keineswegs immer so. Denken wir an die Geschlechtskrankheiten, an denen früher die Menschen elend zugrundegingen. Damals gab es gewichtige Stimmen, welche in der „Lustseuche" *etwas Böses verkörpert sahen*, war sie doch die Folge einer sündhaften Hingabe an den Geschlechtstrieb. Syphilis und Tripper galten als göttliche Strafe dafür, dass man der Hurerei gefrönt hatte. Ja, Geschlechtskrankheiten wurden theologisch als ein manifester Ausdruck der Erbsündigkeit des Menschen betrachtet. Es handelte sich um böse Krankheiten.

Böse Krankheiten charakterisieren den Böskranken. Sein Stigma ist, aus christlicher Perspektive, zugleich moralisch *und* metaphysisch. Unschuldig ist weder der Kranke noch seine Krankheit. Man könnte sagen, hier handle es sich um eine archaische Grundsituation: Eine böse Natur ist die Ursache einer menschlichen Missgestalt, die zum Bösen strebt. Wesentlich komplizierter wird die Situation, sobald sich in die Archaik der Krankheit ein gerüttelt Maß an Aufklärung einzumischen beginnt. Das war, dank eines bereits erheblich rationalisierten, dem Mythos prinzipiell abgeneigten Klimas, im letzten Drittel des 19. Jahrhunderts der Fall.

Damals begründete der italienische Arzt Cesare Lombroso seine „positive Schule" der Kriminologie. „Positiv" meinte, dass man beim Studium menschlicher Abweichungen jede Metaphysik meiden, also nur auf Tatsachen, auf wissenschaftliche Empirie abstellen wollte. Dabei befasste sich die Schule mit der, wie sie zu beweisen suchte, angeborenen Konstitution des „Verbrechers", aber auch – und gleichsam zur Komplettierung ihres Bestiariums – mit den Ursachen von Prostitution und politischem Radikalismus in Gestalt des Anarchisten.

Lombroso glaubte, den Ursprung der Neigung zum schweren und nachhaltigen Rechtsbruch entdeckt zu haben. Anatomische und physiologische Details schienen zu belegen, dass es einen geborenen Verbrecher, einen *Uomo delinquente*, gibt, in dem die wilde, unzivilisierte Natur, wie sie ansonsten nur im Tierreich vorherrscht, mehr oder minder ungebrochen überlebte. Dieser Homo Delinquens, eine Speziesvariation des Homo Sapiens, hatte unter dem Vorzeichen der Zivilisation als pathologisch zu gelten. Er war im weitesten Sinne des Wortes eine krankhafte Existenz – ähnlich jenen Menschen, die von Geburt an geistig beschädigt sind.

Da Lombroso die Willensfreiheit strikt ablehnte und daher auch nicht an die persönliche Schuld des Täters glaubte, hätte es nahegelegen, die Determination zum Verbrechen als eine unheilbare Anomalie zu diagnostizieren, an der gewisse Menschen *ohne eigenes Verschulden* litten. Konsequent wäre daher die Forderung gewesen, die Taten solcher Individuen dem Strafverfolgungsapparat zu entziehen. Doch nichts dergleichen geschah. Warum nicht? Studiert man die Beschreibungen und, besonders einprägsam, die Abbildungen des „geborenen Verbrechers", dann sieht man sich mit keinem Kranken konfrontiert, sondern mit einer monströsen Entgleisung der Natur: einer Bestie, debil und grausam, schmerzresistent und gewissenlos. Lombrosos Hauptwerk, *L'Uomo delinquente*, umfasst schließlich drei Bände voll widerwärtiger Anomalien und Abnormitäten des Menschlichen.[61]

Hier liegt ein Anknüpfungspunkt der späteren Nazikriminologie, die guten Gewissens den Untermenschen postulieren konnte, um ihn dann dem qualvollen Humanexperiment und der Giftspritze zuzuführen. Denn es ist gerade die pseudowissenschaftliche Verschleierung der Archaik im Blick auf jene abweichende Minderheit, deren Mitglieder als „Böskranke" abstoßen, weswegen guten Gewissens verfolgt, gefoltert und ausgemerzt wird – gestützt durch das rationalisierende Argument, man handle zum Schutz der Gesellschaft, ihrer Sicherheit und ihres Erbguts.

Es hieße nun, sich abermals den Realitäten zu verschließen, wollte man nicht zur Kenntnis nehmen, dass in der jüngeren Vergangenheit

Aids vielfach als eine *böse Krankheit* wahrgenommen und gefürchtet wurde. Daran mochte die Verwissenschaftlichung des HIV-Diskurses, soweit er nicht im rein Medizinischen verblieb, nur wenig zu ändern. Im Gegenteil: Je mehr über die Umstände bekannt wurde, die besonders hierzulande eine Infektion begünstigten – rascher Partnerwechsel, Gelegenheitsbekanntschaften in Schwulenbars und am Schwulenstrich, ungeschützter Analverkehr, zusätzlich der Gebrauch verunreinigter Nadeln beim Konsum harter Drogen –, desto hartnäckiger hielt sich die Stigmatisierung von Männern (und zunehmend auch Frauen), die an Aids litten und das Virus weitergeben konnten.

Und da im Zentrum *homophober Schuldphantasien* seit jeher die anale Penetration steht, wurde der Homosexuelle zu einer archetypischen Figur des Böskranken, zum „Homo homosexualis", in dem eine pervertierte Natur darauf drängt, sich auszubreiten. Konservative und klerikale Kreise beschwören weiterhin das widernatürliche Laster. Rassisten und Sexisten sehen durch die kolportierte Ausbreitungsgenese des HI-Virus – vom Affen über den schwarzen Mann bis hin zum glaubenslosen Weißen – ihren regelrecht mythischen Angsthass bestätigt, wofür sie, aus Gründen der politischen Korrektheitsmaske, zumeist nur unter Gleichgesinnten offen einstehen.

Natürlich blieb in den liberalen Gesellschaften des Westens die Gegenreaktion nicht aus. Im Falle von Aids war die Mobilisierung erfolgreich. Keine andere weltweite Seuche konnte auf so viel Hilfsbereitschaft unter einflussreichen Kulturträgern zählen, keine andere Krankheit war imstande, ein vergleichbares Charity-Klima in globalem Ausmaß zu schaffen. Dabei ist der ökonomische Aspekt des Hilfsprozesses bloß ein Teil des Gesinnungswandels, in dessen Verlauf aus einer bösen Krankheit etwas grundsätzlich anderes wird, nämlich ein Leiden, das unserer Solidarität nicht nur bedarf, sondern uns darüber hinaus in die Pflicht nimmt. Denn die Hilfsbereitschaft, soll sie verlässlich und dauerhaft sein, bedarf ihrerseits der Stilllegung jenes tiefverwurzelten Ressentiments, das zum Phantasma des *Homo homosexualis* führt, welches im Zentrum aller homophoben Reaktionen steht. Diese Reaktionen reichen von misstrauischer Kontaktvermeidung bis hin zu offener Hetze, wobei es im sexistischen Zwangsdenken kaum eine moralisch neutrale Art gibt, sich mit dem bösen Virus zu infizieren, höchstens die blanke, brutale Vergewaltigung, zu der das Opfer nicht selbst durch „laszives" Verhalten herausfordert.

Man sollte die Macht von sprachlichen Konventionen – Begriffs-Etiketten – auf Anschauungsweisen und Gefühle nicht unterschätzen. „Schwul sein" war einst ein stigmatisierendes Etikett, das in abwertender, beleidigender Absicht angewandt wurde. Heute bezeichnen sich nicht nur Homosexuelle selbst als „schwul". Verwenden Heterosexuelle den Ausdruck, dann signalisieren sie damit häufig (im Gegensatz zu denen, die korrekt, aber steif beim Ausdruck „homosexuell" bleiben) eine legere, freundliche Einstellung: Sie präsentieren sich als nicht-homophob.

Damit die *Gegenetikettierung* allerdings tiefreichend und nachhaltig wirkt, müssen entsprechende Agitations- und Lebensmuster heranreifen. Die einst stigmatisierte Gruppe muss aus dem Verborgenen ins Licht der Öffentlichkeit treten. Was damit beginnt, dass couragierte Einzelne sich zu dem, was sie sind, und damit zu ihrer Gruppe ausdrücklich bekennen – das sind die späterhin historischen Outings –, wird im Laufe der Zeit zu einer massenhaft demonstrierten Gegenkultur. Sobald diese auf öffentliche Anerkennung und Förderung zählen darf, ist sie bereits zum Bestandteil der herrschenden Kultur und ihrer Medien geworden.

Zunächst dringen Kampagnen der Gegenetikettierung darauf, an die Stelle des stigmatisierenden Blicks und der öffentlichen Herabwürdigung zwei Maßnahmen zu setzen: erstens, eine den Tatsachen angemessene Sicht der Dinge breitenwirksam zu etablieren; und, zweitens, die herrschende Diskriminierung zu beseitigen, moralisch ebenso wie rechtlich. Damit hat es jedoch meistens nicht sein Bewenden. Sobald eine Gruppe aus dem Schatten ihres Stigmas heraustritt, kommt es, aus Gründen der Selbstfindung, der Etablierung eines neuen Selbstbildes und der Gewinnung von Selbstachtung, zu einer Reihe weiterer, teilweise mehrdeutiger Effekte, die über die genannten Maßnahmen weit hinausgehen.

So formieren sich die Regenbogenparaden. Es werden Schwulen- und Lesben-Umzüge organisiert, oft verbunden mit erotischer Randgruppenfolklore, von der Drag-Queen-Exotik bis zum Latexfetischismus. Diese Inszenierungen haben sowohl den Zweck, das eigene befreite Lebensgefühl zu zelebrieren, als auch durch mehr oder minder provokative „Performances" der bisher herrschenden Kultur vor Augen zu führen, dass sie ihr Toleranzmonopol endgültig eingebüßt habe.

Die Medien tragen zur Verstärkung des gegenetikettierenden Effekts erheblich bei. Das geht so weit, dass in Umkehrung der bisher üblichen Diskriminierung nun der „schwule" Lebensstil als besonders lebensbejahend, sensibel und liebenswürdig dargestellt und mit der unleugbaren Tatsache kurzgeschlossen wird, dass viele Künstler und Intellektuelle, die zu den Großen unserer Kultur gezählt werden, tatsächlich homosexuell waren und sind – auch wenn (oder gerade weil) sie ihre sexuelle Ausrichtung zeit ihres Lebens vor dem Publikum verbargen. Hierher gehören etwa der Schriftsteller Marcel Proust oder der Schauspieler Rock Hudson, die beide im Rahmen ihrer Kunst – also fiktiv – singuläre Frauenliebhaber verkörperten. In diesem Zusammenhang ist eine Beobachtung des Wiener Autors Rolf Rameder, der selbst homosexuell ist, besonders erhellend. Er schreibt:

„Da ich die Zeit der Liberalisierung […] so ziemlich von Beginn an erlebt habe, ist mir auch aufgefallen, wie sehr die Heterosexuellen die Homosexuellen nachmachen. Stichworte dazu: Permissivität, Promiskuität, der Glaube an die Simplizität der Scheidung bei Ehepaaren mit und ohne Kinder, der Glaube, dass Sex so einfach sei wie Zähneputzen und nichts mit Biologie zu tun habe. Die zugelieferte und auflockernde Kultur dazu: Disco-Musik, Donna Summer, Madonna, Michael Jackson, Elton John, Queen, David Bowie, um nur ein paar Saurier aus diesem Universum zu nennen. So nennt man es manchmal: Pop-Universum. […] Aids ist also auch eine bild- und medieninduzierte Krankheit."[62]

Über die letzte Bemerkung mag man unterschiedlicher Ansicht sein. Jedenfalls lässt sich nicht bestreiten, dass im Prozess der Gegenetikettierung, sobald diese von allen Menschen guten Willens mitgetragen und von den Massenmedien verstärkt wurde, zwei Phänomene in den Vordergrund rückten: eine Art *Schwulenfolklore* und die *Schönfärbung des homosexuellen Alltags*.

Die Schwulenfolklore funktioniert ähnlich wie die Multikulti-Mentalität. Es wird in liberalen Kreisen üblich, so zu tun, als ob die Homosexuellen, genau besehen, die besseren Heterosexuellen seien. Deshalb sollte man von ihnen lernen – eine vor allem rhetorische Haltung, die zu einer oberflächlichen Übernahme als typisch „schwul" empfundener Attitüden führt. Rameder spricht ausdrücklich vom Pop-Universum, wobei er noch die Zeit vor der Entstehung des Rap, namentlich des *gansta rap*, und dem damit verbundenen Hypermachismo im Auge hat. Das Pop-Universum mit seinen typisch sexuellen Mehrdeutigkeiten fördert eine gefühlige Identifikation mit der Schwulencommunity und, darüber hinaus, dem Aids-Phänomen, das, statt als Krankheit ernstgenommen zu werden, in den Sog einer sentimentalen Homophilie gerät. Hier fängt es an, bedenklich zu werden, und Österreich ist ein Land, welches jahrelang den Musterfall einer solchen Bedenklichkeit geliefert hat.

Der Wiener Life-Ball erreichte in den Jahren seines Bestehens einen internationalen Society-Stellenwert ersten Ranges. Am Ball herrscht Kostümzwang. Das Ganze erinnert an altrömische Saturnalien oder

Pasolinische Tableaus. Der Triumph der Phantasie mündet in grelle Formen der „Lebensfreude", in provokante Exhibitionismen aller Art, von Zungenspielen vor laufender Kamera über kunstvoll aufgeputzte Penisse bis hin zu Adjustierungen aus dem Bereich des harten Sadomasochismus.

Am fragwürdigen Höhepunkt dieser Entwicklung, 2008, lautete das Thema *Landing on Planet Life Ball*. Auf der offiziellen Homepage war zu lesen: „Der Life Ball hebt ab zu den Weiten des Weltalls und nutzt diese Metaphorik, um die soziale Thematik Aids in all ihren gesellschaftlichen Aspekten zu beleuchten und gleichzeitig für ein ‚universelles' Miteinander zu plädieren. [...] *Love is infinite. Life is universal.*" Doch kaum jemand wagte zu fragen: Rechtfertigt es der gute Zweck, das Schicksal all jener auszublenden, die in lieblosen, beengten, brutalen Verhältnissen leben? Ist es zulässig, um der Platzierung werbetauglicher Phantasien willen vom unteren Ende der sozialen Skala zu abstrahieren: von den Armseligen, die in Stricherclubs, auf Bahnhöfen oder öffentlichen Toilettenanlagen ihre Dienste anbieten, von den Drogensüchtigen, die an Aids erkrankt sind?

Rolf Rameder, Sozialhilfeempfänger, begreift seine Veranlagung nicht als Geschenk des Schicksals. Er phantasiert Aids als Trauerarbeit des Körpers, der am empfangenen Samen nicht schwanger werden kann. Rameder weiß, dass es sich dabei um eine „mutwillige Interpretation", ja um eine Zwangsvorstellung handelt. Aber er will uns an seinem eigenen Beispiel zu erkennen geben, dass die schönfärbende Glamourperspektive mit dem Verdrängen nicht nur der äußeren Fakten einhergeht, sondern auch der existenziellen Situation, des höchst subjektiven, höchst leidvollen Erlebens, wie es für den minder geachteten homosexuellen Mann täglich real ist.[63]

Gerade in jenem denkwürdigen Jahr des Life-Balls, dem Jahr der universellen Liebe, gab es hinterher Katzenjammer und Mediengetöse. Denn die vom Organisator mobilisierten Phantasien, ob am Lingerie-Laufsteg, auf der hell ausgeleuchteten Prominentenbühne oder in den dunkleren Ecken – jene Phantasien handelten von fast allem, außer von Aids. Und sofern sie davon handelten, entstand für das breite Publikum der Eindruck einer „abfeierbaren" Angelegenheit, die zur Lebensfreude regelrecht zu animieren schien. Dazu brachte das Privatfernsehen Bilder von Paaren und Gruppen, die in den Ballräumen allerlei Sachen trieben, die man sich ansonsten bloß im Pay-TV anzuschauen pflegt.

Hier hatte die gegenetikettierende Schönfärbung angesichts einer weltweiten Epidemie des Guten zu viel getan. Nachdem Stargast Niki

Lauda, Ex-Formel-I-Weltmeister und Flugliniengründer, in die Kamera hinein gemahnt hatte, dass am Life-Ball, statt sexuelle Freizügigkeit zu demonstrieren, besser für Kondome geworben werden sollte, war der Organisator zwar beleidigt, aber den Besonnenen immerhin ein mediales Tor geöffnet. Zu einer Vertiefung der Frage, was die plötzlich anschwellende Solidarisierung eigentlich zu bedeuten hatte, kam es dennoch nicht. Diese Frage hätte sich nämlich eines Themas annehmen müssen, welches der Autor Botho Strauß schon vor dreißig Jahren als die postmoderne Ambivalenzen-Herrschaft des Herzens charakterisiert hatte:

„Der passive Zuschauer-Zeitgenosse entwickelt offenbar ein gesteigertes Bedürfnis, mit heimlichem Gesinnungswechsel beschäftigt zu werden. […] Durch die Überfülle von Identifikationsangeboten müsste er, wäre er noch das Individuum vom alten Schlag, längst spaltungsirre […] geworden sein."[64]

Gestern war von der Homosexualität noch als einer sündhaften Perversion die Rede, welche die Seuche Aids über die Welt brachte, heute darf in keiner US-Serie mehr das Schwulenpärchen fehlen, das sich ebenso häuslich aufführt wie seine heterosexuelle Nachbarschaft, nur nicht ganz so einfallslos, konventionell und verbiestert. Und morgen? Für wen werden die ambivalenten Herzen morgen schlagen, zunächst heimlich, dann offen und lautstark?

Man sollte nicht akkurat an dieser Stelle so tun, als ob sich aus der Geschichte gar nichts lernen ließe. Das kulturbeflissene Bildungsbürgertum der Zwischenkriegszeit zeigte sich durchaus fasziniert von der europäischen Avantgarde, die in Paris, Berlin, Zürich und Mailand ihre surrealistischen, dadaistischen, futuristischen Exerzitien feierte – lauter kleine Untergänge des Abendlandes – und dabei stets darauf achtete, durch sexuellen Anarchismus zu schockieren. Doch diese Faszination hatte ihr dunkles Gegenstück. Zwar regte sich in der Zustimmung des sympathisierenden Publikums der längst fällige Widerstand gegen die – wie man es empfand – jahrhundertealte Triebunterdrückung. Zugleich aber formierte sich eine ultrarepressive Stimmungslage, welche die Faschisten auf den Plan rief und mit ihnen die Schlägertrupps gegen alles „Entartete", „Degenerierte" und „Perverse".

Jetzt musste man – so die Hassparole – die Geschwüre aus dem Volkskörper herausschneiden und die Träger des Anarchiebazillus eliminieren. Und schon damals war der phantasierte Zusammenhang zwischen sexueller Libertinage, die das gesunde Volksempfinden untergrub, und einer drohenden Lustseuche, der die Volksgesundheit zum Opfer fallen musste, ein Kernstück der Totschlägerpropaganda. Ihr fehlte zum schlagenden Beweis eigentlich nur noch eines – das Virus. Heute existiert HIV und fordert seinen Tribut.

Man darf das ambivalente Herz der Medienöffentlichkeit und die damit einhergehende Lust am Gesinnungswechsel nicht leichtfertig abtun. Was sich zurzeit unter den politischen Verantwortungsträgern gerne hyperliberal herausputzt, um bei den Aids-Charitys ganz vorne mit dabei zu sein, könnte schon bald, bei kollektiv geänderter Stimmungslage, an einer neuen Diskriminierungswelle Gefallen finden.

Europa durchlebt soeben eine Welle des Rechtspopulismus. Eine neue Ordnungsidee wird gefordert, dank welcher das „Natürliche", „Gesunde" wieder dem „Dekadenten" entgegenzutreten hätte. Man sollte also nicht allzu sehr auf oberflächliche Solidarisierungswellen vertrauen, die weniger moralisch als sentimentalisch und folkloristisch geprägt sind. In ihnen wirkt die Trieb-Archaik weiter, die auf sexuelle Ausschweifung drängt, während gleichzeitig Bestrafungswünsche akut und auf die jeweils anderen, von der Mehrheit, dem Durchschnitt Abweichenden, projiziert werden. Weder kann heute ein neoviktorianisches, religiös unterlegtes Eiferertum noch ein faschistischer Gefühlsumschwung ausgeschlossen werden.

Wenn es gegen derlei Gefahren ein wirksames Mittel gibt, dann handelt es sich, trocken gesagt, um den *menschenrechtlich fundierten Rechtsstaat*. Indem dieser, liberaldemokratisch geprägt, der Pflicht obliegt, keine Diskriminierung zu dulden, setzt er nicht auf den Wankelmut des Herzens. Sympathie lässt ihn kalt. Stattdessen sind seine Repräsentanten angehalten, der Herabwürdigung und Ausgrenzung von Lebensstilen, die weder einen rechtserheblichen Schaden anrichten, noch dem aufgeklärten Gemeinwohl Unzumutbares abverlangen, einen wirksamen Riegel vorzuschieben. Dauerhaft ist es die rechtsstaatliche Entschlossenheit, die eine stabile öffentliche Gesinnung fördert, welche die Diskriminierung von Minderheiten blockiert, besonders derjenigen, die seit jeher als „Böskranke" diffamiert und verfolgt wurden.

***

Und was können wir aus all dem nun lernen, abgesehen davon, dass der Rechtsstaat den wirksamsten Schutz bietet gegenüber den gefährlichen Zweideutigkeiten unseres „Herzens", das ein Organ menschlicher Archetypik ebenso ist wie der symbolische Ort liebender Zuwendung zum Nächsten?

Das scheint eine heikle Frage zu sein, die dennoch nicht ausgeblendet werden darf, wenn von der Unschuld als *dem verfolgten Ideal* die

Rede sein soll. Denn dass die Unschuld ein Ideal ist, das – im Doppelsinn des Wortes – „verfolgt" wird, hat seinen Grund in einer Art von tiefsitzender Schuld, die das menschliche Dasein infiziert, sobald es sich des Gefühls nicht zu erwehren vermag, das Leben, so wie es uns geschenkt wurde und wir es zu leben haben, sei Ausdruck einer Urkatastrophe, an der die ganze Schöpfung teilhat und leidet. Deshalb besteht Erlösung nicht einfach – gemäß der eingeschliffenen Formel – darin, vom Übel erlöst zu werden, sondern vielmehr darin, dass das Übel selbst erlöst wird. Denn das Übel sind wir. Wir sind der Grund des Übels.

Und ob es uns passt oder nicht: Als das zentrale Symbol dafür, in welcher Richtung die Substanz des Übels zu suchen sei, hat sich der christlichen Welt – aber nicht nur ihr – stets die Sexualität nahegelegt. Zwischen unserer Geschlechtlichkeit und unserer metaphysischen Schuld besteht ein innerer Zusammenhang, den sich das Natürlichkeitsdogma aufzulösen bemüht, freilich mit bloß oberflächlichem Erfolg.

Der Rückfall in die Prüderie ist mehr als bloß eine Marotte vom Sex ermüdeter Wohlstandskinder. Dahinter verbirgt sich, wenn auch vorerst ohne allzu großen Ernst, das Bedürfnis nach spürbarer, leibhaftiger Restitution einer Sehnsucht, die in den Zeiten des Natürlichkeitssyndroms von tausenderlei Vergnüglichkeitsanstrengungen übertönt wird: der Sehnsucht nach Unschuld. Äußerlich künden davon die glaubenslosen Rituale, die neuerdings in den großen Kirchen mit großem Pomp wieder begangen werden, vom Beheimatungsrührstück Taufe bis zur freudentränenreichen Hochzeit in Weiß, deren Farbe unschwer, bei faktisch meist fehlender Grundlage, als ein Jungfräulichkeitssymbol erkennbar ist.

Die Jungfräulichkeit Mariens ist *der* Archetypus: Sie steht für das erlöste Übel. Aber auch unter der Bedingung des sündhaften Lebens – einer sündhaften Keuschheit aus Frömmelei und einer sündigen Liebespassion aus frustriertem Geschlechtsbedürfnis – bleibt die Unschuld der wie auch immer deformierte Sehnsuchtshorizont. In seinem Gegenlicht lädt sich das Natürliche dämonisch auf: Es gibt keine unschuldige Natur, keinen unschuldigen Sex.

Wohl aber gibt es sexuelle Konstellationen, die aufgrund ihrer „Phänomenologie" – oder besser: des kulturellen Codes, der eine Wesenserkenntnis suggeriert – *als Angriff auf unsere Unschuldssehnsucht interpretiert werden*. Dazu gehörte in unserer abendländischen Lesart, jedenfalls nach dem Untergang der Antike und dem Triumph des Christentums, ohne Zweifel die Liebe zwischen Männern, die sich nicht auf ein platonisches Verhältnis beschränken wollten. Die desaströsen Folgen dieser Codierung sind bekannt.

Dennoch ist es nicht damit getan, die Sexualfeindlichkeit des Christentums im Allgemeinen anzuprangern und dessen bigotte Verurteilung der Homosexualität im Besonderen. Denn beide Phänomene, obwohl Symptom einer Neurose und ohne moralischen Rückhalt, sind dennoch Ausdruck einer tiefliegenden Problematik der menschlichen Situation überhaupt. Wir haben unsere Unschuld verloren, noch bevor jeder für sich schuldig werden konnte. Daher wird die Suche nach Sündenböcken – ob Hexen, Juden, geborene Verbrecher, Schwule (sie alle haben in der Phantasie ihrer Verfolger einen pervers übersteigerten Sexualtrieb) – nicht aufhören. Sie wird im Gegenteil immer wieder hervorbrechen, in neuen Prüderiefeldzügen, in religiösen Erhitzungen und Volksgesundheitshetzen, solange wir uns, sei es aus einem rousseauistischen, naturalistischen oder allgemein antimetaphysischen Affekt heraus, beharrlich weigern, unserem Existenzgefühl aus der Tiefe der Zeiten Tribut zu zollen: *Wir sind das Übel, das sich danach sehnt, unschuldig zu sein.*

12. Die Sehnsucht nach der Urschrift

Originalitätssucht und Verwilderung gehören zusammen. Man darf nicht sagen, dass der Begründer der Anthroposophie ein Plagiator war. Denn wenn er sich auch aus dem Schatz der Mythen und Esoteriken aller Zeiten bediente, so geriet ihm doch unter der Hand alles zum Original. Er war ein authentischer Um- und Neuschreiber, Um- und Neudichter einer Masse von Abschriften, die Abendland und Morgenland umspannten. Das ist Anthroposophie. Zugleich verwildern im Bannkreis der neomythischen Subjektivität, die immer nur diejenige Rudolf Steiners ist – abgehoben gegen alle anderen Visionäre, Tiefschauer, Ganzmacher – Erkenntnis, Anschauung und Phantasie. Aus den „Negern" werden auf systematisch durchdachte Weise die „Indianer", aus den Schwarzen die Kupferroten. Es ist das halbverdaute Wissen über frühe Völkerwanderungen, vermischt mit einst populären Theorien über den Zusammenhang zwischen Sonneneinstrahlung und Persönlichkeit.

Hinzu kommen symbolische Analogien, die mit einer Art innerer Logik – oder sollte man sagen: Obsession? – eingesetzt werden: „Das Irdische ihrer Natur ist ja ihr Triebleben. Das können sie nicht mehr ordentlich ausbilden, während sie noch starke Knochen kriegen. Weil viel Asche hineingeht in ihre Knochen, können diese Indianer diese Asche nicht mehr aushalten. Die Knochen werden furchtbar stark, aber so stark, dass der ganze Mensch an seinen Knochen zugrunde geht ..." Wer so etwas heute als einigermaßen gebildeter und zur Reflexion begabter Mensch liest, fühlt sich durch den Unsinn des Arguments abgestoßen.

Entscheidend jedoch für die Beurteilung des Steiner'schen Rassenmythos, der ein Teil des Steiner'schen Erdmythos ist, der seinerseits ein Teil des kosmischen Mythos à la Steiner ist – man denke an die Kuhhörner, mit denen die Kühe das „kosmische Geschehen" wahrnehmen, ein Umstand, der sich höchst profan auf die Qualität der Milch auswirkt –: entscheidend scheint nicht die Frage, ob die Steiner'sche Weltweisheit wissenschaftlich gedeckt oder gar wahr sei oder wenigstens nicht im Widerspruch zu dem stehe, was heute allgemein als Erkenntnis gelten darf. Entscheidend scheint vielmehr die Frage nach der *Dignität des Mythos*, das heißt, seiner Würdigkeit als Kulturdichtung.

Und hier zeigt sich nun, dass die Originalität, die nach einer neuen Urschrift aus der Kraft, der Inspiration eines genial-autonomen Individuums drängt, zwar ein geordnetes System, die angemaßt Ganze Weltweisheit, hervorzubringen vermag, allerdings eine, die zugleich abstoßend kulturlos wirkt: „zusammengeschustert", ein Gebräu für Neophyten, welche die höhere Bildung genossen haben mögen, doch niemals erfahren durften, worin das Kultivierte eines kulturbildenden Mythos besteht, der seine Substanz über Jahrhunderte, Jahrtausende hinweg zu bewahren vermochte.

Dennoch wäre es eine Fehleinschätzung der Lage, wollte man den Hang zur neomythischen Verwilderung einzelnen Akteuren anlasten, als ob es an ihnen läge, sich zivilisierter zu verhalten. Es liegt stattdessen gerade an der mythensprengenden Kraft der Aufklärung, die zugleich das Subjekt konstituiert, das uns als „modern" nur allzu sehr einleuchtet. Dieses Subjekt ist radikal autonom; es lässt keine Urschrift mehr gelten außer jener, die es selbst als solche legitimiert.

Und welche käme da infrage, wenn nicht *schöpferische Subjektivität des Subjekts*? Diese zerstört das metaphysische Gewebe unserer Kultur, aus dem das Subjekt als *Gefäß einer Offenbarung, sei es der eines Gottes oder des Seins*, glaubhaft in Erscheinung treten konnte. Was sich durch die schöpferische Subjektivität des Subjekts fortan zu „offenbaren" vermag, das ist nicht mehr und nicht weniger als die schöpferische Subjektivität des Subjekts. So entsteht unsere Vorstellung von Originalität. Sie erwächst aus einem Autonomiebestreben, das keine andere Quelle der Offenbarung mehr anerkennt als all das, was ich aus mir herauszuspinnen vermag, und zwar derart, dass das Herausgesponnene ganz mein Eigenes ist.

Auf diese Weise werde ich zu meiner eigenen Urschrift. Ich suche in mir nach dem Alpha und Omega. Und weil dort aber, in meiner Tiefe, nichts weiter auffindbar ist als das leerglänzende „Ich bin ich", nichts weiter als diese bedeutungslose, allerredundanteste Botschaft – so, als ob man in einen dunklen Brunnenschacht starrte, aus dem man sich selbst entgegenstarrt –, beginnt *das Willkürwerk der Sinnerzeugung*, wie es für alle modernen Genies und Visionäre typisch ist. Aus den umherliegenden Trümmern dessen, was einst das Abendland (etc. pp.) an Bedeutungen bereitgestellt hatte, wird unter der Signatur der Steiner'schen Nervenzellen, der Vernetzungsarbeit des Steiner'schen Gehirns, das Neue hergestellt, eben die Ganze Weltweisheit der Anthroposophie. Es könnte auch eine andere sein, aus einem anderen Gehirn herstammend, doch ebenso grundlos, nimmt man als Maßstab die Wahrheit, die man nicht erzeugt, sondern empfängt.

Damit hat die Epoche des Autors begonnen. Höchste *auctoritas* genießt nur der Autor, der, versockelt in seiner Subjektivität, seine Autonomie nützt, um neue Wahrheiten zu erzeugen, zu produzieren. Er ist die letzte Autorität des von ihm erzeugten Werks, nur er kann dessen Dignität sichern. Jeder Versuch, einen anderen Autor zu plagiieren, wird nun zu einer verachtenswerten Attitüde. Es ist das Eingeständnis einer grundlegenden eigenen Schwäche, die dadurch kompensiert werden soll, dass im Geheimen ein anderer „geistig enteignet" wird. Es handelt sich um einen Angriff auf jener Ebene, auf welcher der jeweils andere als höchste Erzeugungsautorität, als Originalitätsinhaber in Erscheinung tritt: auf der Ebene autonomer Subjektivität.

Oft wurde behauptet, dass es gerade diese Ebene sei, die das Wesen einer jeden Primärkultur definiere. Doch wie wir gesehen haben, liegt gerade darin die Grundillusion der Moderne, durch die hindurch sie ihre Authentizität – und damit die Legitimität ihrer originellen Produktionen – zu untermauern sucht. Denn obwohl die Moderne voll irrlichternder Ahnungen bleibt – wofür Rudolf Steiner und seine Anthroposophie ein ebenso eindrucksvolles wie monströses Zeugnis ablegen –, verliert sie doch die Fähigkeit, den Archetypus der *Urschrift*, das heißt: das Konzept der Welt als Schöpfung, in ihren geistigen und sonst wie kulturellen Erzeugnissen festzuhalten und fortzuentwickeln. Der Faden ist gerissen. Der Kopist ist zum Plagiator geworden, mag er sich auch „originell" anstellen, nicht als Abschreiber, sondern als der Neuschreiber anderer überschreibender Fortschreiber. Was Gabe war, ist Raub geworden, so oder so. Das Genie hingegen ist einzigartig auch in dem Sinne, dass es eine neue Urschrift erschafft. Die Frage nach deren Rechtsgrund stellt sich allerdings nicht mehr. Sie wird durch das Wirken der autonomen Subjektivität, die selbstrechtfertigend agiert, vollständig ersetzt.

Seitdem ich lebe, fühle ich mich schuldig. Der, der so spricht (und dabei nicht bloß eine Geste macht, durch die er sich den anderen vorführen möchte), empfindet sein Wesen, das aller Herkunft bloß noch genetisch verpflichtet ist, als defizitär. Er empfindet es in dem Maße als defizitär, in dem er sich seiner herkünftigen Unmündigkeit entledigt und diese dann, im aufgeklärten Rückblick, als „selbstverschuldet" abgetan hat. So einer empfindet gerade seine vernunftgeleitete Subjektivität, die erst aus ihm eine autonome und damit ethische Existenz macht, zugleich als eine Art von – wie soll er das sagen, er, der metaphysisch sprachlos geworden ist? – *schuldloser Schuld.* Ihm ist, als ob er der Welt etwas schuldig bliebe, während er ihr als autonomes Subjekt gegenübertritt. Aber ihm fehlen die Begriffe, die seiner Schuld einen ausdrückbaren Rahmen geben könnten.

Was bleibt, ist die Sehnsucht in uns allen. Unsere Sehnsucht aber ist fortan blind. Wir umkreisen den Grund, den Abgrund unserer schuldlosen Schuld wie die Mücken das Licht, das jene in seinen Bann zieht, ohne dass die Geschöpfe es noch blickhaft zu erfassen vermöchten. *Phototropismus in die sternlose Nacht hinein.* Das ist es, was blieb von unserem urschriftlichen Sein als Innewerdung. Das „Buch der Schöpfung" ist eine poetische Metapher, nicht mehr, und eine abgenützte dazu. Wir mussten dieses Buch zerstören, um zu uns selbst zu finden. Man nennt das heute, reichlich abgeschmackt, „die Selbstverwirklichung des Menschen", weil man nicht gerne von einem – noch abgeschmackteren – humanistischen Abenteuer spricht.

Im humanistischen Abenteuer phantasiert sich der Mensch noch immer aller Natur gegenüber als eine *kosmische Diskontinuität*. Der Mensch, sagt der Humanist, ist ein Bruch der Immanenz: Er besitzt die Fähigkeit, sich auf sich selbst zu beziehen. Er besitzt Selbstbewusstsein. Er ist, trotz der Freud'schen Kränkung des Bewusstseins durch das Unbewusste, sich selbst transparent. Er kann, sprachmächtig, wie er ist, Bedeutungen stiften. Er kann zwanglos, weil triebentkoppelt, vernunftgeleitete Entscheidungen treffen.

Doch das humanistische Abenteuer, diese eitle Aufspreizung, ist zu Ende, sagen die Posthumanisten: Auch der Mensch ist nur ein Stück Natur, eine Strecke Evolution, „ich bin mein Gehirn", etc. pp. Man muss, sagen die Posthumanisten, nicht aus der Kontinuität alles Natürlichen herausgetreten sein, um sich selbst verwirklichen, ein Individuum im Vollsinn des Wortes sein zu können. Jeder Stern, jeder Stein, jeder Baum, jedes Insekt ist, genau betrachtet, einzigartig, nur haben derlei Dinge und Wesen kein Bewusstsein ihrer Einzigartigkeit und daher auch kein Verlangen, in ihre Einzigartigkeit hineinzuwachsen und sie auszubilden. Das „Werde, der du bist!" ist ihnen unerreichbar, nicht jedoch uns, den Mitgliedern der Spezies *Homo sapiens sapiens L.*

Vielleicht braucht das uns Erreichbare die *Illusion* unserer Diskontinuität, unseres Hinausragens aus der Welt des rein Natürlichen, hinein in eine Welt der Transzendenz, das heißt: eines Ich samt freiem Willen, und außenherum eine Welt des objektiv Bedeutsamen. Noch immer *erleben* wir die Dinge als bedeutsam, ja uns zugewandt, im Guten wie im Bösen, im Schönen wie im Hässlichen. Indes, wir können die Illusion, die wir *benötigen*, als solche zugleich *durchschauen* und uns daher endlich damit *begnügen*, dass auch dies ein Teil unseres natürlichen Wesens ist.

Was also gäbe es da noch von einer Schuld zu faseln, die unserem Lebendigsein selber innewohnt? Wo wäre im Raum des Natürlichen, der ihrer eigenen Illusionsbedürftigkeit innegewordenen Immanenz, weiterhin Platz für den Gedanken einer Unschuld, die wir verloren hätten, indem wir zur Selbstbewusstheit erwachten? Es sei denn im Sinne jener nun schon viel zu viel beschworenen Sehnsucht nach dem Sein bei Gott am Anbeginn – ein Sein, das es aber so, als Geborgenheit im Glanz des Absoluten, der Quelle allen Seins-und-Bedeutens, immer nur als Mythos, als Metaphysik, kurzum: als schönen Schein, gegeben hat.

Vielleicht sind wir Menschlichen, Allzumenschlichen nicht in der Lage, auf die Illusion endgültig zu verzichten. Sollte das stimmen (und, zugegeben, manches spricht dafür), dann sind wir – so der Posthumanist mit der ihm eigenen Insistenz auf die unvermeidbare Uneigentlichkeit in den Erlebnisgefügen unseres Weltbezugs – als Sehnsuchtsfixierte uns doch dessen gewärtig, dass wir in einem Traum befangen sind, aber fortan befangen als Wachende und Wachsame gegenüber den Versuchungen des Mythos.

***

Was soll man angesichts von so viel Reflexion und Reflexion der Reflexion noch sagen? Man spürt die Verlockung. Mit dem Tod des Humanismus haben wir vor unserer Lebensschuld kapituliert, indem wir sie als Illusion enttarnten. Indem es uns absichtslos auferlegt war (die Evolution hegt keine Absichten), das Buch der Natur als Ausdruck nicht einer Urschrift, der Schöpfung, zu dechiffrieren, sondern als Ausdruck einer die Welt bis ins Innerste durchwaltenden Ausdruckslosigkeit, wurde das Sekundäre zu einer komplexen Erscheinungsform des Primären.

Ist das Bedeutungslose das Primäre, dem, nach einer Millionen Jahre währenden Entwicklung des Lebens, die Fähigkeit entsprang, Bedeutungen zu setzen, zu erzeugen, zu produzieren, bis hin zu jenem Punkt, an welchem das Bedeutsame als solches bewusst wurde? Entstanden so der Mythos und die Metaphysik, der Glaube an die Objektivität von Bedeutungen? Wenn ja, dann entstand in der Folge auch die letztgültige Einsicht in das Illusionäre allen Bedeutungsglaubens ...

Keine Schuld mehr, der nicht zu entrinnen wäre: Das ist die Verlockung. Ihr kann unsere Kultur nicht widerstehen.

Dem Unentrinnbaren wohnt keine Schuld inne: Das ist der einzig vernünftige Weg, es gibt keinen anderen.

Aber da ist noch immer, kaum zu nennen, nicht zu beschreiben, wie der ferne Wind aus den Bergen, die so abwesend sind, als hätten sie nie existiert, eine Ahnung, die uns bisweilen mit einer wilden, traurigen Freude erfüllt. Es ist die wildtraurige Freude, die aus den Büchern des Edmond Jabès in unser Herz einweht, bis es schwarz wird vor Sehnsucht. Das ist die Freude der einander Liebenden, die, durchkreuzt und gestärkt von den Stimmen der Rabbiner – „Du glaubst an die Vernunft, als sei sie vernünftig" (Reb Son)[65] –, einander zurufen aus der Ferne, die so fern ist wie die Berge, die nie existiert zu haben scheinen und doch in unseren Herzen emporwachsen, himmelwärts, schwarz vor Sehnsucht.

Sarahs Brief an Yukel:
Ich habe dir geschrieben. Ich schreibe dir. Ich habe dir geschrieben. Ich schreibe dir. Schreib mir, mein Geliebter. Ich habe den ganzen Tag auf den Briefträger gelauert, wie jeden Tag. Reiche mein Gesicht deinen Geständnissen; schnitze mich mit Wörtern. Ich bin schön, weil ich das Wort bin, das mich durch deinen Mund erhöht. Ich bin blass, weil deine Trauer sich auf meiner Wange ausgestreckt hat. Du schreibst: „Deine Finger sind die Pinsel meiner Hoffnung", und es sprießen entzückt meine Finger. Du vergleichst meine Arme mit jungen Kaskaden und meinen Nacken mit dem Nest furchtsamer Vögel, und ich bin das aus dem Gebirge vertriebene Wasser und das Gurren der gefesselten Luft ihres Herzens. Meine Augen öffnen sich deinem Blick; meine Brüste straffen sich bei deiner Berührung. Komm, mein Geliebter. Gleiche deinen Schritt dem meinen an. Wir sind unser Weg.[66]

Sarahs Sehnsucht ist das Glück, lebendig zu sein, zu sein bei Yukel, ihrem Geliebten, der fern ist. Ihre Sehnsucht ist es, Yukels Buch zu sein. Sie will von Yukel mit Wörtern geschnitzt werden. *Ich bin schön, weil ich das Wort bin*, aber das Wort, „das mich durch deinen Mund erhöht".

Das Wort, das Sarah ist, bedarf, um zu sein, der Erhöhung durch Yukels Mund. Sarah ist, wird sein (und wird immer sein), indem sie durch die Liebe Yukels *ausgesprochen* wird. Erst dadurch wird Sarah das Sein geschenkt, jenes Sein, das darin gründet, Teil des Buches zu sein, des Buchs der Schöpfung, zugleich im Buch und aus dem Buch emporwachsend.

Du schreibst: „Deine Finger sind die Pinsel meiner Hoffnung" ... Yukel schreibt über Sarahs Finger, sie seien die „Pinsel seiner Hoffnung". Worin liegt Yukels Hoffnung, was ist das Liebesversprechen? Seine Hoffnung liegt darin, dass Sarahs Finger, sobald sie Yukel berühren, aus dem Geliebten erst das lebendige Bild formen werden. Das ist wie Buchstabenmalen im Buch der Schöpfung, und entzückt sprießen Sarahs Finger.

Du vergleichst meine Arme mit jungen Kaskaden und meinen Nacken mit dem Nest furchtsamer Vögel, und ich bin das aus dem Gebirge vertriebene Wasser und das Gurren der gefesselten Luft ihres Herzens. Ach, Sarahs Hingabe an wundersame Vergleiche, vertrauend auf GOttes Schrift! Denn aus GOttes Schrift erfließen die Wunder. Die Wunder, das sind die Verwandlungen des Herzens. Sarahs Verwandlung ereignet sich, indem Yukel, ihr Geliebter, ihr Einziger, den Worten des Buches, aus welchem beide im Glück ihres Lebendigseins existieren, einen „Vergleich" hinzufügt, einen Vergleich der Verwandlung, der doch nichts weiter bedeutet als die Verwandlung in immer dasselbe: Lebendigkeitshieroglyphen im Buch der Schöpfung. Aus dem Vergleich der Arme der Geliebten mit jungen Kaskaden werden die Wasser, die aus dem Gebirge vertrieben sind. Aus dem Vergleich des Nackens der Geliebten mit dem Nest furchtsamer Vögel wird das Gurren der gefesselten Luft ihres Herzens.

Die Worte, Pinselstriche der Seele, vollbringen das Wunder der Schöpfung. Es ist eine Schöpfung aus reiner, reinster Liebe. Doch darin eingeschlossen sind Trauer und Furcht. Die Wasser, sie wurden aus dem Gebirge vertrieben. Die Vögel im Nest sind furchtsam. Und im Gurren der gefesselten Luft ihres Herzens klingt Unsägliches durch, das Leiden eines Volkes, das in den Todeskammern nach Luft ringt. *Wir sind unser Weg.*

In diesem sehnsüchtigen Begehren der einander von fernher Liebenden, in diesem zehrenden Glück des Lebendigseins, worin eine Berührung Yukels aus der unabschätzbaren, unschätzbaren Ferne macht, dass sich Sarahs Brüste straffen – *Gleiche deinen Schritt dem meinen an* –, da ist zugleich die Trauer über das Nicht-beieinander-wohnen-, Nicht-beieinander-liegen-Können tief geworden. Die Trauer scheint bis zum Grund des Buches, zum Quell der Schöpfung zu reichen: *Komm, mein Geliebter.*

Der Leser, der in den Text hineinlauschende, den Schwingungen des Textes nachlauschende, erwacht. Hinkehr und Rückkehr zu Yukel und Sarah, Sarah und Yukel würde bedeuten, Heimkehr ins Buch, von dem wir uns seit Unvordenklichem – seit dem währenden Anbeginn – abgewandt haben: Hinkehr zur Urschrift unseres Seins und Daseins.

Solange das nicht geschehen sein wird, wird im Leben die Schuld, die unser Leben ist, nicht aufhören. Sie wird dauern über allen Vergnügungslärm, auch über alle moralischen Kotaus und erst recht jene marktschreierischen Inszenierungen der Geistlosigkeit hinweg, die da lauten: *philosophy goes public.*

Und doch, und doch: Was, wenn wir uns des Lärms, der Kotaus, der Marktschreierei entledigten? Was bliebe uns, die sich in ihrer tauben

Stille, ihrer Leblosigkeit womöglich für Wächter der Urschrift hielten, dann noch außer dem Schweigen der toten Steine? Jene, die dieses Schweigen für tief halten, begehen Verrat am postadamitischen Geist – der Geistigkeit, die uns blieb, nicht um uns an ihr zu erlösen, sondern der Wachheit wegen, die wir benötigen, um von der Unschuld zu träumen.

ANMERKUNGEN

1 Franz Kafka, [Betrachtungen über Sünde, Leid, Hoffnung und den wahren Weg], Zettel 64/65. Enthalten in: *Hochzeitsvorbereitungen auf dem Lande und andere Prosa aus dem Nachlass*, hg. v. Max Brod, Frankfurt a. M. 1983, 35.
2 Die Stelle findet sich in der Plautinischen Komödie *Asinaria*, vermutlich entstanden gegen Ende des 2. Jahrhunderts v. Chr. „Mercator: *Fortassis. Sed tamen me numquam hodie induces, ut tibi credam hoc argentum ignoto. Lupus est homo homini, non homo, quom qualis sit non novit."* (493–95)
3 Cf. mein Buch *Verbrechermenschen. Zur kriminalwissenschaftlichen Erzeugung des Bösen*, 2., erweiterte Neuauflage, Frankfurt a. M. 2005.
4 In den USA werden Verbrechen, welche der Ausdruck einer schweren Psychopathie sind, nicht einmal als Hindernis für die Verhängung der Todesstrafe angesehen – eine Einstellung, die der Psychopathieforscher Robert D. Hare ausdrücklich befürwortet. Cf. sein reißerisches Buch: *Without Conscience. The Disturbing World of The Psychopaths Among Us*, New York u. London 1999, 142 f. (Dt. Ausgabe: *Gewissenlos. Die Psychopathen unter uns*, übersetzt v. Karsten Petersen, Wien 2005)
5 Rationalisiert wurde diese Basis des Erlebens, ohne sie im Besonderen auf Menschliches einzuschränken, bereits von Aristoteles, in seiner Lehre von der Normgestalt. Eine moderne Variante bietet Philippa Foot in ihrem Buch *Natural Goodness*, Oxford University Press 2003. Dt. Ausgabe: *Die Natur des Guten*, übersetzt v. Michael Reuter, Frankfurt a. M. 2004.
6 In der Einheitsübersetzung der *Jerusalemer Bibel* wurde diese Stelle monotheisiert. Es ist nicht mehr von Göttern die Rede, sondern nur noch von Gott: „... ihr werdet wie Gott und erkennt Gut und Böse" (Gen 3,5). Das ist unter der Prämisse des einen Gottes der Genesis konsequent, entspricht aber nicht dem ursprünglichen Text, der noch den Sprach- und Denkgewohnheiten des Polytheismus verpflichtet war. Neben dem Gott der Juden gibt es historisch unzählige andere, schwächere Götter. Doch es ist, wie wir sehen werden, für die Bedeutung dessen, worum es hier geht, nicht völlig belanglos, ob man annimmt, das menschliche Urpaar wollte werden *wie der eine Gott*, sich also quasi mit dem Schöpfer gleichsetzen, oder sich eben nur ein Wissen aneignen, wie es für Götter allgemein typisch ist.
7 Edmond Jabès: *Das Buch der Fragen*, autorisierte Übersetzung von Henriette Besse, Berlin 1979, 40. Original: *Le Livre des Questions*, Paris 1963.
8 Jabès, loc. cit., 30 f.
9 Jabès, loc. cit., 39.
10 Ibid. Gemeint ist die Menora, der siebenarmige Kerzenleuchter, der zu den ältesten Symbolen des Judentums zählt. Die brennenden Zweige, das sind die sieben brennenden Kerzen der Menora, deren Arme die sieben Schöpfungstage bedeuten. Darstellungen der Menora mit sieben brennenden Kerzen finden sich auf jüdischen Grabstätten, wo sie das ewige Leben symbolisieren.
11 Horkheimers und Adornos *Dialektik der Aufklärung* wurde im amerikanischen Exil (Los Angeles) geschrieben. Eine vorläufige Erstausgabe erschien 1944, das endgültige Original 1947 in Amsterdam. Die volle Wirkung des kleinen Buches, eigentlich

eine Essaysammlung, die aus Gesprächen zwischen Adorno und Horkheimer hervorgegangen war, entfaltete sich erst während der Zeit der Studentenbewegung in den 1960er-Jahren.
12 Botho Strauß: *Fragmente der Undeutlichkeit*, München u. Wien 1989, 43 f.
13 Friederike Mayröcker: *Scardanelli*, Frankfurt a. M. 2009. Meine Rezension dazu: „Der Wahnsinn, kirschenessend", in: *Die Presse*, „*Spectrum*", 8. 5. 2009. Die im vorliegenden Text in den Klammern kursiv gesetzten Äußerungen der Dichterin stammen aus ihrem Brief vom 16. 5. 2009 an den Autor.
14 Strauß, loc. cit., 61.
15 Marcel Proust: *Auf der Suche nach der verlorenen Zeit*, Bd. 10: *Die wiedergefundene Zeit*, 1. Aufl. d. Ausgabe in 10 Bänden, Frankfurt a. M. 1979, 3940. Ich zitiere die Stelle nach der Übersetzung von Eva Rechel-Mertens, die den deutschen Proust-Ton kreiert hat. In der nunmehr vorliegenden Frankfurter Ausgabe wurde vor der Wendung „Paradiese, die man verloren hat" der bestimmte Artikel gesetzt: „die Paradiese, die man verloren hat". Das klingt tatsächlich besser und bringt vor allem den Sinn der kleinen philosophischen Sentenz mit dem großen Horizont deutlicher zum Ausdruck. Denn die „wahren Paradiese" sind jene – und nur jene –, die bereits in die Vergangenheit zurückgesunken und auf diese Weise zu einem Ort der Sehnsucht geworden sind.
16 Ernst Bloch: *Das Prinzip Hoffnung*, Bd. 3, Frankfurt a. M. 1959, 1628.
17 Zitiert nach: *Der tausendjährige Rosenstrauch. Deutsche Gedichte*, ausgewählt u. eingeleitet v. Felix Braun, veränderte u. erweiterte Neuausgabe, Wien u. Hamburg 1973, 104 f.
18 Und ich habe ihr im Laufe der Jahre reichlich gehuldigt: von meiner *Philosophie der Wirklichkeitssuche* (Frankfurt a. M. 1989), 234 f., bis hin zum *Sehnsuchts*-Buch (München 2010), „Wonach sich die Sternseherin sehnt", 165 ff. Vgl. auch meine Traumschilderung in: *Gibt es ein Leben nach dem Tod. Gehirne, Computer und das wahre Selbst* (München 2004), „Wie es war, als ich in den Himmel kam", 89 ff.
19 Es handelt sich um eine Strophe aus dem Blödel-Gedicht *Steiner*. Robert Gernhardt war ein Mitbegründer der satirischen „Neuen Frankfurter Schule", die sich in Zeitschriften wie *Pardon* und *Titanic* über den Bierernst der alten Schule gleichen Namens, und damit namentlich über das Sprach- und Denkgebaren Adornos, heiter mokierte.
20 Ich habe mich im Wesentlichen auf zwei Biografien konzentriert. Helmut Zander: *Rudolf Steiner. Eine Biografie*, München (Piper) 2011. Heiner Ullrich: *Rudolf Steiner. Leben und Lehre*, München (C. H. Beck) 2011. Apologetisches bietet Walter Kugler: *Rudolf Steiner und die Anthroposophie. Eine Einführung in sein Lebenswerk*, Köln 2010.
21 *Die Presse*, Wochenendbeilage „*Spectrum*", 19. 2. 2011, VII.
22 Mittlerweile hat der Europäische Gerichtshof für Menschenrechte dieser Auffassung insofern widersprochen, als er an der Anbringung eines Kruzifixes in den Klassenzimmern öffentlicher Pflichtschulen mit mehrheitlich christlicher Schülerzahl keine Einschränkung der Religionsfreiheit erkennen konnte, da es sich hier nicht um ein Symbol handle, das „offensiv" sei, ihm also keine aufdringliche oder gar aggressive Zurschaustellung eines bestimmten Religionsbekenntnisses anhafte.
23 Der banalste Grund für dieses Wissensdefizit mag darin liegen, dass die andernorts als Rudolf-Steiner-Schulen bekannten Bildungseinrichtungen in der österreichischen Öffentlichkeit fast ausschließlich „Waldorfschulen" genannt werden.
24 Vgl. dazu Ullrich, loc. cit., 54 ff. Umfassender noch: Zander, loc. cit., 221 ff.
25 Zander, loc. cit., 189 ff.

26 Ullrich, loc. cit., 92.
27 Zander, loc. cit., 301 f. Auch Ullrich, loc. cit., 64 ff.
28 Zander, loc. cit., 405.
29 Zander, loc. cit., 382.
30 Zitiert nach Zander, loc. cit., 457.
31 Am 17. März 1937 hielt Musil einen Vortrag unter dem Titel *Über die Dummheit*, worin er die „ehrliche" oder „echte" Dummheit von der „höheren" abgrenzte. Letztere charakterisierte er folgendermaßen: „Sie ist nicht sowohl ein Mangel an Intelligenz als vielmehr deren Versagen aus dem Grunde, dass sie sich Leistungen anmaßt, die ihr nicht zustehen. [...] Diese höhere Dummheit ist die eigentliche Bildungskrankheit." Robert Musil: *Gesammelte Werke*, Bd. 2, Reinbek b. H. 1978, 1287.
32 Im selben Vortrag heißt es über die Transformation (?!) der Mongolen: „Nun aber, meine Herren, bleiben eben die Menschen nicht bloß auf der Erde sitzen. [...] Die Gelben wandern nach Osten hinüber. Wenn die Gelben nach Osten hinüberwandern, dann werden sie braun. Da entstehen dann die Malaien; die werden braun. Warum? Was heißt denn das: Sie werden braun? / Nicht wahr, wenn sie gelb sind, werfen sie einen bestimmten Grad von Licht zurück; das andere nehmen sie auf. Wenn sie braun werden durch die andere Art, wie sie jetzt in der Sonne leben, weil sie ja von einem anderen Erdstück kommen, dann werfen sie weniger Licht zurück. Sie nehmen mehr Licht in sich auf. Also diese braunen Malaien sind ausgewanderte Mongolen, die sich aber jetzt, weil die Sonne anders auf sie wirkt, angewöhnen, mehr Licht und mehr Wärme aufzunehmen. / Bedenken Sie aber: nun haben sie nicht die Natur dazu. Sie haben sich schon angewöhnt, sogar ein solches Knochengerüst zu haben, dass sie nur einen bestimmten Grad von Wärme aufnehmen können. Sie haben nicht die Natur, so viel Wärme aufzunehmen, als sie jetzt als Malaien aufnehmen. Die Folge davon ist, dass sie anfangen, unbrauchbare Menschen zu werden, dass sie anfangen, Menschen zu werden, die am Menschenkörper zerbröckeln, deren Körper abstirbt. Das ist in der Tat bei der malaiischen Bevölkerung der Fall. Die stirbt an der Sonne. Die stirbt an der Östlichkeit. So dass man sagen kann: Während die Gelben, die Mongolen, noch Menschen in der Vollkraft sind, sind die Malaien schon eine absterbende Rasse. Sie sterben ab." – Der Vortrag findet sich im Internet, Steiner-Werke, z. B. unter: http://fvn-rs.net/index.php?option=com_content&view=article&id=3709:dritter-vortrag-dornach-3-maerz-1923.
33 „... und die Finsternis hat es nicht erfasst": Luther schrieb „... und Finsterniß habens nicht begriffen", als Pluralform, dem griechischen Urtext und der Vulgata entsprechend: *et lux in tenebris lucet / et tenebrae eam non comprehenderunt*. Nicht die Finsternis, sondern die Finsternisse konnten das Licht nicht begreifen. Die Finsternisse deuten auf das Gewimmel anderer, „lichtloser", Götter und Dämonen, während die heute geläufige Version, man könnte sagen, der griechischen Logos-Spekulation näher und daher dem metaphysischen Ursprungssinn angemessener ist. Es gibt das Licht und die Finsternis. Das „Nicht-Erfassen-Können" meint dabei sowohl den Akt der Nichtüberwältigung des Lichts durch die Finsternis, als auch die Unfähigkeit der Finsternis, das Licht zu begreifen im Sinne einer geistigen Durchdringung, eines „Verständnisses" des Lichts.
34 Peter Strasser: *Der Gott aller Menschen. Eine philosophische Grenzüberschreitung*, Graz, Wien u. Köln 2002, 112 ff.
35 Martin Heidegger: *Unterwegs zur Sprache*, Pfullingen 1979, 12.
36 Über die Zeiten, Kulturen und Temperamente hinweg: Der Mythos, der im *Symposium*, dt. *Das Gastmahl*, erzählt wird, kennt neben dem „Mannweib", also einem Doppelwesen, das aus dem männlichen und weiblichen Geschlecht zusammenge-

setzt ist, noch zwei andere Arten, die jeweils nur ein Geschlecht haben, dies aber ebenfalls in gedoppelter Form: männlich oder weiblich (*Symposion*, 189 C–190 B). Für Platon war wichtig, dass dadurch die Homosexualität, besonders die typische Form der griechischen Männer- und Knabenliebe, eine Rechtfertigung erhielt. So etwas wäre der biblischen Tradition als blasphemisch erschienen, wie auch der Strafkatalog des Levitikus belegt (Lev 20,13).

37 [Johann Gustav] Droysen: „Geschichte Alexanders des Großen" (1833), zitiert nach Ernst Jünger: „Zahlen und Götter", in: *Sämtliche Werke*, Bd. 13, Stuttgart 1981, 249.

38 Als „manichäisch" werden allgemein religiöse Lehren und metaphysische Systeme bezeichnet, in welchen die Prinzipien des Lichts und der Finsternis, des Guten und des Bösen als gleichermaßen ursprünglich gelten und daher als einander prinzipiell gleichwertige Mächte gegenüberstehen. Am Ende der Zeiten wird es zwar zu einer Befreiung jener Elemente des Lichts, der lebendigen Geister oder Seelen, kommen, die im Reich der Finsternis, das heißt besonders: der Materie, gefangen gehalten werden, doch eine Vernichtung des „bösen" Prinzips wird nicht stattfinden; vielmehr werden beide Prinzipien oder Mächte für immer geschieden. Historisch geht der Manichäismus – philosophisch gesprochen: Dualismus – auf den persischen Religionsgründer Mani (216–267/77) zurück.

39 Konrad Lorenz: *Das sogenannte Böse. Zur Naturgeschichte der Aggression*, Wien 1963. Das „sogenannte" Böse umfasste für den Ethologen Lorenz Verhaltensweisen, die sich im Rahmen der tierischen und menschlichen Evolution als für die jeweilige Art überlebensdienlich erwiesen haben, jedoch unter einem „zivilisierten" Vorzeichen oft nur noch als böse beurteilt werden. Das Paradebeispiel von Lorenz war die „innerartliche Aggression".

40 Zu einer kurzen Kritik dieses weitgefassten Begriffs der Aggression cf. mein Buch *Das Menschenmögliche. Späte Gedanken über den Humanismus*, Wien 1996, 183: „Indem dieser Begriff dazu führt, dass die brutalste Gewalt des Krieges *und* die subtilste Komposition eines chinesischen Blumenmalers angeblich aus ein und derselben Quelle stammen – der Aggression –, gelingt es, Verhaltensweisen, die weder ihrer Erscheinung noch ihrer Funktion nach etwas miteinander zu tun haben, scheinbar auf einen einzigen Triebnenner zu bringen."

41 Elias Canetti hat in einer seiner letzten Aufzeichnungsbücher die Geschichte eines Mädchens wiedergegeben, das sich aus lebenden, auf einer Schnur kunstvoll aufgefädelten Fliegen Halsketten bastelte, weil es das Gefühl der zappelnden Körper am Hals als „himmlisch" empfand. Canetti sprach von der „schrecklichsten Geschichte". Das Buch betitelte er nach ihr: *Die Fliegenpein*, Zürich 1992, 128.

42 Heimito von Doderer: *Commentarii 1951 bis 1956. Tagebücher aus dem Nachlass*, hg. v. Wendelin Schmidt-Dengler, München 1976, 75.

43 *Was ist die größte Einsamkeit …*: Peter Strasser: *Journal der letzten Dinge*, 2. Aufl., Frankfurt a. M. 1998, 17.

44 Als Beweis für die Erbsünde wird traditionell auf den Römerbrief verwiesen: „Durch einen einzigen Menschen kam die Sünde in die Welt und durch die Sünde der Tod, und auf diese Weise gelangte der Tod zu allen Menschen, weil alle sündigten." Und einige Verse weiter heißt es, auf das Verhältnis zwischen Adam und Jesus, dem zweiten Adam, hindeutend: „Wie es also durch die Übertretung eines einzigen für alle Menschen zur Verurteilung kam, so wird es auch durch die gerechte Tat eines einzigen für alle Menschen zur Gerechtigkeit kommen, die Leben gibt." (Röm 5,12 ff) Nach dem Sühnetod Jesu am Kreuz ist die Befreiung von der Erbsünde jeweils durch die Taufe des neugeborenen Kindes möglich.

45 Zitiert aus dem Nachdruck des *Novum Testamentum Tetraglotton*, Zürich 1981, 651. In der heute gültigen Einheitsübersetzung liest sich die Stelle wesentlich weniger süffig: „Lasst uns ehrenhaft leben wie am Tag [obwohl wir finstere Zeiten wie im Schlaf durchlebten], ohne maßloses Essen und Trinken, ohne Unzucht und Ausschweifung, ohne Streit und Eifersucht. Legt (als neues Gewand) den Herrn Jesus Christus an, und sorgt nicht so für euren Leib, dass die Begierden erwachen."
46 Im Übrigen hat sich nach dem Zweiten Vatikanum an den Lehrgrundlagen des Erbsündendogmas nicht wirklich Wesentliches geändert. Denn noch immer bedarf es der Taufe, um die Folgen der Erbsünde, die sich durch jedes neu gezeugte menschliche Leben in der Welt fortpflanzt, zu blockieren. Nur durch die Taufe kann man wieder der Gnade Gottes teilhaftig werden.
47 Ludwig Ott: *Grundriss der katholischen Dogmatik*, Basel, Freiburg u. Wien 1959 (3. Aufl.; 1. Aufl. 1952), 135.
48 Ibid.
49 Ott, loc. cit., 244.
50 Cf. Ott, loc. cit., 240 ff. Von der reformierten christlichen Kirche wird das Dogma der Jungfräulichkeit Mariens, jedenfalls was seine strenge katholische Auslegung betrifft, weitgehend abgelehnt. Darin spiegelt sich ein anderer Umgang mit Fragen des Geschlechtslebens überhaupt, wie ja auch kein reformierter Geistlicher zum Zölibat, also zur sexuellen Enthaltsamkeit, verpflichtet wird. Dementsprechend ist es ihm gestattet, zu heiraten und Kinder zu zeugen.
51 Eine *sententia communis* ist eine allgemein für wahr gehaltene Glaubensansicht gemäß der Tradition. Die Abgrenzung zur *sententia communior* (siehe unten) ist eine dem Grade nach.
52 Ein Glaubenssatz, der aus einem Dogma (*de fide*) folgt bzw. aus ihm abgeleitet werden kann.
53 Eine *sententia communior* ist eine weit verbreitete Überzeugung, an der zu zweifeln es keinen vernünftigen Grund, aber auch keinen übergeordneten Grund aus der Offenbarung oder dem Glaubensdogma gibt.
54 *Munificentissimus Deus* bedeutet so viel wie „der allerfreigebigste Gott": Mit diesen Worten beginnt die päpstliche Bulle.
55 Zitiert nach Ott, loc. cit., 251.
56 Ernst Jünger: „Zahlen und Götter. Zweiter Teil", *Sämtliche Werke*, Bd. 13, Stuttgart 1981, 301.
57 Giuseppe Tomasi di Lampedusa: *Der Leopard. Roman*, aus dem Italienischen von Charlotte Birnbaum, München u. Zürich 1984, 18. u. 20. (Original: *Il Gattopardo*, Mailand 1958)
58 Für diesen Zusammenhang wurde ich durch eine Vortragseinladung sensibilisiert. Es handelte sich um einen internationalen HIV/AIDS-Kongress in Frankfurt am Main. Nachzulesen unter dem Titel: „Aids-Archaik. Das Konzept des Bös-Kranken, seine Ursprünge und Folgen", in: *HIV/Aids – Ethische Perspektiven*, hg. v. Stefan Alkier u. Kristina Dronsch, Berlin u. New York 2009, 131–140. Daraufhin wurde ich gebeten, einen Beitrag zu leisten im Rahmen der Ringvorlesung *Gender, Queer und Fetisch: Konstruktion von Identität und Begehren*, veranstaltet vom Schwulenreferat der Universität Mainz im Wintersemester 2010, publiziert im Verlag Männerschwarm (Hamburg 2011). Mein Beitrag trägt den Titel: *Die böse Krankheit Aids – Phantasmen & Moralismen*.
59 Cf. Anm. 3.
60 Neuerdings hat Terry Eagleton, bekennender Marxist und Katholik, wieder ein Konzept des Bösen verteidigt, das, in der kantisch-christlichen Tradition des „radi-

kal Bösen", Formen des Menschseins kennt, die deshalb defekt sind, weil ihnen ein metaphysischer Zug eignet. Demnach gibt es Menschen, die ein böses Wesen haben, dessen Natur sich einer rein empirischen Erklärung (Anlage, Psychologie, Umwelt) entzieht. Cf. Terry Eagleton: *Das Böse*, a. d. Amerik. v. Hainer Kober, Berlin 2011.

61 Cesare Lombroso: *Der Verbrecher in anthropologischer, ärztlicher und juristischer Beziehung* [L'Uomo delinquente], dt. v. H. O. Fraenkel u. H. Kurella, 3 Bde, Hamburg 1887–1896.

62 Ich zitiere aus brieflichen Mitteilungen vom Februar/März 2008, zu deren Wiedergabe ich autorisiert bin. Mittlerweile ist Rolf Rameders autobiografisches und zeitdiagnostisches Buch *Der verlorene Sohn* erschienen (Herbst 2010, i-books, Verlag für Psychologie und Kultur, St. Gallen, CH).

63 Cf. dazu ausführlich *Der verlorene Sohn*, loc. cit.

64 Botho Strauß: *Paare, Passanten*, München u. Wien, 3. Aufl., 1981, 189.

65 Jabès, loc. cit. (cf. Anm. 7), 111.

66 Jabès, loc. cit., 172.